KB139706

카이젠 저니
KAIZEN JOURNEY

カイゼン・ジャーニー たった1人からはじめて、「越境」するチームをつくるまで

(Kaizen・Journey : 5334-6)

카이젠 저니

초판 1쇄 발행 2019년 9월 19일

지은이 이치타니 토시히로, 아라이 타케시
옮긴이 김연수
펴낸이 장성두
펴낸곳 주식회사 제이펍

출판신고 2009년 11월 10일 제406-2009-000087호
주소 경기도 파주시 회동길 159 3층 3-B호
전화 070-8201-9010 / **팩스** 02-6280-0405
홈페이지 www.jpub.kr / **원고투고** jeipub@gmail.com
독자문의 readers.jpub@gmail.com / **교재문의** jeipubmarketer@gmail.com

편집부 이종무, 이민숙, 최병찬, 이 슬, 이주원 / **소통·기획팀** 민지환, 송찬수 / **회계팀** 김유미
진행 장성두 / **교정·교열** 안종군 / **내지디자인** 이민숙 / **내지편집** 황혜나 / **표지디자인** 미디어픽스
용지 에스에이치페이퍼 / **인쇄** 한승인쇄 / **제본** 광우제책사

ISBN 979-11-88621-76-7 (03000)
값 22,000원

※ 이 책은 저작권법에 따라 보호를 받는 저작물이므로 무단 전재와 무단 복제를 금지하며,
　 이 책 내용의 전부 또는 일부를 이용하려면 반드시 저작권자와 제이펍의 서면동의를 받아야 합니다.
※ 잘못된 책은 구입하신 서점에서 바꾸어 드립니다.

제이펍은 독자 여러분의 아이디어와 원고 투고를 기다리고 있습니다. 책으로 펴내고자 하는 아이디어나 원고가 있으신
분께서는 책의 간단한 개요와 차례, 구성과 저(역)자 약력 등을 메일로 보내주세요.　jeipub@gmail.com

카이젠 저니

KAIZEN JOURNEY

이치타니 토시히로, 아라이 타케시 지음 | 김연수 옮김

제이펍

차/례

제 1 부 **혼자 시작하다 1**

제 2 부 **팀으로 강해지다 63**

옮/긴/이/머/리/말

2001년, 당시 소프트웨어 개발의 혁신에 서 있던 17명의 소프트웨어 구루(켄트 벡Kent Beck, 제임스 그레닝James Grenning, 로버트 마틴Robert C. Martin, 켄 슈와버Ken Schwaber, 제프 서덜랜드Jeff Sutherland 등)들이 미국 유타주 스노우버드snowbird에 모였습니다. 이들이 모인 이유는 당대의 소프트웨어 개발 현장에서 정답이라고 받아들여지던, 그러나 이미 많은 사람이 그 실효성에 의문을 제기하던 '폭포수waterfall 방식의 개발', 즉 세부적인 요구사항과 실행 계획이 누군가에 의해 만들어지고, 고정되고, 개발 프로세스상의 다음 조직으로 전달되는 방식을 개선하고자 했습니다.

스노우버드에 모였던 구루들은 마치 성경 속의 모세가 저 유명한 십계the Ten Commandments가 새겨진 석판을 갖고 시나이 산에서 내려왔던 것처럼, 소프트웨어 개발에 관한 사고방식과 행동 방식에 역사적인 획을 긋는 애자일 소프트웨어 개발 선언을 발표합니다(http://agilemanifesto.org/iso/ko/manifesto.html 참고). 애자일 소프트웨어 개발 선언은 4개의 가치와 12개의 원칙으로 구성돼 있으며, 4개 원칙은 다음과 같습니다.

우리는 소프트웨어를 개발하고, 또 다른 사람의 개발을 도와주면서
소프트웨어 개발의 더 나은 방법들을 찾아가고 있다.
이 작업을 통해 우리는 다음을 가치 있게 여기게 됐다.

공정과 도구보다 개인과 상호 작용을,
포괄적인 문서보다 작동하는 소프트웨어를,
계약 협상보다 고객과의 협력을,
계획을 따르기보다 변화에 대응하기를

'가치 있게 여긴다'는 말은 왼쪽에 있는 것들(예를 들면, '공정과 도구' 또는 '포괄적인 문서' 등)도 가치가 있지만, 오른쪽에 있는 것들(예를 들면, '개인과 상호 작용' 또는 '작동하는 소프트웨어' 등)에 더 높은 가치를 둔다는 것입니다.

한국의 소프트웨어 개발 현장에서도 '애자일'이라는 말은 화제가 되는 용어입니다. 몇년 전 국내 굴지의 모 기업이 애자일을 도입해 개발 시기를 단축시키겠다거나, 최근 모 금융 기업이 애자일을 도입함으로써 인원을 큰 폭으로 감축하겠다는 기사들을 내면서 애자일에 대한 왜곡들도 생겨나는 듯합니다. 또한 애자일은 소프트웨어 개발 업무를 하는 조직에서만 도입할 수 있는 어떤 '프랙티스' 또는 '프레임워크'라고 생각하는 분들도 많습니다(마치 스크럼이나 칸반 같은). 그리고 애자일은 스타트업과 같은 작은 규모의 조직에서만 도입할 수 있고 대규모의 조직에서는 도입할 수 없다고 생각하는 분들도 많습니다.

하지만 '애자일'은 단순한 '프랙티스'나 '프레임워크'의 집합이 아닙니다. 오히려 사고방식과 행동 방식에 있어서 어떤 것을 우선순위에 두느냐와 같은 가치의 문제입니다. 모든 기업이나 조직 또는 기업 내 부서가 달성해야 하는 목표는 분명합니다. 그것은 바로 '우리가 고객에게 전달해야 할 가치를 보다 효과적으로 전달하는 것'입니다. 이 목표를 달성하기 위해 선택 가능한(또는 선택 가능하게 될) 모든 선택지 중에서 가장 효율적인 것을 선택해서 기민하게agile 가치를 전달하는 것이 애자일이 추구하는 바입니다. 프랙티스나 프레임워크들은 이를 더 효율적으로 달성하기 위해, 특정한 상황과 문맥context에 맞춰 누구나 적은 노력으로 큰 효과를 누릴 수 있도록 명문화한 것일 뿐입니다. 이 때문에 상황이나 문맥에 대한 이해 없이 프랙티스나 프레임워크를 그대로 적용하려고만 한다면 실패는 불을 보듯 뻔합니다.

이 책 《카이젠 저니》는 애자일 소프트웨어 개발 방식에서 사용하는 다양한 기법이나 프랙티스를 주인공인 에노시마와 그가 몸담고 있는 환경을 배경으로 이야기(스토리)와 해설이라는 독특한 방식으로 설명합니다. 주인공 에노시마는 자신이 해결할 수 없는 문제에 낙심했지만, 한 스터디에 참여한 것이 계기가 돼 마치 벼랑 끝의 밧줄을 잡는 심정으로 혼자 시작할 수 있는 작은 일들을 시도합니다. 한 사람이 두 사람이 되고,

팀이 돼 더 많은 사람이 같은 가치를 만들어 나가기 위해 다양한 하모니를 이룹니다. 그리고 그 중심에는 사람이 있습니다. 스토리와 해설이라는 방식은 애자일이라는 개념을 설명하기에 가볍게 느껴질 수 있지만, 그 가벼움이 어쩌면 '작게 시도하고, 실패하고, 학습하고, 개선함으로써' 기민함을 확보한다는 애자일의 지향점과도 일맥상통할 것 같습니다. 마치 소설이나 만화, 영화를 보듯 에노시마가 개발 현장을 바꿔 나가는 모습을 보면서, 독자 여러분들도 어딘가에 있을지 모를 답답한 문제들이나 바꾸고 싶은 환경들을 개선해 보는 즐거운 시도를 하실 수 있기를 바랍니다.

이 책은 역자인 저에게도 새로운 인생을 위한 걸음의 시도 중 하나이기도 합니다. 첫 번역을 하기 위해 여러 방식으로 많은 시도를 했고, 그 결과 독자들께 유익한 책을 소개해 드리게 된 것을 기쁘게 생각합니다. 이와사키 나쓰미의 '만약 고교야구 여자 매니저가 피터 드러커를 읽는다면' 시리즈와 마찬가지로 보다 많은 분이 쉽게 '애자일', '카이젠(개선)'에 대한 인사이트를 얻으실 수 있다면 더없이 기쁠 것입니다.

번역하는 과정에서 그간 도움을 받았던 많은 분의 이름들이 머릿속을 스쳐 지나갔습니다. 모든 분의 성함을 적을 수는 없지만 마음속 깊이 감사드립니다. 특히 이 책을 번역할 수 있도록 허락해 주신 제이펍의 장성두 대표님, 첫 번역에서 나온 수많은 비문과 오류를 검토해 주신 안종군 실장님께 감사드립니다. 또한, 예쁜 디자인으로 책을 만들어 주신 디자이너, 베타 리딩에 참여해 주신 모든 분께 감사드립니다. 여러분 덕분에 더 많은 분들이 책을 더욱 쉽고 편안하게 읽으실 수 있게 됐습니다.

마지막으로, 번역하는 동안 한결같은 사랑으로 곁을 지켜 준 아내와 딸 아이들에게 너무나 감사합니다. 사랑합니다. 고맙습니다. 덕분에 삽니다.

2019.08 김연수

여러분이 일하는 장소인 '소프트웨어 개발 현장'을 보다 좋은 방향으로 바꿔가는 방법을 이 책으로 전달하고자 합니다.

아무런 문제도 일어나지 않는 현장은 없을 것입니다. 일하다 보면 크고 작은 여러 문제가 일어나는 것이 당연합니다. 문제에는 긍정적인 것도 있고, 부정적인 것도 있습니다. 긍정적인 문제는 대개 도전의 결과로 발생합니다. 더 나은 개발 방식, 일을 진행하는 방식을 찾아내 '새로운 방법'을 시도하려다 보면, 익숙하지 않아서 잘 안 되는 경우가 많을 것입니다. 세상을 둘러보면 이러한 새로운 방법들이 너무나도 많습니다.

한편, 부정적인 문제란 아무도 바라지 않는, 다시 말해 피할 수 있다면 피하고 싶은 문제들입니다. 사람 간의 기대 차이로 인해 발생하는 대립, 원인도 파악되지 않은 채 반복되는 장애나 불량, 어떤 대화도 나눠 보지 못한 채 커져가는 인식 차이 등이 대표적일 것 같습니다. 부정적인 문제에는 대개 그러한 상황이 발생하는 배경이나 원인이 있기 때문에 이를 해결하기 위해서는 지금까지의 습관이나 과거 사례들을 뛰어넘어야만 하는 어려움이 있습니다. 게다가 현상을 어떻게든 바꾸고 싶다는 생각이 행동의 원동력이기 때문에 대부분 개인에서 움직임이 시작되는 경우가 많을 것입니다. 즉, '현장을 바꾸겠다'는 도전은 단지 한 사람부터 시작된다는 것입니다.

지금까지 우리 역시 이런 상황에서 허우적댔습니다. 그럴 때 우리를 지지해 주는 분들이 계셨고, 그것이 우리에게 얼마나 큰 힘이 됐는지 잘 알고 있습니다. 하지만 운 좋게 그런 분들이 항상 주변에 계시리라 단정할 수는 없습니다. 우리는 좌절을 수없이 맛보았습니다. 한 사람의 힘으로 현장을 바꾸는 것은 불가능한 일일까요?

'그렇지 않다'고 말씀드리기 위해 이 책을 썼습니다. 한 사람이 행동을 일으킬 수 있습니다. 그리고 그 행동이 다른 움직임을 만들어 냅니다. 이 책에서는 우리가 지금까지 경험하고 체험한 것들을 바탕으로 어떻게 시작하고, 주변 사람들의 손을 잡고 어떻게 함께 나아갔는지를 구체적으로 이야기할 것입니다.

지금 이 순간에도 업무 현장을 바꿔가고 있는 모든 분께 이 책이 도움이 되기를 바랍니다.

대상 독자

이 책은 소프트웨어 개발에 참여하고 있는 모든 분을 대상으로 합니다. 그러나 책에서 소개하는 아이디어들은 비단 소프트웨어 개발에만 국한되지 않고, 팀 단위로 활동을 하는 모든 업무에도 도움이 되리라 생각합니다.

특히, 소프트웨어 개발에 관해 아직 경험이 많지 않은 분들이 보면 좋을 것 같습니다. 이 중에는 일하는 방식을 어떻게 바꿔 나갈지, 어디에서부터 시작해야 할지에 대해 고민하고 계신 분들이 많을 것입니다. 이 책의 내용이 하나의 지침이 될 수 있으리라 생각합니다.

또한 풍부한 개발 경험을 바탕으로 하루하루 업무 개선을 위해 노력하고 있는 분들이 업무를 돌이켜보는 데에도 도움이 되리라 생각합니다.

이 책을 읽는 방법

이 책은 스토리와 해설을 중심으로 구성돼 있습니다. 하나의 장^{chapter}에는 하나 이상의 스토리와 해설이 실려 있습니다.

스토리에서는 가상의 세계에 설정한 등장인물들 사이에서 벌어지는 이야기를 다룹니다. 픽션이지만, 우리가 지금까지 경험하고 이뤄 낸 일들을 기반으로 이해하기 쉽게 편집하고 재구성한 것이기에 상상만으로 쓴 것은 아닙니다. 단지 상상만으로 지어 낸 이야기라면 책에 소개한 다양한 아이디어가 설득력을 가질 수 없으리라 생각합니다.

스토리는 두 가지 역할을 합니다. 독자분들이 해설의 내용을 쉽게 이해하도록 도입 상황이나 배경을 설명하는 역할 그리고 해설의 내용을 보완하는 역할입니다. 해설만으로는 각 아이디어의 도입을 둘러싼 컨텍스트를 전하기 어렵기 때문에 이런 역할을 스토리가 담당합니다.

해설에서는 현장이나 업무 개선을 위한 구체적인 아이디어를 설명합니다. 어떤 단계와 순서로 추진할 것인지를 '힌트' 또는 '주의할 점' 등을 통해 설명합니다. 스토리의 컨텍스트와 연결되도록 하기 위해 각 스토리에 등장하는 등장인물의 입을 빌려 설명하는 형태로 구성돼 있습니다. 또한 해설의 내용을 보강하는 이론, 해설에서 한 걸음 나아간 내용은 칼럼을 통해 설명합니다. 책의 마지막에는 각 장에서 소개한 아이디어들을 한눈에 볼 수 있도록 정리해서 부록으로 제공합니다. 책을 읽는 도중 또는 책 뒤쪽부터 특정한 아이디어를 찾는 경우에도 활용할 수 있습니다.

책은 총 3부로 구성돼 있습니다. 1부는 개인 단위, 2부는 팀 단위로 도입할 수 있는 내용을 담고 있습니다. 3부에는 팀 외부에 있는 사람들과 도입해 볼 수 있는 내용을 담았습니다. 독자 여러분의 상황에 맞춰 필요한 부분만 읽으셔도 좋지만, 현장을 조금씩 바꿔 나가는 방법을 찾아내 적용하고 싶은 분들은 1부부터 차례대로 읽으시길 권합니다.

이 책에 관한 정보

이 책에 관한 공지나 보충 정보 등은 아래에서 제공하고 있습니다. 책의 내용에 관한 피드백도 언제나 환영합니다(다음의 페이지들은 모두 일본어로 돼 있지만, 일본어를 잘 모르는 분들도 번역 서비스를 통해 그 내용을 충분히 확인할 수 있으니 참고하기 바란다. ― 옮긴이).

- 독자 지원 페이지: http://kaizenjourney.jp/
- Facebook 페이지: https://www.facebook.com/kaizenjourney.jp/
- Twitter 공식 해시태그: #kaizenj

서론은 여기까지입니다.

주인공은 다양한 문제를 만나고, 그때마다 아이디어를 짜내가면서 문제를 해결해 나갑니다. 여러분들이라면 같은 상황에서 어떻게 할지 상상하며 책을 읽어 주시기 바랍니다. 어쩌면 주인공과는 다른 행동을 하실 수도 있을 겁니다. 그 역시 하나의 좋은 공부가 될 것입니다.

그러면 모두 함께 카이젠(여기서는 '개선'의 일본어 발음인 '카이젠'을 그대로 사용한다. 다만, 본문에서는 '개선'으로 표기했다. — 옮긴이)의 여행을 시작해 봅시다. 즐거운 여행이 되길!

끝나지 않는 여행

"에노시마 씨, 잠깐 괜찮을까요?"

내 자리로 찾아온 사람은 체구가 작은 여성이었다. 금방이라도 떨어질 듯한 커다란 안경을 오른손으로 밀어 올리면서 똑바로 내 쪽을 보고 걸어온다.

"시치리 씨, 안 돼요. 움직이지 않아요."

이미 그녀로부터 똑같은 내용의 고충을 몇 번이나 듣고 있다. 보통은 채팅으로 의견을 나누지만, 이야기가 통하지 않는다고 느낀 것인지 직접 여기까지 온 것이다.

"잠깐 기다려요. 이 메신저 금방 마무리되니까요."

그녀가 오기 직전까지 의견을 나누던 메신저에 서둘러 다음 내용을 입력한다. 내용은 매월 열리는 커뮤니티 이벤트 미팅에 관한 것이었다. 상대는 코마치라는 다른 회사 사람이다. 오랫동안 함께 커뮤니티 운영을 해온 사이로, 몇 마디 말만으로도 대부분의 의사소통이 가능할 정도다.

코마치 씨와 이야기를 마치고 눈앞에 있는 우랏트 씨에게 시선을 돌렸다. 우랏트 씨는 태국 출신이지만 일본에 이주한 지 이미 수년이 지나 일본어도 유창하게 구사한다. 최근 신설된 QA팀의 리더다.

우선, 나도 몇 번이나 반복했던 상투적인 말로 대답한다.

"우랏트 씨, 시치리의 뭐가 안 된다는 건가요?"

"시치리 씨는 테스트에 대해 전혀 모릅니다. 이번에 시치리 씨가 보낸 애플리케이션에서 QA 팀이 버그를 35개나 찾았어요."

우랏트 씨는 정말로 화가 난 것 같았다. 시치리의 팀에는 우랏트 씨가 몇 번이나 테스트와 관련된 교육을 했지만, 그다지 효과가 있었던 것 같지 않았다. 우랏트 씨가 다그쳤다.

"에노시마 씨, 이러면 곤란합니다. 제품 개발부 매니저로서 시치리 씨에게 지도가 필요합니다."

시치리는 내 직속 부하이니 나에게 불평을 하는 것은 맞다. 하지만 시치리에게도 이유가 있을지 모른다. 우랏트 씨의 말을 전적으로 받아들이면서 시리치에게도 물어보겠다고 대답했다. 우랏트 씨는 아직 할 말이 남은 것 같았다.

갑자기 날아온 채팅에 시선을 빼앗겼다. 이번엔 채팅으로 다툼이 시작되고 있었다.

"@enoshima에게 확인했습니다만, 관리자 대상 기능은 범위에서 빠진 것 같습니다. 그것도 3일 전에요. 왜 다시 구현 아이템으로 올라가 있는 건지요?"

발언의 시작은 만후쿠지라는 루비Ruby 프로그래머였다. 동료들 사이에서는 그 모습 때문에 스님이라고 불리고 있다. 아무래도 이쪽은 이쪽대로 팀 리더인 하마스카 씨와 팀 멤버들 사이에서 분쟁이 일어난 듯하다. 스님과 오랫동안 콤비로 일하고 있는 마이 씨라는 프로그래머가 채팅을 이었다.

"하마 씨! 이제, 확실히 좀 해주세요!"

마이 씨는 해외 생활을 해서인지 독특한 억양을 갖고 있는데, 텍스트에서도 그 억양이 변하지 않는 것 같다. 의도적으로 그 말투를 충실히 보여 주고 있다.

"죄송합니다. 잊어버렸습니다."

하마스카 씨는 기운을 완전히 잃은 듯하다. 곧바로 팀의 아키텍트인 유비 씨가 뒤를 수습했다.

"이런! 하마스카 씨는 이전 에노시마 씨와의 미팅에서 눈은 뜨고 있었지만 자고 있었던 것 같네요. 잠깐 모두 함께 무엇을 만들어야 하는지 다시 점검해 보죠."

신랄한 말을 아무렇지 않게 하는 것이 과연 유비 씨다웠다. 수습을 하는 것인지 미심쩍었지만, 어찌 됐든 이 팀의 이야기는 마무리가 될 것 같았다. 내가 잠깐 다른 주의를 돌린 것을 본 우랏트 씨가 다시 언성을 높였다.

"에노시마 매니저! 사람 얘기를 듣고 있는 건가요? 에노시마 씨는 품질을 얕보는 겁니까?"

아차, 우랏트 씨는 손짓, 발짓을 동원해가며 열심히 품질에 관한 이야기를 늘어놓기 시작했다. 나는 포기한 듯이 등을 의자에 깊숙이 기댔다.

이러쿵저러쿵 매일 다투고 있지만, 나에게는 마음이 즐거워지는 다툼이었다. 모두 다 좋은 제품을 만들기 위해 앞서서 일한다. 그렇기 때문에 충돌도 있다. 입사 후 3년 정도 됐을 때의 개발팀에는 충돌조차 없었다.

책상 위에 놓인 액자가 눈에 들어왔다. 어떤 팀의 단체 사진이다. 사진을 보는 내 얼굴에 미소가 번진다. 저곳에서 일할 당시의 개발도 드라마틱했다. 회사에 들어와 3년째 되던 해에는 회사를 그만두려고 생각하기도 했다. 그때부터 지금은 생각조차 나지 않을 만큼 많은 일이 일어났다. 그러나 모든 일의 시작이 됐던 것은 지금도 확실히 기억하고 있다. 그것은 나에게 있어 잊을 수 없는 사건이었기 때문이다.

제이펍은 책에 대한 애정과 기술에 대한 열정이 뜨거운 베타리더들로 하여금
출간되는 모든 서적에 사전 검증을 시행하고 있습니다.

 권성환(라인플러스)

애자일 밋업 운영진으로서 애자일을 시작하려는 분들이 책을 추천해 달라고 했을 때
《애자일 마스터》말고 딱히 떠오르는 책이 없어서 늘 아쉬웠는데, 이제는 이 책을 추
천해 줄 수 있을 것 같아 기쁩니다. 그만큼 이 책은 읽기 어렵지 않은 책이면서 애자
일을 실천하는 분에게는 본인의 헬스 체크를 해볼 수 있는 훌륭한 책입니다. 애자일
을 활용한 업무를 진행하는 저는 마치 제 에피소드들이 책으로 옮겨진 것 같은 섬뜩
함마저 들었습니다. 책이 역할극에 가깝도록 구성돼 있어 독자가 마치 애자일을 시작
해서 성숙한 단계에 이르는 과정을 체험한 것 같은 느낌을 들게 해놓은 것이 매우 좋
았습니다. 강력히 추천합니다!

 김진영(야놀자)

현재 회사에 입사하기 전에는 애자일, 스크럼과 같은 개념을 블로그나 기사 등에서
만 봤습니다. 그 때문에 입사 후 데일리 스크럼이나 스프린트 회고 등을 진행하며 상
당한 당혹감과 낯설음 등을 느껴야 했습니다. 처음에는 적지 않은 스트레스도 있었
고요. 책에서는 개념으로만 알고 있던 것을 가상의 조직을 예로 들어서 알려 주고 있
습니다. 만약 이 책을 먼저 볼 수 있었다면 그때의 당혹감과 낯설음, 스트레스가 조
금은 덜어지지 않았을까라는 생각이 듭니다. 가상의 조직을 통해 소설을 읽듯 전개
되는 덕분에 즐겁게 읽었습니다. 등장인물이 일본인이라 낯선 일본 이름을 외우는 게
조금은 힘들었지만요. 책 한 권에 정말 많은 내용이 담겨 있다는 느낌을 받았습니다.

🕊 남원우(창원대학교)

학생 입장에서 책에서 다루는 내용을 전부 이해하기는 어려웠지만, 현업에서 겪을 수 있는 다양한 일을 간접적으로 경험할 수 있어 의미가 남달랐습니다. 책에서 언급된 모든 과정을 적용할 수는 없지만, 책을 읽고 나서 매번 똑같았던 개발 방법에 변화를 시도하고 있습니다. 저처럼 매번 똑같은 개발 일상에 변화를 주고 싶다면 이 책에 있는 프로세스를 한번 따라 해보는 것도 괜찮을 것 같습니다.

🕊 이요셉(지나가던IT인)

재미있게 배울 수 있는 애자일/스크럼/칸반 개발 방법론 서적! 한국의 개발 현실과 유사한 일본 SI 회사를 배경으로 하며, 회사 생활에서 체험하게 되는 생생한 사례가 담겨 있습니다. 기획자/개발자/PM 모두에게 강추할 만한 도서입니다. 내용이 좋았고, 번역도 괜찮았습니다.

🕊 이종우(Uvaper Korea)

실제로 회사에서 일하면서 일어날 법한 상황을 통해 이야기를 진행하는 것이 아주 좋았고, 부담 없이 읽으면서 하나하나 재미있게 배울 수 있어서 좋았습니다. 소설 형식이라서 좋은 점이 많았지만, 일본인 이름의 등장인물들이 많이 나와 본문에 집중하기가 좀 어려운 점이 있었습니다.

🕊 이호준(유라코퍼레이션)

일본 아마존 베스트셀러라는 이유를 알 것 같습니다. 드라마나 영화를 보는 기분으로 즐겁게 읽을 수 있었습니다. 에노시마의 성장 과정을 보는 것은 읽는 내내 즐거웠고, 끝에 가서는 짜릿함마저 느낄 수 있었습니다. 스크럼에 대한 관심 여부와는 별개로, IT에 종사하는 분이라면 한번쯤 읽어볼 만한 책이라고 생각합니다. 책의 모든 내용을 대입할 필요는 없습니다. 취사선택해 적용하면 개발에 도움이 될 것 같습니다. 혼자서, 아니면 팀으로 외부인과 함께하는 여행을 통해 많은 것을 느끼시기 바랍니다.

제 1 부

혼자 시작하다

제 1 부 ▸ 등장인물 소개

에노시마 ▸ 이야기의 주인공. 20대 중반으로 직업은 프로그래머. 잘못됐다는 생각이 들면, 참지 못하고 주변에 문제를 제기한다. 그러나 주변 사람들과 공감대가 달라 뭔가 개운치 않다. 반면, 제멋대로 행동한다고 보이는 경우도 많아서 회사에서는 조금 아웃사이더 같은 존재다. 이야기는 그의 시점에서 진행된다. 주식회사 AnP(Achieve and Parnters) 소속이다.

미시가미 ▸ 애자일 개발의 선구자. 비위를 맞추기 어렵고 강인한 편이지만, 혼을 담은 언변으로 사람들을 매료시키는 힘을 갖고 있다. 에노시마 역시 그에게 매료된 사람들 중 하나다.

카타세 ▸ 에노시마와 같은 나이의 경력 입사자로, 에노시마와는 다른 부서에서 일하고 있다. 흰 피부에 안경을 쓴. 그리 믿음직스럽지 않은 인상이지만 스스로 확고한 기준을 갖고 있어 어지간해서는 흔들리지 않는다. AnP 소속이다.

스나코 ▸ 에노시마에게는 형과 같은 존재. 발주 관리 시스템의 운용 유지 보수와 관련된 클라이언트 측 담당자다. 밝은 성격의 소유자로, 다른 사람을 설득하면서 일을 달성하는 타입이지만 말버릇은 꽤 난폭하다. 제품의 품질에 관해서는 절대 타협하지 않는다. MIH 소속이다.

코베바시 ▸ 에노시마가 소속된 팀의 리더. 회사의 상층부, 고객, 개발 멤버 사이에서 단순히 말을 전달하기만 하는 전형적인 중간 관리자다. AnP 소속이다.

후지타니 ▸ 프로그래머. 에노시마와는 다른 부서에서 일하고 있다. 체력에는 자신 있는 터프한 동료다. AnP 소속이다.

주식회사 AnP ▸ 에노시마가 소속돼 있는 기업. 제조 기업을 대상으로 하는 SI(System Integration) 사업이 중심이었지만, 최근 3년 전(제1화가 시작되는 3년 전 시점)부터 자사 서비스 개발 및 서비스 제공 분야로 사업 방향을 바꿨다. 직원 수는 약 500명. 상시 채용도 많고 매력적인 문화를 가진 기업으로 알려져 있지만 현실은 폭풍 야근이다.

주식회사 MIH ▸ 인테리어를 주요 사업으로 하는 제조 기업. 국내 시장 점유율 3위. AnP에 업무 기간계 시스템 개발을 맡겼다. AnP에게는 매출 비중이 큰 중요한 클라이언트다.

제**01**장

회사를 떠나기 전에
꼭 해야 할 일

스토리 **우연히 일어난 잊을 수 없는 한 사건**

다른 회사로 옮기자고 결심했다. 여기는 내가 있을 곳이 아니다.

입사하자마자 떠오른 생각은 날이 갈수록 커지기만 했다. 3년이라는 시간이 흘렀지만 아무것도 변하지 않았다. 그러니 이쯤에서 그만두는 것이 좋을 것 같다.

지난 3년 동안 많은 것을 생각했다. 내가 근무하는 회사 현장의 수준은 너무 낮다. 프로젝트는 언제나 번갯불에 콩 볶는 듯한 상태였고 예측한 일정대로 끝나는 기적도 일어나지 않았다. 멤버의 사기도 낮아 프로젝트 초반부터 도무지 함께 일할 마음 따위는 없다. 이러니 일이 제대로 되기는 고사하고 약속이라도 한 듯 활활 타올라 또다시 멤버의 사기를 꺾어 버린다. 그야말로 악순환의 연속이다.

나는 어떻게 하면 일이 더 잘될지를 연구해 주변에 알렸다. 세간에서 유행하고 있는 다양한 개발 방법이나 습관, 기술, 도구 등을 조사해 동료들과 공유했다.

그렇지만 아무리 말한다 해도 뭔가에 홀린 듯 등을 돌리는 사람들에게는 아무런 소용이 없었다. 내가 그들에게 전할 말은 더 이상 없다. 그러니 이제 여기에 있을 필요가 없다.

돌이켜보면 입사 당시부터 혼자 일하는 때가 많았다. 코드 작성이나 소프트웨어 구현 모두 내 스타일대로, 독학으로 몸에 익혀 왔다. 약간 고생은 했지만, 그 덕분에 주변에 나만큼 코드를 잘 작성하는 사람도 없다. 좀 더 많은 것을 배울 수 있는 곳으로 가고 싶다. 좀 더 가슴이 두근거리는 서비스를 만들고 싶다. 마음속에 피어오르는 생각들을 더는 억누를 수 없는 상태가 돼가고 있었다.

사외 스터디나 이벤트를 찾아다니게 된 이유도 회사를 그만두려는 생각 때문이었다. 어떤 현장이 있고 어떤 사람들이 있고 어떤 서비스를 만들고 있는지 더 많은 세상을 보고 다음 목적지를 고를 생각이었다.

회사 업무를 정시에 마치고 매일처럼 사외 이벤트에 참석했다. 세상은 넓었고 생각지도 못했던 다양한 사람과 현장이 있었다. 나는 사외 이벤트에 참석하면서 약간 흥분했다. 그렇기에 더욱 다음 목적지를 좀처럼 정하지 못하고 있었다. 옆집 잔디가 푸르다고 했던가? 정말로 그랬다. 세상의 잔디는 푸르고, 내가 있는 곳의 잔디만 말라비틀어진 것 같았다.

이벤트나 스터디에 참석하는 것에 슬슬 싫증을 느끼고 있을 즈음, 모 출판사가 기획하고 주최하는 콘퍼런스에 참석했다. 어딘가에서 들어본 듯한 이야기들이 대부분이었다. 이 콘퍼런스 역시 상업적인 홍보 효과를 노린 이벤트이므로 그리 신선한 이야기는 없을 것이라 생각했다.

그런데 그날 어떤 한 사람의 이야기가 내 선택을 완전히 바꿔 버렸다. 상상조차 할 수 없었다. 한 사람과의 작은 만남이 내 인생을 송두리째 바꿔 버리리라고는 말이다.

난 그의 이야기에 마음을 빼앗겼다. 기술 세션인가? 이건 대체 무슨 이야기인가? 몇 년이나 지난 지금도 그날의 일을 떠올려보지만, 내가 그의 이야기를 올바르게 받아들였는지에 확신이 서지 않는다.

이야기의 내용은 한 소프트웨어 개발 회사에 다니는 이시가미라는 사람이 발표한 '개발 방향과 개발 방식'의 조합에 관한 사례였다.

팀과 클라이언트 뒤섞기, 일일 미팅Daily Meetings, 시각화Visualization, 스크럼Scrum과 칸반Kanban의 병행 운영, 팀 구성원들과 이해관계자를 섞는 방법, 애자일한 추정과 계획 수립, 프로젝트 전체의 버퍼를 관리하는 방법 등 그가 말하는 모든 개발 스타일은 내 가슴을 두근거리게 했다.

발표 내용은 단지 사례 소개일 뿐이었지만, 지금까지 내가 보고 들어온 다른 사람의 이야기와는 달랐다. 그는 다음과 같이 발표를 끝맺었다.

"내가 좋다고 생각하는 것을 한다. 그리고 했다."

마치 자신의 '신앙'을 표현한 듯 보였다.

나는 왜 이시가미 씨의 이야기에 매료된 것일까? 이벤트 이후 네트워킹 시간에 그와 이야기를 나누면서 그 질문에 대한 답을 찾을 수 있었다.

무슨 이유에선지 이시가미 씨는 콘퍼런스 장소에서 혼자 식사를 하고 있었다. 기회를 놓칠세라 그의 이야기에 끌렸다는 사실을 열심히 전달하려고 했다. 이시가미 씨는 내가 던지는 감상이나 질문에는 대답하지 않은 채 내게 미간의 주름을 보이며 물었다.

"당신은 어떤 일을 하는 분입니까?"

아무것도 대답할 수 없었다. 한마디의 말도 나오지 않았다. 그리고 이해할 수 있었다. 난, 아무것도 하고 있지 않았다.

이시가미 씨의 이야기에 끌렸던 이유는 그가 '자신이 좋다고 믿고 있는 것'을 하고 있기 때문이었다. 뭔가를 시작하려고 했을 때 누군가의 반대에 부딪혔을 수도 있고 실제로 적용하려고 했을 때 불안했을지도 모른다. 아무도 동의하지 않거나 누구에게도 평가받지 못할 수도 있다. 하지만 이시가미 씨에게 있어 이런 것은 무시해도 될 만큼 작은 것이었다.

이시가미 씨는 내 이야기를 들으며 꽤 즐거운 듯 보였다. 딱딱한 분위기가 한순간에 바뀌었다. 자신이 좋다고 믿는 개발 방향과 개발 방식에 관한 이야기를 하는 것, 다른 사람을 알아가는 것의 즐거움을 견딜 수 없는 분위기였다.

나는 회사에서 넋을 놓고 앉아 있는 사람들에게 "이렇게 해야 한다.", "저렇게 해야 한다.", "이렇게 생각해야 한다.", "왜 이렇게 하지 않는가?"와 같은 질책을 해왔다. 그렇지만 스스로 뭔가를 시작한 적은 없다. 나는 '당신은 어떤 일을 하는 분입니까?'라는 질문에 대한 답을 갖고 있지 않았다.

이시가미 씨는 여전히 내 대답을 기다리고 있는 것 같았다. 미간의 주름이 깊다. 왜 이시가미 씨가 강연자임에도 불구하고 혼자 앉아 있는지 알 수 있었다. '쉬운 사귐'이라는 것을 어디엔가 두고 온 것 같았다. 나는 쥐어짜듯 간신히 입을 열었다.

"아직 아무것도 하지 않았습니다."

이시가미 씨의 얼굴을 더는 똑바로 바라볼 수 없었다. 하지만 나는 그 순간 선택했다.

"지금까지는 그랬습니다. 이제부터 할 것입니다."

이시가미의 해설 ▶ 자신이 항상 있던 곳에서 밖으로 나와 보세요

제1부의 해설은 저 이시가미가 맡았습니다.

일하는 방식을 좀 더 좋게 바꾸고 새로운 방식을 적용하고 싶은 생각이 들 때 무엇부터 시작하는 것이 좋을지, 어떻게 하는 것이 좋을지 실마리조차 없어 앞으로 나아가지 못할 때가 있습니다.

일반적으로 '정보를 수집하는' 일부터 시작하겠지만, 정보를 모으는 방법 또한 여러 가지가 있습니다. 인터넷이라는 정보의 바다에서 몇 가지 키워드를 검색해 블로그나 비슷한 사례를 읽어보는 것만으로는 실전에 활용하기 어려울 것입니다. 나는 '자신이 늘 있던 곳에서 한 발짝 밖으로 나와 볼 것'을 추천합니다.

같은 장소에 있으면 생각하는 방법이나 방식이 굳어지는 경우가 많습니다. 문제가 해결되는 경우도 있지만, 지금까지의 방식으로는 해결할 수 없거나 업무가 개선되지 않는 경우도 있습니다. 외부에는 우리와 다른 사고를 가진 사람들, 다른 경험을 한 사람들이 매우 많습니다. 그렇기 때문에 밖으로 나와 보는 것만으로도 문제가 해결될 가능성이 커집니다.

다행스럽도 세상에는 수많은 스터디와 이벤트가 열리고 있습니다. 그리고 그곳에서 외부 세계와 만날 수 있습니다. 다른 현장의 경험이나 노력에 관해 보고 들을 수 있을 뿐 아니라 질문이나 의견을 제시할 수도 있습니다.

자신이 가진 의문이나 의견을 표현하는 것은 매우 중요합니다. 다른 사람에게 말로 전달하면 자신의 생각을 정리할 수 있기 때문입니다.

외부로부터 지식을 얻을 때 꼭 기억해야 할 중요한 점이 있습니다. 외부로부터 얻은 지식을 우리가 속한 현장이나 업무에 그대로 적용하려고 하면 대부분 잘되지 않습니다. 우리가 처해 있는 '상황'에 맞춰 적용하는 것이 매우 중요합니다.

왜냐하면 외부에서 얻은 정보의 대부분은 그 정보를 제공한 사람의 경험과 체험을 바탕으로 만들어진 것이기 때문입니다. 체험은 특정한 상황이나 조건에 의존하기 때문에 그러한 전제 조건을 고려하지 않고 결과만을 얻고자 하면 우리가 처해 있는 상황이 다르기 때문에 잘 진행되지 않습니다.

검색을 통해 찾아낸 기술이나 프로세스, 프랙티스를 현장에 적용하려고 하는 경우도 이와 마찬가지라고 할 수 있습니다. 화려하게 설명돼 있는 각종 용어에 마음을 빼앗기지 않도록 주의하십시오.

다른 사람들이 만들어 낸 프랙티스의 배경에 어떠한 상황 또는 제약이 있었는지 이해하고 우리가 처한 상황이나 제약하에서 어떤 프랙티스를 적용할지를 반드시 다시 판단해야 합니다. 이 점을 꼭 기억해 두시기 바랍니다.

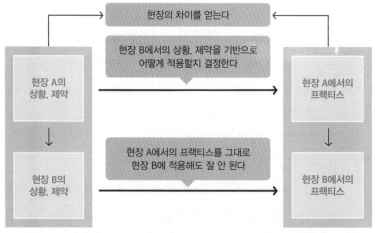

그림 1-1 **외부에서 얻은 지식을 우리의 상황에 적합하게 맞춘다**

나부터 시작하다

스토리 무엇부터 시작할까?

'나부터 시작하라고? 대체 무엇을?'

내가 일하는 현장에서의 개발이나 부서의 문제점을 제기하는 것은 이제까지 해왔던 것이니 얼마든지 할 수 있다. 하지만 이 중에서 내가 스스로 시작할 수 있는 일이란 무엇일까? '무엇이든 할 수 있을 것 같다.', '할 수 있는 일이 많은 것 같다.'는 말은 바꿔 표현하면 '아직 무엇을 할 수 있는지 모른다.'는 것과 같다.

내가 일하는 회사에서는 어디서나 일어날 법한 문제가 장소가 바뀌면서 계속 일어난다. 클라이언트가 원하는 소프트웨어를 개발할 때 만들어지는 프로젝트팀은 프로젝트의 시작과 함께 구성되고 종료와 함께 해산된다. 때로는 프로젝트가 진행되고 있는 도중에도 개발 단계 변경과 함께 다른 멤버에게 인계하는 경우도 있다.

그렇기 때문에 발생했던 문제와 해결책이 조직적으로 축적되지 않는다. 늘 개인에게 의지할 뿐이다. 다양한 경험을 한 사람에게는 중요하게 여겨지지만, 조직의 입장에서 보면 효율적이라고 할 수 없다.

더욱이 업무의 누락도 심해 프로젝트 종반이 되면 당연히 했어야 할 일들을 하지 않은 탓에 문제가 발생하기도 한다. 리더의 경험에 크게 의존하는 환경이기 때문에 리더가 경험하지 못했던 업무들은 프로젝트 계획 단계에서 모두 제거된다. 운영에 대해서는 전혀 고려하지 않고 서비스만 출시하면 된다는 식이다. 관리자가 수행해야 할 중요한 기능은 모두 누락된다. 성능을 측정한 적은 단 한 번도 없다. 정말이지 무서워서 생각조차 할 수 없었던 일이 일어난다.

계획에만 국한된 이야기가 아니다. 좀 더 이야기해 보면 오늘 무엇을 해야 할 것인지 조차 모호하고 프로젝트팀이라고는 부르지만 팀원이 서로 무엇을 하는지, 어떤 문제를 느끼고 있는지 전혀 모른다. 모두가 아침에 스스로 정한 시간에 삼삼오오 출근해 묵묵히 일하다가 밤늦은 시간에 뿔뿔이 흩어져 돌아간다. 가끔 리더를 위해 열리는 진척 보고회나 정처 없이 흘러 다니는 메일의 의견 교환을 통해 상황을 추적하는 것이 공유의 전부다.

우리는 단지 같은 시간, 같은 장소에 앉아 있을 뿐인 정도의 관계인 것이다. 어떤 문제가 일어났을 때 협력해 무엇인가를 하는 데는 너무 느리다.

이런 문제를 눈치챈 사람들이 있는 반면, 과거에는 신경을 썼지만 이제는 자신의 일이 아닌 것에 흥미를 갖지 않는 사람들도 있다. 함께 일하는 분위기는 자취를 감춘 지 오래이고 무엇인가 해보려는 생각도 사라져 버렸다.

이는 조직 전체의 문제라고 할 수 있으며 실제로 나는 그렇게 말해 왔다. 그러나 이는 자신의 문제이기도 하다. 나 역시 잘하고 있는 것은 아니니 말이다.

내가 속해 있는 현장을 바꾸려면 무엇부터 시작해야 할까? 생각이 도저히 정리되지 않아 이시가미 씨와 상담해 보기로 했다. 콘퍼런스의 네트워킹 시간에 충분한 이야기를 나누지는 못했지만 명함을 받아 뒀으니 연락은 할 수 있었다.

메일을 쓰려고 하다가 이내 생각을 바꿨다. '제가 무엇부터 시작하면 좋겠습니까?'라는 질문에 이시가미 씨가 대답해 줄 것 같지 않았다. "어떤 일을 하는 분입니까?"라는 질문에 말문이 막혀 "이제부터 할 것입니다."라고 대답한 이상, '그러면 이제부터 무엇을 하면 좋겠습니까?'와 같은 질문의 답을 얻을 리가 없다. 이시가미 씨의 발표 내용을 꼼꼼하게 읽으면서 힌트를 찾아보기로 했다.

자료를 살펴보면서 우선 혼자 시도해 볼 만한 네 가지 습관을 찾았다.

▶▶▶ 상태를 시각화한다

일이 보다 잘되도록 하기 위해서는 대체 무엇부터 시작하는 것이 좋습니까?"라는 질문을 많이 받습니다. 그때마다 태스크 매니지먼트Task Management, 태스크 보드Task Board, 아침 회의Morning Meeting, 회고Retrospective의 네 가지를 추천합니다. 어떤 일을 함에 있어 습관적으로 실행하는 것을 '프랙티스'라고 부릅니다.

이 네 가지를 권장하는 이유는 업무 개선의 첫걸음은 현재 상태를 시각화하는 것이기 때문입니다. 에노시마 씨가 처한 상황에서 태스크의 누락, 커뮤니케이션 부족이 발생하는 것으로 볼 때 상태를 시각화해야 할 시기입니다. 상태의 좋고 나쁨을 판단할 수 없는 상황, 문제에 대처해야 하지만 손댈 수조차 없는 상황에서 효과를 기대하기는 어렵습니다.

위의 네 가지 프랙티스는 각각 독립적으로 시작할 수도 있지만, 서로 관련돼 있으므로 네 가지를 동시에 수행하면 더 큰 효과를 얻을 수 있습니다. 각 프랙티스에 대해서는 차차 설명할 것이므로 여기서는 간략히 소개하겠습니다.

▶▶▶ 태스크 매니지먼트

일을 할 때는 해당 업무의 배경이나 목적을 먼저 이해한 후에 시작하는 것이 좋습니다. 목적을 모르면 업무를 진행하더라도 아무런 소용이 없습니다. 잘못된 것을 바르게 고친다 해도 낭비에 불과합니다.

목적을 명확히 해두면 목적을 달성하기 위한 절차나 스킬이 부족하다는 것을 쉽게 알아챌 수 있습니다. 빨리 알아챌수록 더 신속하게 대응할 수 있습니다. '잘되지 않는 요소'들을 빠르게 식별하는 것 역시 태스크 매니지먼트의 중요한 관점입니다.

업무 규모가 커지면 작은 크기의 독립 태스크로의 분할을 고려하는 것이 좋습니다. 태스크를 작게 만들수록 완료 가능한 상태를 쉽게 추정할 수 있습니다.

태스크의 규모를 추정할 수 있다면 그 기간을 근거로 무엇부터 시작해 어떤 순서로 진행하는 것이 좋을지 계획할 수 있습니다. 계획을 세우면 리소스 부족이나 일정에 관련된 문제 역시 명확해집니다. 무엇부터 손대야 할지 자연스럽게 알게 될 것입니다.

▸▸▸ 태스크 보드

태스크 보드는 수립한 계획 내용을 시각화한 것입니다. 보드에 태스크 상태에 해당하는 단계를 만들어 태스크의 상태가 보이도록 합니다.

아무리 멋진 계획을 세웠다 하더라도 그 계획의 실행 상태가 보이지 않으면 태스크를 완료할 수 없을 것입니다.

태스크를 시각화하면 얼마나 많은 태스크가 남아 있는지, 각 태스크가 어떤 상태에 있는지 한눈에 알 수 있게 됩니다. 쉽게 이해할 수 있으므로 뭔가를 식별하기도 쉽습니다. 문제를 신속하게 발견하고 빠르게 대응할 수 있게 됩니다.

이를 위해서는 변화를 보드에 매일매일 반영하는 것이 매우 중요합니다.

▸▸▸ 아침 회의

아침 회의는 태스크 보드에 변화를 반영하는 타이밍입니다. 아침 회의에서의 확인을 통해 계획과의 어긋난 정도를 식별하고 다시 계획을 세울 기회를 얻습니다.

아침 회의의 원칙은 매일 정해진 시간과 장소에서 같은 리듬으로 수행하는 것입니다. 조건을 제한하면 변화가 발생했을 때 쉽게 알아챌 수 있습니다. 예를 들어 어떤 멤버가 같은 시간에 항상 늦는다면 그 멤버에게 무엇인가 문제가 있다는 생각을 쉽게 할 수 있습니다.

아침 회의에서는 '어제 무엇을 했는가?', '이를 기반으로 오늘은 무엇을 할 것인가?', '오늘 할 일이나 계획을 달성하는 데 있어 어려운 점은 없는가?'에 대해 정리합니다. 정리 결과, 수립했던 계획과 크게 어긋날 우려가 있는 경우에는 계획을 조정합니다.

▸▸▸ 회고

가장 마지막 프랙티스는 '회고'입니다. 회고의 목적은 일하는 방법과 그 결과를 바탕으로 다음 계획을 수립하거나 일과에 활용하는 것입니다.

일반적으로, 4개의 프랙티스 중 회고를 하지 않는 경우가 많습니다. 그러나 나는 나머지 3개의 프랙티스를 하지 않더라도 회고는 반드시 수행할 것을 권장합니다. 회고가 아니면 일하는 방법을 개선할 기회가 없기 때문입니다.

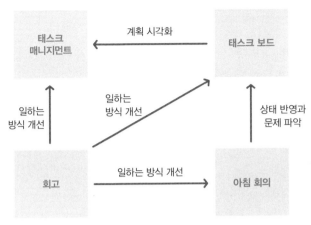

그림 1-2 **시너지를 발휘하는 네 가지 프랙티스의 의존 관계**

▸▸▸ 작게 실험해 본다

이 프랙티스들은 쉽게 시작할 수 있습니다. 하지만 한 번도 경험해 보지 않은 사람이나 현장에는 '잘 안 되면 어떻게 하나?', '상사나 주변 사람들에게 무슨 말을 들으면 어떻게 하나?'와 같은 불안감이 따라다닐 수 있습니다.

이런 경우에는 '허락보다 용서가 쉽다It is easier to ask forgiveness than permission'라는 말을 기억하고 우선 '작게 실험'해 보십시오. 누군가의 허락을 기다리면 기회조차 사라집니다. 설사 실패하더라도 용서를 구하면 그만입니다.

이제까지 해오던 방법과 다르기 때문에 불안한 것입니다. 한 번도 해보지 않았던 일을 처음부터 잘할 가능성은 낮습니다. 난생처음 자전거 핸들을 잡았을 때를 떠올려 보세요. 분명 처음엔 비틀거리며 몇 번씩이나 땅에 발을 디디면서 조금씩 움직였을 것입니다.

프랙티스 실천 또한 작은 실험에서 시작합니다. 잘되지 않더라도 크게 놀라지 않도록 말입니다. 갑자기 팀 전체로 대상의 범위를 늘리기보다는 우선 혼자 시작해 보십시오.

시작해 보면 여러 가지를 알 수 있게 됩니다. 해보지 않았을 때는 모르던 것을 체감을 통해 손에 넣게 될 것입니다.

'우선 해본다.' 뭔가를 시작할 때 가장 중요한 마음가짐입니다.

태스크 매니지먼트를 수행하는 경우, 화이트보드와 모조지를 사용해 포스트잇(붙임쪽지)에 태스크를 기록하는 아날로그 방식이 나을지, 온라인 태스크 관리 서비스를 사용하는 디지털 방식을 사용하는 것이 나을지 망설여질 때가 있습니다.

아날로그 방식의 장점으로는 보드를 시야에 둘 수 있다는 점, 표시 방법의 제약이 없어 전체를 한눈에 볼 수 있다는 점, 손으로 직접 만질 수 있다는 점, 팀이 모이는 장소나 커뮤니케이션을 위한 장소가 마련된다는 점, 디지털 서비스가 제공하는 기능 제약에 구애받지 않는다는 점 등을 들 수 있습니다.

디지털 방식의 장점으로는 이력 관리 등을 통해 기록이나 내용 변화를 쉽게 알 수 있다는 점, 쉽게 검색할 수 있다는 점, 알림 서비스나 일정 관리가 가능하다는 점, 물리적 공간에 대한 제약이 없어 데이터를 무한정 관리할 수 있는 점, 원격 근무 시에도 정보를 공유할 수 있다는 점 등을 들 수 있습니다.

아날로그 도구를 스스로 개선해 만들어 나갈 것인지, 온라인 태스크 관리 서비스에 일하는 스타일을 맞출 것인지의 차이이기도 합니다.

처음에는 아날로그 방식을 사용해 볼 것을 권장합니다. 태스크 보드에 기록할 항목의 종류, 각 항목의 크기나 비율 또는 헤더의 명칭이나 관리 흐름 등을 자유롭게 결정할 수 있습니다. 커뮤니케이션 부족으로 인한 문제를 안고 있는 팀에게 특히 추천합니다. TODO(대기), DOING(진행중), DONE(완료)과 같은 단계를 활용한 진척 관리뿐 아니라 회고를 통해 수립한 액션 플랜, 사내 업무와 관련된 회의록 등 다양한 정보를 공유하는 장으로도 활용할 수 있습니다. 화이트보드에 기록하는 간편함, 가벼움, 보기 쉬움이 가장 큰 장점입니다.

숙련도가 높아지면 아날로그/디지털 방식을 번갈아가며 사용하더라도 이 과정에서 불필요한 요소들이 점차 사라집니다. 쉽게 일할 수 있는 환경을 만드는 것이 중요하므로 어느 한쪽만을 사용할 것을 고집할 필요는 없습니다. 먼저 보드 사용에 익숙해진 후 형태가 정해지지 않은 보드를 개선하면서 자신의 손으로 관리 규칙을 만들어 나가는 것이 모든 구성원이 함께 일을 즐기는 요령일 것입니다.

— 아라이 타케시

스토리 ⟩ 시간을 내 편으로 만들다

과연 잘 정리돼 있다. 이시가미 씨가 소개한 네 가지 프랙티스를 활용하면 일이 더욱 즐거워질 것이다. 이시가미 씨가 이런 개발 방법에 대해 열심히 이야기하는 이유를 알았다. 개발 현장에 뭔가 변화를 일으킬 수 있을 거란 기대가 생긴다.

네 가지 프랙티스 모두 의미가 있지만, 전부 함께 실행함으로써 그 효과를 연결할 수 있다는 것을 알았다. 회고는 과거를 돌아보고 앞으로 해야 할 일을 결정하는 것이다. 태스크 매니지먼트는 미래를 예측해 보고 지금 해야 할 일을 다시 파악하는 것이다. 아침 회의와 태스크 보드는 현재를 돌아보고 무엇을 해야 할지 판단하는 것이다.

즉, 과거로부터 현재를 바꾸고, 미래로부터 현재를 바꾸고, 현재로부터 현재를 바꾼다. 3개의 시간 축을 통해 현재 활동을 개선하기 위한 작전인 것이다. 그렇기 때문에 이 모두를 조합해 연결하면 그 효과가 커지는 것은 당연하다. 그야말로 시간을 내 편으로 만드는 것과 같다.

스스로의 깨달음에 가슴이 벅차올라 '내일이라도 당장 시작하자, 모두 시작하자'라고 마음먹었다. 하지만 이시가미 씨는 경고를 남기고 있었다. '프랙티스를 그대로 하지는 말라.' 즉, 프랙티스는 매우 강력하지만 그걸 그대로 자신이 처한 상황에 대입하려고 하면 잘 동작하지 않으리라는 것이다.

당연한 말이지만 현장도 다르고 현장의 상황도 모두 다르다. 다양한 현장에 획일적인 절차를 적용하려고 하면 그 과정에서 어딘가 맞지 않는 것이 나타날 것이다. 실제 내가 지금까지 사내에서 해온 방법들 역시 다른 곳에서 보고 들은 것을 그대로 적용하는 것이었는지도 모른다. 프랙티스의 절차만을 기억해 그대로 실행하는 것이 아니라 왜 이 프랙티스들이 효과적이었는지를 바탕으로 내가 일하는 현장에 어떻게 효과적으로 적용할 수 있을지를 생각해야만 한다.

회고는 얼마나 자주 하는 것이 좋을까? 1주 또는 2주 단위? 개선 사이클을 빠르게 하려면 1주 단위가 좋을 것이다. 하지만 익숙하지 않은 팀 멤버에게 이 사이클을 적용할 수 있을까?

아침마다 정해진 시간에 모든 멤버가 모일 것인가? 팀원들은 모두 자신에게 가장 적합한 시간에 출근하고 있다. 시간을 통일한다는 것이 정말 가능할까?

태스크 보드는 어떻게 표현해야 할까? 디지털 도구를 사용할까? 벽에 붙일까? 보드는 어디에 두는 것이 좋을까? 팀 멤버를 어떻게 설득하는 것이 좋을까?

내일 팀원들에게 네 가지 프랙티스를 설명하면 어떤 반응을 보일까? 팀 멤버의 분위기를 상상하는 순간 기분이 바뀌었다. 팀원 모두 '저 녀석이 지금 무슨 이야기를 하는 거지?'라는 표정으로 나를 바라볼 것이다. 이야기 자체를 듣지 않고 무시당할 수도 있다.

그만두는 게 좋을까? 의지 따위는 던져두고 옆에 핀 푸른 잔디나 좋을까? 그냥 나혼자 할 수 있는 일을 해볼까? 머릿속에서 수많은 생각이 떠올랐다가 사라졌다.

이런 생각을 하고 있을 때 그날의 일이 다시 떠올랐다. 이시가미 씨가 던진 질문, "당신은 어떤 일을 하는 분입니까?"

그렇다. 나는 아직 아무것도 시작하지 않았다. 나부터 시작하는 거다. 누군가를 끌어들이는 것이 어렵다면 혼자 시작하면 된다.

내가 누구인지 당당하게 말할 수 있는 사람이 되고 싶다.

제 03 장

혼자 시작하는 회고

스토리 회고, 정말 할 수 있을까?

이제부터 시도해 볼 네 가지 프랙티스 중에서 회고가 가장 만만해 보였다. 나는 이미 회고와 비슷한 것을 하고 있었기 때문이다. 프로젝트를 마무리할 때 혼자 무엇을 했는지 그리고 어떤 일이 있었는지를 회상하며 시간을 보냈다. 나 자신에게 매우 중요한 시간이었으며 이 과정에서 돌아본 내용은 그다음 프로젝트에서 도전해 보고 싶은 일들로 연결되기도 했다.

팀이나 부서에서 회고를 하는 사람은 없는 듯하다. 내가 일하는 회사에서는 6개월에 한 차례씩 부서원이 모두 모여 각자의 반년을 돌아보고, 이후 반년 동안 무엇을 할 것인지 발표하는 이벤트를 연다. 이를 자신의 업적을 드러낼 기회로 여기는 사람도 많다.

이 행사는 내가 유일하게 인정하는 회사 차원의 시도라고 해도 좋다. 매니저, 리더부터 신입사원에 이르기까지 모든 사람이 각자의 비전을 다른 사람 앞에서 이야기한다. 누가 어떤 생각을 갖고 일을 하는지 알 수 있는 좋은 기회다.

하지만 이 기회를 잘 활용하는 사람이 그리 많지 않기 때문에 지루하기 짝이 없는 이야기를 서너 시간 동안이나 들어야만 하는 고통의 이벤트가 되고 있었다. 유익함은 찾아볼 수 없는 과거의 이야기…. 3분도 채 걸리지 않아 급조한 듯한 목표…. 듣고 있다 보면 '도대체 뭘 어쩌라는 건가?'라는 생각도 든다.

'회고라는 기술은 내가 애써 시도하는 것보다 부서원 모두에게 전파하는 것이 좋을지도 모른다.'고 생각했지만, 정작 스스로 시작조차 하지 못했던 것이 이제까지의 나였다. 나는 생각을 고쳐 먹었다. 부서 전체의 회고가 효과적으로 동작하지 않는 이유는 방법에 문제가 있기 때문이리라. 나 또한 '최고의 회고 방법'을 알지 못한다.

부서에 제안하기 전에 혼자 해보자. 마침 내일이 이번 주의 마지막 날이다. 퇴근하는 길에 잠깐 짬을 내보면 좋을 것이다.

'그런데 어떻게 해야 하는 거지?'

이시가미의 해설 ▶ 회고를 통해 일하는 방법을 고친다

▶▶ 회고의 기본

회고에 관해 살펴보겠습니다. 회고는 지금까지 해온 일을 통해 '깨닫고', 학습하며 앞으로 어떻게 할 것인지를 결정하는 활동입니다.

대부분의 현장은 눈앞에 닥친 일들로 분주합니다. 하루하루가 바쁘기 때문에 본인이 일하는 매우 좁은 범위밖에 볼 수 없게 됩니다. 그 결과, 자신이 일하는 방법을 객관적으로 파악할 기회가 줄어듭니다. 일부러 멈춰 서서 생각하는 것도 필요합니다. 회고는 '멈춰 서서 생각하기' 위한 기회라고 할 수 있습니다.

회고의 목적은 크게 두 가지로 나눌 수 있습니다.

첫 번째는 '프로세스 개선'입니다. 일이 보다 잘되도록 하기 위해 실시하는 것입니다.

두 번째는 조건이나 제약 사항을 잘 모르는 경우나 어떻게 전개될지 예측하기 어려운 '불확실성이 높은 상황' 속에서도 앞으로 나아가는 것입니다. 지난 과정에서 얻은 단서들을 분석하고 다음 액션을 생각합니다. 불확실한 상황을 명확하게 만듭니다. 예를 들어 팀원이 아직 일하는 영역에 대한 지식이 없는 상황에서 신규 사업이나 새로운 서비스 구현에 투입되는 경우를 들 수 있습니다. 대응을 시작하는 시점에 계획을 면밀하게 세운다고 하더라도 진행하는 도중 빈번한 변경이 일어날 것입니다. 이런 상황에서는 계획에 과도하게 의존하기보다는 경험으로부터 얻은 지식을 계획에 수시로 반영하는 작전이 결과적으로 좋은 결과로 이어집니다.

Keep, Problem, Try

회고 방법으로는 KPT(케이피티)라 불리는 'Keep, Problem, Try' 프레임워크가 유명합니다. 이 밖에도 YWT(회고 방법 중 하나로, 해본 것(Yatta-koto, やったこと), 알게 된 것(Wakkata-koto, わかったこと), 다음에 할 것(Tsugijiyaru-koto, 次にやること)이라는 일본어 발음의 앞 글자를 따서 만들었다. ─ 옮긴이)와 같은 다양한 방법이 있습니다.

하나씩 살펴보겠습니다. 'Keep'에서는 유지할 것, 다시 말해 실행해 본 결과, 좋았던 것을 선정합니다. 좋았던 것^{Good}에서 선정하지만, 이를 계속할지는 별도로 판단해야 하는 경우도 있습니다.

'Keep'에서 선정된 아이템 자체도 중요합니다. 팀이 이제 막 구성됐거나 프로젝트가 정말 좋지 않은 경우에는 단 하나의 Keep도 선정되지 않을 수 있습니다.

겁내지 마세요. 아무것도 없는 것이 아닙니다. 회고 자체가 시작됐으니 말입니다. 회고조차 할 수 없다면 개선의 싹은 매우 작아집니다. 회고를 시작한 것을 우선 Keep 아이템으로 선정합시다.

'Problem'에서는 문제점을 선정합니다. 단, 문제가 되기 이전의 도전이나 깨달음을 놓치지 않도록 하기 위해 '애매했던 점', '마음에 걸렸던 점' 등을 선정합니다.

Problem은 가능한 구체적인 것이 좋습니다. 단편적인 감정(예를 들어 '힘들었다.'와 같은 감정)을 도출하더라도 시각화할 수 있기 때문에 안 된다는 것은 아니지만, 그 상태로는 대응하기 어렵습니다. 감정을 표현한 동료의 설명을 들어봅니다. 그 문제가 어떤 불편함이나 불이익을 야기했는지를 들어보면 보다 깊은 통찰을 얻을 수 있을 것입니다.

우선, Keep과 Problem 선정에 전념합니다. 이후 선정된 것 중에서 'Try', 즉 다음에 시도해 보고 싶은 것을 골라 봅니다.

상황에 따라 Problem으로 많은 항목이 선정돼, 이에 대응하는 Try 항목도 많아질 수 있습니다. 하지만 모든 Try 항목을 실행하려는 시도는 멈추는 편이 좋습니다. Try 항목을 전부 실행하다가 모두 어중간하게 돼 버리면 효과적이라고 할 수 없습니다.

Try 항목 중 무엇을 시도할지 긴급도나 중요도를 살펴 순번을 정하는 것이 좋습니다. 다음 회고까지의 기간과 팀의 숙련도에 따라 시도할 Try의 양이 달라집니다. 3개가 될 수도, 5개가 될 수도 있습니다. 단 1개라도 좋습니다. 어느 정도까지 Try 항목을 시도할지는 팀에서 이야기를 통해 결정하도록 합니다.

Problem을 남겨 놓아도 좋을까요? 지금은 남겨 둔다 하더라도 이후 해당 문제가 정말 크다면 다시 Problem으로 선정될 것입니다. 그때는 시도할 우선순위를 높이는 것이 좋다는 판단을 할 수 있습니다.

회고 빈도

"회고는 얼마나 자주 해야 하는가?"도 자주 받는 질문 중 하나입니다. 앞서 설명한 바와 같이 절대 기준은 없습니다. 적절한 간격을 스스로 찾아내길 바랍니다. 하지만 접근 방식은 말씀드리려고 합니다.

회고에서 도출한 Try는 일종의 실험이라 할 수 있습니다. 그러므로 실험을 통해 결과를 얻고 평가할 수 있을 정도의 기간이 적당할 것입니다. 3개월에 한 차례씩 회고한다면 기간이 너무 길어 실험하고 있다는 것 자체를 잊어버릴 수도 있습니다. 그렇다면 매일 회고를 하는 것은 어떨까요? 좋을지도 모르지만 시간이 너무 짧아 효과가 있었는지 판단하기 어려울 수도 있습니다.

애자일 개발 방식 중 하나인 스크럼Scrum에서는 1개월 또는 그보다 짧은 기간에 회고를 반복적으로 수행합니다(스크럼에서는 팀의 상태를 확인하고 개선 계획을 세우는 회의를 스프린트 회고sprint retrospective라 부릅니다). 이제 막 팀을 구성해 팀워크가 잘 갖춰지지 않았다면 1주 간격이 적당합니다. 잦은 회고를 통해 개선 사이클을 빠르게 만드는 것이 좋을 것입니다. 한편, 팀이 스크럼에 익숙해졌다면 2주 간격이 적당합니다.

▶▶▶ 두 번째 회고

두 번째 회고에 관해서도 이야기를 해두는 것이 좋겠습니다. 두 번째 회고는 이전 회고에서 도출한 Try 항목들에 대한 검토부터 시작합니다.

Try 항목을 시도해 본 결과는 어떠했는가? 효과가 있어 지속하는 것이 좋다면 Keep 항목으로 옮깁니다. 효과가 있었다는 것은 구체적으로 Problem에 변화가 일어났다는 것을 의미합니다. 문제의 정도가 감소했거나 그 자체가 사라졌는지와 같은 결과를 확인합니다.

이와 같은 회고가 계속되면 Keep 항목이 증가할 것입니다. 단, Keep 항목을 다시 한 번 확인하는 것도 잊지 않아야 합니다. 팀의 상태나 프로젝트 상황은 시간과 함께 변합니다. 이전 회고 당시에는 Keep 항목이었더라도 지금은 유명무실한 상태가 돼 버린 항목이라면 유지할 필요가 없습니다. Keep 항목을 멈추는 판단도 회고에서 함께하는 것이 좋습니다.

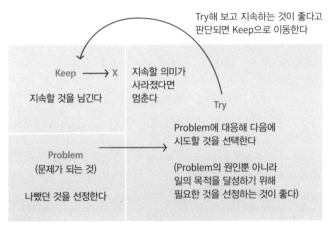

그림 1-3 **Keep, Problem, Try**

회고를 계속하다 보면 Problem 항목이나 Try 항목의 경향이 보이기 시작합니다. 예를 들어 태스크 누락이 많아 구체적인 상황은 바뀌지만 Problem 항목으로 몇 차례씩 선정되는 경우 등이 있습니다.

4장에서 설명할 예정이지만, 혹시 팀에서 태스크 매니지먼트를 고려하고 있지 않을 수도 있습니다. 만약 그렇다면 문제에 개별적으로 대처하는 것이 아니라 문제의 원인(근본 원인이라 함)에 손을 대는 방법도 생각해 볼 수 있습니다. 이와 같은 경우에는 팀에 태스크 매니지먼트 방식을 도입하는 것이 좋을 수도 있습니다. 경향을 파악해 대처함으로써 이후 같은 문제가 발생하지 않도록 할 수도 있습니다.

마지막으로, 회고는 팀에서의 수행을 전제로 하는 경우가 많지만, 똑같은 목적으로 혼자서 수행하는 것도 좋은 방법입니다. 에노시마 씨도 혼자서 회고를 시도해 볼 것 같네요. 어쩌면 혼자 하는 회고의 문제점을 깨달을지도 모르겠습니다.

사내의 문제 해결을 위한 논의는 다양한 부분에서 이뤄질 것입니다. 회의에서 언급되는 내용은 사실에 기반을 둔 것도 있고 주관적으로 결정된 의견이나 해결안까지 포함하고 있는 것도 있을 것입니다. 사실, 의견, 대책의 세 가지를 구분해 논의를 정리하고 문제 해결 방법을 안내합니다. 객관적인 사실을 도출한 의논은 오해가 적고 감정적인 부정이 발생하기 어렵습니다. 반드시 시도해 보시기 바랍니다. ― 아라이 타케시

순서

① 문제 발견 단계
　(1-1) 문제점을 자유롭게 제시하고, 모든 문제점은 임시 의견으로 둔다(A).
② 사실 발견 단계
　(2-1) 의견을 기반으로 구체적인 불이익을 기재한다(B).
　(2-2) 이와 관련된 보다 구체적인 사실을 기재한다(C).
③ 대책 단계
　(3-1) 사실의 문제가 발생하지 않는 대책을 생각해 보고 최적의 의견을 선정한다(D).
　(3-2) 선정한 대책을 누가 언제, 수행하는지를 기재한다(E).

주제: 아침 미팅이 상사를 위한 보고회처럼 변질되는 문제를 어떻게든 바꾸고 싶다.		
사실 (누가 봐도 같은 객관적인 내용)	**의견** (개인적인 해석이 포함된 내용)	**대책** (사실에 기초해 재발하지 않도록 하는 해결책)
아침 회의에서 상사의 얼굴을 보고 있다. **(C): 사실을 끌어낸다.** **불이익** 멤버가 솔직히 말하지 않은 문제가 나중에 발견됐다. 재작업이 발생했다. 잔업 시간이 지난주보다 10시간 늘었다. **(B): 불이익을 끌어낸다.**	정보 공유가 아닌 보고회가 됐다. 문제를 공유해 협력을 구하고 싶지만 상사 앞이라서 말하지 못하는 건 아닌가. 상사의 비위를 맞추고 있다. 아침 회의가 상사의 연설 타임이 되고 있다. 정신론을 좋아하는 상사에게 '열심히 하겠습니다.'라는 발언으로 책임을 회피하고 평가에 신경을 쓴다. **(A): 모든 문제점은 임시 의견으로 둔다.**	**(D): 대책안 선정** 상사는 아침 회의에 참석하지 못하도록 한다. 상사는 기둥 뒤에 숨는다. 1 on 1을 매일 실시한다. 에노시마 씨가 할 일 상사에게 연락해 내일부터 아침 회의에 참석하지 않도록 한다. **(E): 대책안 수행 담당자 및 수행 일시**

※ 니시무라 마코토 씨가 고안해 아라이 타케시 씨와 함께 Scrum Boot Camp Premium(CodeZine Academy Edition) 세미나에서 강의했던 내용을 기초로 집필한 것입니다.

그림 1-4 포스트잇을 사용해 문제 해결을 안내한다

매주 마지막 날 회고를 하기로 결정한 후 잦은 주기로 회고할 때의 이점을 가장 먼저 깨달았다. 프로젝트 종료 시점에 딱 한 번 회고하는 것, 즉 3~4개월에 한 번씩 회고하는 것보다 매주 회고를 함으로써 그 결과를 활용할 기회 역시 급격하게 늘어났다.

이번 주에 알게 된 상황이나 문제를 개선하기 위한 시도를 다음 주부터 곧바로 시작하기도 한다. 이전부터 일을 잘하기 위한 방법에 관해 자주 생각했다. 프로젝트가 끝나는 시점에 회고를 한 번만 했을 때와 비교해 자신의 업무 수행 방식과 마주하는 시간이 엄청나게 늘어난다.

'이렇게 해보면 좀 더 나아지지 않을까?'라는 생각으로 시도한 것이 의도했던 대로 이뤄진다면 기분이 얼마나 좋을까! 의도대로 되지 않았더라도 그 다음 주를 위해 작전을 변경할 수 있는 유연함이 있으니!

즉시 일이 개선되는 모습에 기분이 좋아졌고 SNS의 타임라인에 투고하는 글도 점점 늘어났다. 아직 주변의 동료들을 끌어들인 상태가 아니기 때문에 개선의 성과를 나눌 상대도 없다. 무의식중에 누가 있는지도 모를 인터넷에 말을 쏟아 내고 있었다.

"회고를 시작하자니 곧바로 일이 돌아가기 시작했다."

"원래 회고를 하고 있기는 했지만, 점점 자신감을 갖게 된다."

"회고 방법에 자신이 없는 분들은 말씀해 주세요. 제가 알려드리겠습니다."

금방 댓글들이 날아왔다.

"와~ 어떻게 하는 건가요? "

댓글을 단 사람의 이름을 보는 순간, 심장이 뛰기 시작했다. 이시가미 씨였다. 생각지도 못했던 사람에게 우쭐해진 모습을 들켰다. 부끄러워 얼굴을 들 수 없었다. 이렇게 되면 답글을 보지 못한 척할 수밖에 없다. 조용히 브라우저를 닫으려고 할 즈음, 다시 알림이 날아들었다. 이시가미 씨가 낸 숙제였다.

"회고가 잘되고 있다는 것을 어떻게 판단할 수 있습니까?"

나는 걱정스레 이시가미 씨에게 답장을 보냈다.

"죄송합니다. 생각해 보겠습니다."

이시가미 씨의 질문을 받고 난 후 난 회고를 회고해 보기로 했다. 다행히 회고 내용은 텍스트로 적어 남겨 두고 있었다. 쌓여 있는 메모를 들춰 봤다. '회고는 이미 하고 있어, 회고에 대해서는 잘 알고 있어.'라고 생각했던 나는 의외의 사실을 발견했다.

다음에 시도할 것으로 선정한 내용이 대부분 '더 일찍 시작한다.' 또는 '더 주의한다.' 정도의 반복이었고 유효한 행동으로 이어지지도 않았다. 문제에 어떻게든 대처해야 한다는 생각은 했지만, 단지 나 자신만을 만족시키고 있을 뿐이었다.

다른 팀원의 이야기를 들어보니 이와 비슷한 느낌이었다. 수립한 대책은 구체적인 내용 없이 '더 열심히 한다!' 정도의 이야기뿐이었다. 열심히 해서 될 일이라면 분명 잘 됐어야 했다. 개인의 의지나 의욕이 아니라 문제를 방지하는 방법을 만들지 못하면 이와 똑같은 일이 반복될 것이 뻔하다.

'다음에 시도할 일'의 내용이 별 볼 일 없다는 문제를 포함해 내가 머리를 싸매고 있는 문제도 회고의 회고를 통해 발견할 수 있었다. 내가 문제를 간과하고 있었던 것이다.

회고에서 문제를 간과하면 이후에 다시 파악할 수 있는 기회도 사라진다. 문제가 커진 후에야 알아차리는 일을 반복한다. 무의식중에 귀찮은 문제로부터 눈을 다른 곳으로 돌리기도 했다. 많든 적든 누구에게나 일어날 수 있는 일이라고 생각한다. 이런 상황에서 '눈을 돌리지 말자!'라고 한들 아무런 해결책도 되지 않는다.

기껏 회고를 했더라도 스스로 깨닫지 못하고 손대지 않는 일이 있는 한 회고의 의미가 없었다. 생각했던 것보다 스스로가 회고를 잘하지 못하고 있다는 느낌이 들어 의기소침해졌다.

어떤 장애에 관한 대책 회의에 참석했을 때도 회고를 어떻게 개선해야 하는지에 대한 생각이 머릿속을 가득 채웠다. 다른 멤버의 애매한 계획들은 한 귀로 흘려들으면서….

"이 정도로 장애가 발생했다는 것은 프로그래머가 코드를 작성할 때 주의를 기울이지 않았기 때문일 겁니다. 요구사항 명세서를 좀 더 잘 읽고 문제가 없는지 확인해야 합니다."

"요구사항 명세서에 모든 것이 기술돼 있는 것이 아니므로 보다 많은 주의가 필요합니다."

"테스트 항목에도 좀 더 주의가 필요합니다."

계속 귀를 거슬리게 하는 '주의'라는 말에 넌더리가 났다. '왜 이 회사 사람들은 아무런 의미 없는 이야기 때문에 이렇게 많은 시간을 낭비하고 있는 걸까?', '스스로 뭔가 하나라도 의미 있는 말을 하고 있지 않다는 걸 알기나 하는 걸까!'라고 마음속으로 독을 토하다가 불현듯 깨달았다.

그거였다. 다른 사람이 깨닫도록 하고 싶은 것이다. 스스로 깨닫지 못하는 것은 어쩔 도리가 없으니 상대방이 깨달을 수 있도록 하고 싶은 것이다. 혼자만의 경험과 사고만으로는 자신이 한계가 돼 버린다. 그러나 타인의 경험과 생각을 활용하면 자신의 한계를 뛰어넘을 수 있다.

"그래서 회고는 팀에서 해야 하는 거구나."

난 '혼자라도 괜찮으니까'라는 생각에서 시작한 회고가 지니고 있는 한계를 느꼈다. 그러나 지금은 아직 팀을 끌어들일 기분이 아니다. 팀원의 신뢰를 좀 더 얻어야만 한다.

제**04**장

혼자 시작하는
태스크 가시화

스토리 깜빡했습니다. 깜빡했습니다 그리고 깜빡했습니다

"통합 테스트에서 발견된 버그가 또 53건이야."

팀 리더인 코베바시 씨가 프린트한 종이 다발을 나와 PC 사이에 던졌다. '지금 같은 시대에 종이에 프린트를 해서 체크를 하다니 어떻게 된 거야.'라고 생각하며 내가 다른 쪽으로 눈을 돌리자 코베바시 씨가 다그쳤다.

"통합 테스트를 시작한 이후 매일 버그가 50개, 100개씩 나오고 있어. 드문 일도 아냐. 대부분의 프로젝트에서 이와 똑같은 일이 일어나고 있어."

'너희들 프로그래머 잘못이라고…'

아마도 코베바시 씨는 그렇게 말하고 싶은 듯하다. 실은 나도 그에게 반론할 수 없다. 통합 테스트에서 발생하고 있는 대부분의 문제는 지금 생각해 보더라도 '왜 사전에 고려하지 못했지? 왜 다른 프로그래머와 미리 맞추지 않았지?'와 같은 하찮은 것뿐이기 때문이다. 그렇지만 그런 하찮은 것을 미리 해치우면서 일을 진행하지 못하고 있다.

"원인을 물어봐도 '깜빡했습니다. 깜빡했습니다. 그리고 깜빡했습니다.'라는 말뿐이라고."

오늘은 아무래도 철저하게 나를 나무라고 싶은 듯하다. 다른 팀원의 반응이 시큰둥하니 오히려 반항적인 내가 대응이라도 하는 것 같았기 때문일까? 물론 달갑지는 않겠지만…

나도 나지만, 확실히 멤버가 각자의 방법으로 일을 관리하고 있기 때문에 사람에 따라 누락되는 일이 생기고 한 번에 개선되지도 않는다. 해야 할 일의 디테일이 사람마다 제각각이다. 그런 일들을 멤버 사이에서 전달하는 경우도 있기 때문에 얼마나 세세한 부분까지 해야 하는지에 대한 모호함이 발생한다.

코베바시 씨도 이를 알고 있을 텐데 전혀 손을 쓰지 않는다. 나는 소소하게 반격하기로 했다.

"코베바시 씨, 애초에 스펙 자체가 애매했다고요."

"당연하지. 그 애매한 스펙을 채우고 채우고 그리고 채우는 것이 자네들 일이라고."

내 반격은 바람 앞의 등불처럼 훅 꺼져 버렸다. 귀가 따가울 만큼 들었던 말이다. 애매한 요구사항을 들고 오는 사람(코베바시 씨) 탓으로 돌려 봤자 아무것도 할 수 없다는 것 정도는 알고 있다. 다른 멤버도 대개 착실하기만 하기 때문에 코베바시 씨에게 이런 말을 들으면 고개를 숙일 수밖에 없다.

달성하고자 하는 일을 실현시키기 위해 해야만 하는 일은 무엇일까? 이를 빠짐없이 찾아내 하나하나 성취해 나간다. 글로 적으면 별 것 아닌 당연한 일인데도 실제로는 잘되지 않는다. 해야 할 일을 상상해 내야 하기 때문에 프로그래머들은 경험과 스킬을 총동원한다. 어디까지 도출할 것인지는 사람에 따라 차이가 있다.

나에게는 이런 상상이 고역이었다. 만들어 낸 결과는 상대가 말하는 '하고 싶었던 것'과 어긋나기 일쑤다. 내가 머릿속에 그린 완성의 이미지와 상대방이 가진 그것이 다른 것이리라. 나는 '이렇게 하는 편이 좋아'라며 내 생각을 우선시하는 경향이 있다.

문제는 해야 할 일의 관리가 허술하다는 것, 하고 싶은 것의 완성된 형태를 그리지 않고 일을 추진하는 것이었다(우선 해야 할 일의 관리가… 하지만 이게 프로그래머가 해야 할 일이긴 한 걸까?).

나는 머리를 감싸 쥐었다. '리더가 뭔가 해주겠지, 다른 누군가가 뭔가 해주겠지'라고 믿어도 상황이 바뀌지 않는 것은 이미 몇 년 동안의 경험으로 알고 있지 않은가? 알고 있는 것을 부인하지 않으면 아무것도 변하지 않는다.

"코베바시 씨, 어떻게 하는 게 좋을지 생각해 보겠습니다!"

코베바시 씨는 머리를 흔들면서 갑자기 기운을 내는 나를 마치 다른 세계의 생물처럼 쳐다봤다.

이시가미의 해설 ▶ 태스크 관리 방식을 내 것으로 만들다

▶▶ 태스크를 도출해 가시화한다

에노시마가 말한 것처럼 우선 해야 할 일을 관리하는 것부터 시작해 봅시다. 완성된 모습이 그려지지 않는 문제는 나중에 설명하겠습니다.

태스크란, 일의 최소 단위를 말합니다. 태스크 매니지먼트에서 반드시 고려해야 할 사항은 다음과 같습니다.

☐ 태스크의 양은 얼마나 되는가?

☐ 각 태스크의 목표는 무엇인가?

☐ 각 태스크의 목표를 달성하는 데 있어 주의해야 할 점은 무엇인가?

☐ 현재 상황은 어떠한가?

상황이 바쁘게 돌아가면 자신에게 얼마만큼의 태스크가 있는지조차 모르는 경우가 많으므로 가장 먼저 '태스크를 가시화'해야 합니다.

내가 추천하는 방법은 포스트잇 한 장에 태스크를 하나씩 적는 것입니다. 스프레드시트spreadsheet와 같은 소프트웨어는 안 되냐구요? 화이트보드를 벽에 붙여 두는 것이 한눈에 보기 편하므로 역시 포스트잇 사용을 추천합니다. 이 방법은 다른 사람들도 함께 볼 수 있다는 장점도 있습니다. 업무 공간이 물리적으로 떨어져 있는 경우에는 아날로그적인 방법만으로 해결하기 어렵겠지만, 그렇지 않다면 시선이 자주 가는 장소에 붙여 두는 것이 좋습니다.

시선을 유도할 때는 포스트잇의 색상을 고려하는 것이 좋습니다. 태스크의 종류나 업무 의뢰자에 따라 어느 정도 그룹화해 두고 이에 따라 포스트잇의 색을 바꿔 주면 어떤 종류의 의뢰가 있는지도 한눈에 알 수 있습니다.

또한 태스크를 기록할 때는 '○○ 처리'보다 '○○ 처리를 프로그래밍한다.'와 같이 명사+동사의 형태로 쓰는 것이 훨씬 알아보기 쉽습니다. 명사로 끝나면 무엇을 해야 하는지 알 수 없는 경우가 있기 때문입니다.

이렇게 태스크를 기록한 포스트잇를 모아 둘 수 있는 수단으로 '태스크 보드' 또는 '칸반Kanban'을 사용할 수 있습니다. 태스크 보드는 6장, 칸반은 18장에서 소개합니다.

▶▶▶ '어떻게 되면 이 태스크가 끝나는 것인가?'를 말할 수 있게 된다

태스크와 관련된 정보로는 다음과 같은 것을 꼽을 수 있습니다.

☐ 누가 의뢰한 것인가?

☐ 다음에는 누구에게 전달하는가?

☐ 기한은 언제까지인가?

☐ 작업 시간이 얼마나 소요되는가?

☐ 어떤 상태가 되면 이 태스크가 완료되는가?

'누가 의뢰한 것인가?'에 따라 의뢰한 측에서 무엇을 기대하고 있는지가 달라집니다. 태스크를 직접 의뢰한 당사자만을 고려해서는 안 됩니다. 의뢰한 사람 외에 '의뢰한 사람에게 의뢰한 또 다른 사람'이 있을 수도 있기 때문입니다. 제3의 요청자가 무엇을 기대하는지 파악하지 못하게 됨으로써 결과적으로 '이건 아닙니다.'와 같은 상황을 만나게 될 수도 있습니다.

그렇다고 해서 일일이 '의뢰한 또 다른 사람'이 누구이고 무엇을 원하고 있는지 확인하는 것은 매우 비생산적이므로 어떤 상태가 되면 일이 완료됐다고 할 수 있는지를 정확하게 정해 업무를 주고받는 것이 좋습니다. 이런 사고를 담고 있는 것이 '칸반'입니다. '칸반'을 운용하기 위해서는 업무의 흐름을 정리해야 하는데, 자세한 내용은 18장에서 다루겠습니다.

'다음에는 누구에게 전달하는가?'에서는 여러분이 '의뢰하는 사람'이 되므로 해당 태스크를 이어받을 사람을 생각해야 합니다. 태스크를 이어받을 사람이 어떤 상황에서 전달받기를 기대하는지 명확히 정하는 것이 효율적입니다.

태스크에는 착수하는 순서가 있어야 합니다. 이때 필요한 정보가 '기한은 언제까지인가?' 그리고 '작업 시간이 얼마나 소요되는가?'입니다. 기한과 작업 시간 정보를 통해 어느 태스크에 가장 먼저 착수할 것인지를 확인해야 합니다.

착수할 순서를 결정했다면 업무 의뢰자, 상사 및 동료가 알 수 있도록 하는 것이 좋습니다. '나는 무엇을 어디에서부터 진행할 예정이다. 혹시 기대하는 바가 다르다면 알려달라'라고 표시하는 것입니다. 이때 앞서 이야기한 '태스크 보드'나 '칸반'을 사용할 수 있습니다.

마지막으로 '어떤 상태가 되면 이 태스크가 완료되는가?'입니다. 이와 관련해 '완료 정의' 또는 '완료 조건'이라 불리는 것이 있습니다. 자세한 내용은 10장에서 설명할 예정이지만, 사람에 따라 완료의 정의가 다를 수 있다는 것을 전제로 해야 합니다. '○○(이)라는 문서를 작성한다.'는 태스크의 완료 정의를 '문서를 작성해 저장소에 커밋하는 것' 또는 '문서를 작성해 의뢰자에게 리뷰를 받고 리뷰 의견에 대한 대응도 마치는 것'으로 생각할 수도 있습니다.

각자 저마다의 완료 정의를 그대로 태스크에 반영하면 재작업이 발생하고 예상보다 많은 시간이 걸립니다. 태스크의 목적과 요청자의 기대를 반영한 완료 정의를 관계자 사이에서 합의해야 합니다.

▸▸▸ 큰 태스크를 그대로 취급하지 않는다

에노시마가 말한 '완성의 형태가 그려지지 않는 문제'의 원인은 '어떤 상태가 되면 이 태스크가 완료되는가?'를 조율하지 않았기 때문이기도 하지만, 애당초 조율할 수 없던 이유 중 하나로 '태스크의 자세한 정도'를 들 수 있습니다.

예를 들어 '제품 배송지별로 발주 단위를 구분하고 싶다.'는 요구사항이 있다고 가정해 봅시다. 이 요구사항은 '마스터화돼 있지 않은 배송지를 사용자별로 관리할 수 있도록 하는 편이 좋은가?' 또는 '상품 재고 상황에 따라 조달하는 데 시간이 소요되는 것과 그렇지 않은 것을 배송지별로 모아 두는 것이 좋은가?'처럼 조율해야 할 부분이 많습니다. 배송지 관리를 시작하기 위해 덜컥 기능을 만들어 버리게 되는 것입니다. 의뢰자가 정말 이 정도의 기능을 바라고 있던 것일까요? 태스크의 자세한 정도를 정확하게 조율해 두지 않으면 완료 후의 모습에 큰 차이가 발생합니다. 이처럼 크기가 큰 태스크를 있는 그대로 다루면 생각의 차이가 발생하기 쉽습니다.

가장 먼저 태스크를 목적에 따라 분할하는 것이 좋습니다. 앞의 예라면 '마스터화돼 있지 않은 배송지를 사용자별로 관리할 수 있도록 한다.', '발주 단위를 상품 배송지별, 재고 상황별로 나눈다.'와 같이 나눌 수 있습니다. 사용자 관리와 발주 단위의 목적이 분명히 다르므로 이처럼 구분할 수 있는 것입니다.

큰 상태 그대로는 해결할 수 없는 문제를 작은 문제로 분할하고 분할한 문제를 모두 해결함으로써 가장 큰 문제를 처리하는 방법을 '분할 정복Divide and Conquer'이라 부릅니다.

태스크를 분할한 후 각 태스크를 어디까지 구현해야 하는지 관계자와 다시 조율합니다.

또한 태스크가 적절한 크기로 분할됐는지 판단하기 위해서는 크기를 추정하는 것이 좋습니다. 태스크의 크기란 달리 말하면 태스크를 종료하기 위해 필요한 시간입니다. 예를 들어 종료하기 위해 하루 이상 걸리는 태스크는 분할을 고려하는 것이 좋습니다.

하루 안에 끝낼 수 있는 정도의 크기로 태스크를 분할하면 하루 동안 무엇을 했는지 명확하게 알 수 있습니다. 이와 달리 태스크의 크기를 3일로 추정한 경우에는 하루가 지났다고 해서 '3분의 1을 완료했다.'라고 말할 수는 없으므로 진척도를 알기 어렵습니다.

또한 태스크를 완료함으로써 '일이 진행되고 있다.'는 느낌도 얻을 수 있습니다. 이를 통해 스스로 동기를 부여할 수 있게 됩니다.

메일이나 메신저에 답하다가 오전이 지나고 오후는 회의나 상담 요청으로 시간을 보낸 후 정신을 차려보니 벌써 퇴근 시간이 지나 버렸습니다. 확보된 시간을 필요로 하는 태스크 또는 중요하다고 알고 있는 업무를 뒤로 미룬 경험은 없습니까? 긴급한 태스크만을 일정대로 수행하는 것이 좋은 시간 관리가 아닙니다. 물론 시간을 바쁘게 보내고 있는 것만으로 일을 한다고 착각해도 안 됩니다. 고객에게 가치를 전달하는 것만이 진짜 일입니다.

때로는 멈춰 서서 일을 다시 파악해야 합니다. 향상시키고 싶은 스킬이나 궁금증을 갖고 있는 태스크도 있을 것입니다. 이들 모두 포함해 긴급/중요의 사분면 매트릭스를 정리합니다(여기에서 소개하는 매트릭스는 《성공하는 사람들의 7가지 습관》(스티븐 R 코비 저)을 참고해 작성했습니다).

그림 1-5의 1번 또는 3번 영역의 일을 하는 것만으로 대부분의 시간을 사용해서는 안 되며 중요하지만 긴급하지 않은 2번 영역의 시간을 늘려야 합니다. 인간 관계 만들기, 자기 계발, 개선과 같은 태스크에 시간을 할애하는 것이 중요합니다.

중요한 일임에도 불구하고 손조차 쓰지 못한다는 생각이 든다면 이제는 일정표를 작성하는 시간을 미리 확보해야 합니다. 실행하지 않으면 안 되는 상황을 만드는 것입니다. 또한 같은 영역에서 같은 정도의 긴급/중요도를 가진 태스크가 있는 경우에는 최소의 실행 노력으로 최대의 효과를 낼 수 있는 것을 우선합니다. 스스로 성장하기 위해 시간을 관리하는 기술을 몸에 익히십시오.

― 아라이 타케시

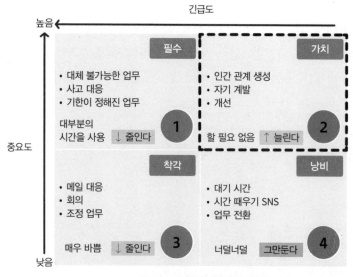

그림 1-5 **긴급/중요 매트릭스**

'아무리 해도 누락이 줄어들지 않는다.', '완성된 이미지가 그려지지 않는다.' 마치 수수께끼 게임이라도 하는 느낌이다. 애초에 어떤 모습이 좋은지 확인할 수 없다. 코베바시 씨에게 공을 던져 보지만, 그는 그 공을 그대로 클라이언트에게 던질 뿐이다.

몇 번의 핑퐁 끝에 산출물을 만들었지만, 결국 클라이언트의 기대와 어긋나 있다. 클라이언트와 나뿐 아니라 함께 작업하는 다른 팀원 사이 역시 어긋나 있다.

"애초부터 기대가 어긋나 있다는 걸 인정하고 점차 사양을 조정해 나가는 건 어떨까요?"

코베바시 씨는 역시 단칼에 내 제안을 거절했다.

"클라이언트는 재작업 비용을 지불하지 않는다고."

"그렇지만 클라이언트도 완성의 이미지를 갖고 있지 않은 것 아닙니까?"라는 말은 꺼내지 않기로 했다. 말해봤자 코베바시 씨는 '그걸 뽑아내고 뽑아내고 또 뽑아내는 것이 자네 일이야!'라고 답할 것이 뻔하기 때문이다.

나는 완성된 형태가 크게 벗어나는 경우와 그 정도까지 문제가 되지는 않았던 적당한 경우 사이에 어떤 차이가 있는지 찾아보기로 했다. 그런데 최근 프로젝트들을 보니 거의 대부분 어긋나 있었다.

다 집어치우고 싶었지만, 잠시 숨을 고른 후 예전 프로젝트들을 살펴보기로 했다. 내가 신입 사원이었을 당시 함께 일했던 선배인 쿠라야시키 씨가 떠올랐다. 그와 함께 한 프로젝트에서는 지금과 같은 스트레스는 없었던 것이 생각났다. 오히려 재미있었다. 그때를 계기로 소프트웨어 개발이 좋아져 이 회사에서 일하기로 했던 것이다.

이윽고 문제의 원인이 보이기 시작했다. 하려는 일의 범위가 너무 큰 것이었다. 코베바시 씨는 클라이언트의 말을 파고들지 않는다. 그렇기 때문에 요구사항이 너무 큰 덩어리 그대로였던 것이다. 하고자 하는 일을 실현하려면, 수많은 기능을 만들어야 한다. 얼마나 만들어야 할지 추정조차 하기 어렵다. 만들어 본 후에만 알 수 있는 것도 점차 늘어난다.

하고 싶은 일의 크기가 크면 내용이 모호해질 수밖에 없다. 다양한 시각으로 해석할 수 있게 되는 것이다. 어떤 상태가 좋은지는 알 길이 없다. 나는 이시가미 씨가 예전에 이야기한 적이 있는 '분할 정복'을 적용해 보기로 했다.

분할해서 정복하라. 큰 이야기를 작게 나누는 일부터 시작하자. 큰 달성은 작은 달성의 집합이라고 생각하자. 무엇을 달성하면 좋은지를 생각해 보고 이를 작은 단위로 나누자. 그리고 작게 나눈 태스크를 업무 요청자와 합의하자. '배송지를 사용자가 관리하는 것이 좋겠다.', '발주 단위를 재고 유무로 나누는 것이 좋겠다.', '발주 단위를 배송자별로 나누는 것이 좋겠다.' 또는 '거기까지는 하지 않아도 좋겠다.', '좀 더 이렇게 하고 싶다.' 등을 찾아낼 수 있을 것이다.

쿠라야시키 씨와 함께하던 프로젝트에서는 이런 작업을 하는 것이 당연했다. 쿠라야시키 씨는 내게 '어떻게 되면 완료라고 할 수 있는 거지?'라는 질문을 자주 했다. 대답이 길어지거나 모호해지면 다시 생각해 보라고 말했다. 당시의 일이 조금 그리워졌다. 쿠라야시키 씨는 무뚝뚝한 성격의 소유자였지만 내가 가장 존경하는 선배였다. 쿠라야시키 씨가 품질 관리 부서로 이동하면서 그와의 교류가 끊겼다. 나중에 쿠라야시키 씨와 다시 만나게 되지만, 이는 한참 후의 일이다.

내일을 내 편으로 만들다

스토리 사라져 버린 아침 회의

"아직도 안 됐습니까?"

티켓을 바라보는 클라이언트의 표정이 굳어졌다. 화면에는 텍스트뿐이기 때문에 단지 내 상상일 뿐이지만….

"죄송합니다."

"이 태스크는 항상 늦지 않습니까? 일반적인 태스크만 맡기려고 유지 보수 계약을 하는 건 아니라고요. 제 요구사항들은 잘 관리되고 있는 건가요?"

꽤 오래전 모 클라이언트로의 의뢰로 발주 관리 시스템을 구축했는데 이것이 계기가 돼 이후로 오랫동안 유지 보수 계약 업무를 해오고 있다. 내가 담당하지 않았던 시기까지 포함하면 벌써 4, 5년 정도는 됐을 것이다.

유지 보수라고 해도 할 일이 많은 것은 아니다. 상품이 변경됐을 때 데이터를 관리하는 것이 메인이고, 나머지는 우발적인 요구사항에 대응하는 것이다.

유지 보수는 나 혼자 담당한다. 그야말로 근근이 유지하고 있는 느낌이다. 클라이언트 측의 담당자인 스나코 씨는 나보다 5살 연상이다. 나도 스나코 씨도 이전 담당자에게 인계를 받아 1년 정도 함께 시스템을 운영해 오고 있다.

스나코 씨는 말은 조금 난폭하지만 항상 기운이 넘치고 입장에 따라 차별을 두지 않고 행동하는 사람이었다. 나에게는 회사 내 선배들보다도 선배 같은, 마치 형과 같은 존재였다. 하지만 오늘 같은 일이 생기면 호된 질책을 당한다. '기대를 하고 있는 만큼 엄하게 대한다.'는 건 스나코 씨를 두고 하는 말이리라.

채팅을 마친 후 깊은 한숨을 내쉬었다. 정신을 차려보니 주변에 아무도 없다. 저 멀리 신입 사원 한 명이 머리를 싸매고 있을 뿐이었다.

이걸로 오늘 업무도 마무리…. 탁상 위에 놓인 일일 캘린더 한 장을 떼어 낸다. 매일 캘린더를 한 장씩 뜯어 내면서 하루가 지나가는 것을 인식한다. 캘린더가 없으면 어제라고 불렸던 날과 오늘 그리고 내일이 구분되지 않는다. 늘 같은 날들이 계속된다. 바뀌는 건 날짜뿐이다.

난 현재 메인 프로젝트의 프로그래머로 일하면서 스나코 씨와 함께 발주 시스템의 유지 보수 업무를 하고 있다. 그리고 다른 프로젝트의 기술 지원도 하나 맡고 있다. 또한 사내 프로젝트인 생산성 향상 위원회에도 참여하고 있다. 이것만으로도 벅차다. 태스크는 항상 넘쳐 흐른다.

스나코 씨의 이야기를 생각해 본다. 태스크는 물론 잘 관리하고 있다. 포스트잇 하나에 태스크 하나씩 기록한다. 네 가지 종류의 업무를 하기 때문에 포스트잇의 색깔도 분리했다. 이것을 책상 옆에 격자 모양으로 도배하듯 붙여 놓았다.

물론 태스크마다 기한이 있다. 포스트잇 더미 위쪽을 우선순위가 높은 태스크군으로 모아 뒀다. 하지만 네 가지 종류의 일이 동시에 발생하기 때문에 오늘 해야 할 일들이 어느새 묻히는 경우가 많다. 매일 일에 쫓겨 태스크를 다시 확인하면서 우선순위에 따라 정리하지 않았기 때문이다.

무엇이 문제인가? 회고를 시작한 이후 현상만 보는 것이 아니라 그 배경이나 문제가 발생한 원인까지 깊이 생각해 보게 됐다.

'애초에 업무를 네 가지로 구분한 것이 잘못이었을까?'

이 방향에서 생각하는 것은 바로 그만뒀다. 코베바시 씨에게 이야기한다 해도 달라지는 것은 없을 것이다. '모두 멀티태스크를 하고 있다네. 나도 그렇고. 그러니 자네도 하는 게 당연하지'라고 깨끗하게 정리당할 뿐이다.

문제는 기한을 완전히 무시하게 되는 것이다. 물론 태스크마다 기한을 적고 있지만, 오늘 해야 할 일이 무엇인지는 확인하지 않고 있다.

그렇다. 하루 단위로 무엇을 해야 하는지가 빠져 있다. 그렇지 않아도 어제인지 오늘 인지 날짜가 구분되지 않아 타성에 젖어 일하고 있는 상태였다.

이전에는 현장 단위로 '아침 회의'라 불리는 짧은 회의를 했다. 그 덕분에 팀 전체에서 신경 써야 할 일이 무엇인지 팀원 모두 알 수 있었다.

그러나 리더가 코베바시 씨로 바뀌면서 아침 회의는 리더가 신경 쓰고 있는 내용을 일방적으로 말하거나 듣는 등 진척 보고를 위한 자리가 됐다. 또한 회사에서 유연 근 로제를 도입하면서 팀원의 출근 시간도 유동적이 돼 아침 회의에 하나둘씩 참여하지 않더니 결국 아무도 참여하지 않게 됐다.

코베바시 씨는 급기야 아침 미팅을 그만두기로 결정했다. 아침 회의 시간에 맞춰 리더 가 생각해 온, 말 그대로 들어도 그만, 듣지 않아도 그만인 말을 듣고 있는 일은 고역 이었다. 적어도 이때만큼은 코베바시 씨를 지지했다.

쓸모없이 느껴지는 때도 있었지만, 아침 회의는 팀 전체가 업무를 확인할 수 있는 유 일한 기회였다. 아침 회의가 없어지고 멀티태스크를 하게 되면서 업무 누락이 생기기 시작했다. 비단 나뿐 아니라 팀원 모두가 똑같은 상황이었다.

우리는 팀이라고 하면서도 실제로는 각 멤버가 개별적인 업무나 프로젝트를 담당하기 때문에 서로 교류할 기회가 적다. 일부 인원이 같은 프로젝트에 함께 참여하는 경우 는 있지만, 서로 다른 일을 담당하기 때문에 팀으로서 집중한다는 느낌은 들지 않는 다. 즉, 팀이라 부르기만 할 뿐 거의 개개인이 일을 하고 있는 그룹에 지나지 않는다.

이런 상황이기 때문에 다시 한번 '아침 회의를 합시다!'라고 말해도 그다지 찬성하는 사람이 없을 듯했다. 무엇보다 코베바시 씨가 허락하지 않을 것이다. 아침 회의를 그 만두기로 결정한 장본인이니 말이다.

'모두 함께할 수 없다면 혼자라도 해볼까?'라는 생각을 했다. 혼자 하는 아침 회의 라…. 이상하게 들릴 수도 있지만 꽤 괜찮은 아이디어 같았다. 30분도 좋고, 10분도 좋다. 아침에는 그 정도 시간은 낼 수 있다.

저 멀리서 신입 사원이 책상 위에 힘없이 엎드리는 소리가 들렸다. 나는 자리에서 일어나 그의 자리로 갔다. "이제 한계야."라고 말하는 듯한 숨소리를 내고 있었다. 옆에 있는 담요를 그에게 덮어 준 후 사무실 문을 닫았다.

이시가미의 해설 ▶ 아침 회의

▶▶ 매일 가장 먼저 하루의 계획을 세웁니다

에노시마 씨는 혼자서 아침 회의를 해보기로 결정했나 봅니다. 아침, 점심, 저녁 모두 좋지만 하루의 계획을 세운다는 점에서 본다면 일을 시작하는 시점에 하는 것이 좋을 것입니다. 5분도 좋고 10분도 좋습니다. 매일 하다 보면 하루의 계획을 세우는 데 그리 많은 시간이 필요하지 않다는 것을 알게 될 것입니다.

아침 회의의 목적은 어제까지 했던 일을 확인하고 오늘 할 일의 계획을 세우는, 즉 태스크들을 다시 계획하는 것입니다. 당연히 다른 태스크 관리 방법과 함께 운용하는 것이 좋습니다.

아침 회의에서는 다음과 같은 세 가지 사항을 점검하는 것이 좋습니다.

☐ 어제 한 일
☐ 오늘 할 일
☐ 곤란한 일

스크럼에서도 매일 다음과 같은 세 가지 사항을 점검합니다.

☐ 개발팀이 스프린트 목표를 달성하기 위해 내가 어제 한 일은 무엇인가?
☐ 개발팀이 스프린트 목표를 달성하기 위해 내가 오늘 할 일은 무엇인가?
☐ 나 또는 개발팀이 스프린트 목표를 달성함에 있어 장애가 되는 것을 봤는가?

※ 위 세 가지 항목은 '스크럼 가이드'(©2017 Scrum. Org and Scrum Inc./http://www.scrumguides.org/docs/scrumguide/v2017/2017ScrumGuideJapanese.pdf)에서 인용함

이번 이야기는 혼자서 하는 아침 회의를 테마로 했지만, 팀 단위로 진행하는 경우에는 스크럼의 세 가지 질문에 답하는 방식이 가장 간단한 상황 설명이라고 할 수 있습니다.

혼자 아침 회의를 하는 경우는 물론 팀 단위로 회의를 하는 경우에도 '어제 한 일'을 말로 표현해 보면 회고의 효과를 얻을 수 있습니다. 어제 한 일을 생각해 보면 어제 발견한 문제나 오늘 신경 써야 할 것, 다른 사람에게 알려야 할 것 등을 찾아낼 수 있습니다.

세 가지 질문 중 세 번째 질문이 특히 중요합니다. '예정대로 진행되지 않은 일이 있었다면 그 원인이 무엇이었는가?' 이는 회고의 Problem에 해당합니다. 회고라면 1주 또는 2주에 한 번만 생각하게 되지만, 세 번째 질문을 매일 던짐으로써 매일 문제를 찾아낼 기회를 얻을 수 있습니다.

문제의 원인을 찾을 때는 한 번에 핵심에 다가가지 않아도 좋습니다. 문제를 인식하는 것과 원인을 찾아내는 것은 나눠 수행해도 좋습니다. 문제를 가시화하는 것이 우선입니다.

한 가지 더 매우 중요한 관점이 있지만, 에노시마 씨가 이미 깨달은 것 같으니 그의 이야기를 이어서 들어봅시다.

스토리 ﹥ 내일을 내 편으로 만들다

혼자서 아침 회의를 시작하기로 하면서 알게 된 사실이 있다. 오늘 해야 할 일이 무엇인지를 이해하고 결정한다는 것을 반대로 말하면 무엇을 내일로 미뤄도 좋은지 판단할 수 있다는 것이다. 오늘의 태스크 매니지먼트는 내일의 태스크 매니지먼트이기도 하다.

모든 태스크를 오늘 내에 처리하는 것은 불가능하다. 먼 미래의 일까지 계획을 세우고 그대로 실행하기는 어렵지만, 오늘과 내일을 구분하고 그 사이의 태스크를 조정하는 일은 비교적 간단하다. 오늘과 내일 사이에서 모든 태스크를 검토한다. 오늘 할 것인지, 내일 해도 좋을지만 판단하면 되므로 시간이 그리 많이 걸리지 않는다.

결과적으로는 나는 오늘 해야 할 일들 중 잊어버리는 태스크를 상당히 줄일 수 있게 됐다. 혼자 아침 회의를 다섯 번 반복하고 나면 회고할 타이밍이 된다. 한 주를 회상하면서 해야 할 일이 남아 있지 않은지 점검한다. 이를 반복하면서 매일의 리듬이 생겨나게 됐다.

오늘은 어제와 다르다. 내일과도 구별된다. 오늘은 오늘이다. 나는 시간을 내 편으로 만든 듯한 기분을 느꼈다.

"요즘, 잘하고 있는 것 같네요."

스나코 씨가 말을 걸어왔다. 변화를 느끼고 바로 말을 걸어 주는 스나코 씨 덕분에 의욕이 생겼다. 하지만 코베바시 씨는 전혀 눈치채지 못하는 것 같다.

"자~ 오늘도 시작해 볼까?" 라고 말하면서 기지개를 펴고 있는데 코베바시 씨가 팀원을 불러모았다. 삼삼오오 팀원이 모인다. 그는 인사와 관련된 이야기를 전달했다. 그날 밤 늦게까지 남아 있던 신입 사원이 회사를 그만뒀다는 것….

코베바시 씨는 이 말만 하고는 모임을 해산했다. 팀원은 하품을 하면서 자신의 자리로 돌아간다. 나는 멀리 떨어져 있는 그 신입 사원의 책상을 쳐다봤다. 어지럽혀진 책상이 회사를 그만둘 수밖에 없었던 그 친구의 마음을 알려 주는 듯했다. 대충 정리돼 있는 물건들 속에 담요만이 깨끗하게 접힌 채로 책상 위에 놓여 있었다.

이시가미의 해설 ▶ **1 on 1**

▶▶▶ 일대일로 대화한다

모두가 퇴근한 어두운 사무실, 홀로 자리에서 불을 켜고 시곗바늘이 자정을 가리키는 시간까지 일을 하다 막차에 허겁지겁 올라타는 일이 매일 반복되는 상황에서는 생산성이 떨어지고 일 자체를 계속할 수 없게 될지도 모릅니다. 본인만의 힘으로는 상황을 바꿀 수 없는 경우도 있습니다. 상사나 리더 역할을 하는 사람이 팀원 한 사람 한 사람을 만나 진솔하게 대화하는 시간을 갖는 것이 중요합니다.

이 대화를 '1 on 1'이라고 합니다. 정기적으로 정해진 시간에 상사와 멤버가 일대일로 커뮤니케이션하는 시간입니다. 상사가 일방적으로 말을 하는 시간이 아니라 멤버를 위한 대화의 시간입니다. 멤버의 상황을 개선함은 물론 대화를 통한 깨달음을 바탕으로 멤버가 성장하는 기회가 되기도 합니다.

'1 on 1'을 하는 방법은 어렵게 생각할 필요가 없습니다. 처음엔 잡담의 연장선이라고 생각하는 것이 좋습니다. 편안한 분위기를 조성하는 것이 중요합니다. 멤버가 말하고 싶은 것이라면 어떤 것이라도 좋습니다. 상사는 듣는 것에 집중합니다. 처음부터 신뢰 관계가 쌓일 수는 없습니다. 이야기를 진지하게 들어줍니다. 신뢰 관계는 '자신을 지켜보는 사람이 있다.', '내 말에 귀를 기울여주는 사람이 있다.'는 사실을 인식하는 데서 시작됩니다.

'나는 듣는 일에 익숙하지 않은 데 괜찮을까?'라고 생각하는 분들은 상대를 보면서 고개를 끄덕이는 것을 권하고 싶습니다. 그리고 고개를 끄덕이는 행동에 진심이 느껴져야 합니다. 물론 멤버의 이야기를 모두 알아듣지 못했거나 이해할 수 없는 경우도 있을 것입니다. 하지만 상대에게 '당신의 이야기를 듣고 싶다.'는 마음이 전달되도록 노력해야 합니다.

대화를 몇 차례 반복하다 보면 평상시에는 표현하기 어려웠던 일이나 안고 있는 문제, 경력 및 진로에 관련된 이야기, 개인적으로 상담하고 싶은 이야기로 변할 것입니다. 그때 상사는 자신의 생각을 일방적으로 강요하지 않고 질문하는 것에 집중합니다. 멤버 스스로가 답을 찾아낼 수 있도록 격려하고 깨달을 수 있는 시간이 되도록 노력합니다. 상사가 할 일은 멤버가 도출한 대답을 응원해 주는 것뿐입니다.

"물론 대화가 좋다는 것은 알고 있지만 업무나 회의에 쫓겨 멤버와 이야기할 시간이나 기회조차 없다."라는 평계를 대는 분들도 있을 것입니다. 하지만 정말 '멤버와 함께하는 시간'보다 중요한 것이 있는지 묻고 싶습니다. 한 달에 한 번, 30분도 멤버를 위한 시간을 낼 수 정도로 바쁜가요? 만약 이런 시간을 만들 수 없다면 상사나 리더의 자리에서 물러나는 편이 좋을지도 모릅니다.

경계를 넘나들다

스토리 ▸ **되돌아오지 않는 태스크**

아차! 또 기한을 넘긴 태스크를 발견했다. 멤버인 후지타니에게 요청했던 기능 개선 건이 벌써 2주째 방치돼 있다. 바로 후지타니와 슬랙(슬랙slack은 챗 기반의 협업 플랫폼이다. 기존의 1:1 또는 그룹 메신저와 달리 워크스페이스workspace, 채널channel 기반의 메시징, 화상 채팅 및 통합 기능을 제공해 협업을 촉진한다. 특히 다양한 소프트웨어와의 손쉬운 통합을 제공해 많은 기업에서 사용하고 있다(https://slack.com/intl/en-kr/). ─ 옮긴이)으로 대화를 시작했다.

"후지타니, 배송지 마스터를 사용자가 관리하도록 하는 기능 건, 어떻게 되고 있어?"

대답이 없다. 할 수 없이 슬랙 창을 닫고 다른 태스크를 시작한다. 메시지를 보내 뒀으니 대답을 기다리자. 해야 할 일이 산더미다.

세 시간가량이 지나 다른 건으로 채팅 창을 열었을 때 문득 정신이 들었다. 아직도 후지타니에게는 대답이 없다. 할 수 없이 자리에서 일어나 건물의 다른 층으로 움직이기 시작했다.

후지타니는 건물 한 층 위에 있는 그의 자리에 있었다. 머리가 엉망이 된 채로…

"후지타니 대답 좀 하라고."

"오, 에노시마. 무슨 일이었지?"

하루 이틀 정도 집에 들어가지 않은 분위기였지만 후지타니의 목소리에는 힘이 있었다. 옛날부터 체력에는 자신이 있는 동료였다.

"아까 메시지 보냈잖아. 배송지 기능 개발 건."

"오, 미안해. 오늘 회의가 많아서. 조금만 눈을 떼면 새까맣게 잊어버린다니까?"

지난 주 신입 사원 한 명이 그만둔 일 때문에 전사적으로 과도한 야근이 발생하지 않는지를 각 부서별로 확인하고 있다. 후지타니는 개발 프로젝트와는 별도로 본인이 소속된 부서의 야근 시간 정리 업무도 맡게 된 것 같다. 후지타니 역시 이미 심각한 멀티태스크 상황에 빠졌다.

기능 개발 건에 관한 이야기를 나누고 자리로 돌아오는 데 한 가지 업무가 더 생각났다. 다른 부서에 스나코 씨의 일과 관련해 인프라 조사를 요청했다. 후지타니가 소속된 부서의 바로 옆이 인프라 관련 팀인지라 그 자리에 앉아 있는 사람들을 보고 생각이 난 것이다. 이 태스크도 의뢰한 지 벌써 일주일이 넘었다. 하지만 감감무소식이다.

대부분이 이런 상태다. 일하는 도중 태스크는 곧잘 주고받으면서도 내가 하는 태스크가 누락되는 것과 마찬가지로 다른 사람에게 부탁한 태스크의 행방을 알 수 없게 되는 것이다.

다른 사람에게 태스크를 맡기는 경우, 동시에 많은 사람에게 맡기게 되기 때문에 누구에게 무엇을 부탁했는지 쉽게 잊어버린다. 상대가 본인이 맡은 태스크를 확실히 관리해 주면 좋겠지만 그런 일은 거의 없다. 다시 돌아와야 할 태스크가 늦어져, 결과적으로 내가 하는 일에 영향을 미치는 일이 수없이 일어난다.

좀 더 설명하자면, 저쪽에서 태스크가 돌아오는 타이밍을 알 수 없기 때문에 태스크가 돌아온다고 하더라도 내 쪽에서 바로 이어받지 못하기도 한다. 여러 태스크가 동시에 돌아오는 경우도 있다. 그러면 더욱 혼란스러워진다. 태스크가 언제 돌아올지 알 수 있다면 미리 대비할 수 있겠지만 상대는 내 상황 따위는 신경 쓰지 않을 뿐 아니라 신경 쓸 여유조차 없다.

나는 후지타니 건을 정리한 후 회고를 통해 이 문제에 대해 생각해 보기로 했다.

문제는 두 가지다. 첫째, 내가 다른 사람에게 무엇을 의뢰했는지 잊어버리는 것이다. 둘째, 그 태스크가 언제 돌아올지 모른다는 것이다. 물론 다른 사람의 태스크 상황을 내가 일일이 파악할 수 있는 방법은 현재로선 없다. 이쪽에서 하나하나 다른 사람의 태스크 상황을 추적하는 것 또한 불가능하다.

의뢰한 태스크가 언제 돌아올지 예측할 수 없다면 적어도 지금 내가 진행하는 태스크와 다른 사람에게 전달한 태스크의 전체 양이 내 역량을 넘지 않도록 하고 싶다. 내 손 안에 태스크가 가득 들려 있기 때문에 막상 의뢰한 태스크가 돌아왔을 때 받을 수 없는 것이다. 내 손 안의 태스크와 누군가에게 맡긴 태스크 양쪽을 함께 보면서 일을 조합할 수 있는 구조가 필요하다.

미시가미의 해설 ▶ 태스크 보드로 태스크를 가시화한다

▶▶▶ 태스크 보드 기본

6장에서는 태스크 보드를 소개합니다. 태스크 보드란, 간단히 말해 세 단계로 구성한 보드를 말합니다. 일정한 기간 내에 끝내야 하는 태스크가 얼마나 있는지, 그 태스크들이 대기 중인지(TODO), 진행 중인지(DOING), 완료됐는지(DONE)를 구분하는 단계로 표현합니다.

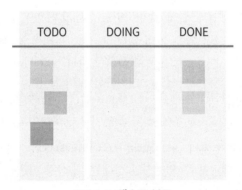

그림 1-6 **태스크 보드**

혼자 태스크 보드를 사용하는 경우, 손에 들고 다닐 수 있을 정도의 작은 화이트보드와 포스트잇만 있으면 즉시 시작할 수 있습니다. 팀에서 운용하는 경우에는 보다 큰 화이트보드와 포스트잇으로 시작할 수 있습니다.

사용 방법은 태스크 매니지먼트(4장)에서 설명했듯이 가장 먼저 포스트잇에 일정 기간(예를 들면 1주) 동안 진행할 만큼의 태스크를 각각 적습니다. 이제부터 해야 할 태스크들이므로 TODO 단계에 붙여 둡니다.

TODO 단계의 태스크 중 '지금부터 진행할 태스크'를 DOING 단계로 옮긴 후 DOING 단계의 태스크가 완료되면 DONE 단계로 옮깁니다. 그리고 다시 TODO 단계에 있는 태스크를 DOING 단계로 옮겨 업무를 시작합니다. 기본적으로 이 과정을 반복합니다.

태스크 보드를 운용하기 시작하면 우선 TODO의 항목이 급격하게 늘어나는 현상이 자주 발생합니다. 태스크를 가시화하게 됨에 따라 깨닫게 되는 것이 늘어나고 미래의 일이나 신경 쓰이는 일들도 모두 태스크로 등록하게 되면서 TODO 단계의 포스트잇이 늘어나기 쉽습니다.

TODO의 항목을 도출하면 태스크가 깔끔하게 정리되는 반면, 그 양이 많아져 전체적인 모습을 보기 힘들어집니다. 따라서 TODO 단계에는 일정 기간 내에 수행 가능한 양만큼의 태스크만 붙여 두고 미래의 태스크 또는 신경 쓰이는 태스크 등은 별도의 공간에 놓아 두는 것이 좋습니다. 이 별도의 공간을 아이스박스^{Icebox} 또는 파킹-랏 ^{Parking Lot}이라 부릅니다. 우선순위를 정하지 않고 일단 모아 두는 장소라는 의미입니다.

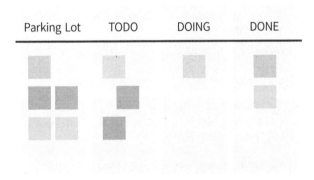

그림 1-7 **Parking Lot을 추가한 태스크 보드**

태스크에는 대개 처리해야 할 순서가 있습니다. TODO 단계에서 태스크들을 위아래로 정렬해 우선순위를 표시하는 것도 좋은 방법입니다.

DOING 단계에 태스크를 많이 둬도 괜찮을까?

이 역시 많이 받는 질문입니다. 'DOING 단계에 많은 태스크를 붙여 두는 것을 용인해야 할까요?'

DOING 단계는 '이제부터 진행할 태스크'를 두는 곳이므로 원칙적으로는 하나의 태스크만 놓을 수 있습니다. 여러 태스크를 동시에 진행한다면 업무를 전환할 때 과부하가 걸려 효율이 저하됩니다. 이 부하를 전환 비용Switching cost이라고 부릅니다.

DOING 단계에 태스크가 많다는 것은 업무를 열심히 하고 있는 것으로 보일 수 있지만, DONE 단계로 이동하지 못하므로 아직 완료된 업무가 아무것도 없는 것과 같습니다. 즉, 전환 비용이 높아지므로 효율이 좋다고 말할 수 없는 상태입니다. 이보다는 '태스크 하나를 어떻게 빠르게 DONE 단계로 옮길 것인가?'라는 관점에서 노력하는 것이 좋습니다.

마지막으로 회고에서 태스크 보드를 활용합니다. '자신이 일정 기간 동안 얼마나 많은 태스크를 수행했는가?', '어떤 태스크를 완료하지 못했는가?'와 같은 질문에 관한 상황을 태스크 보드를 통해 알 수 있습니다. 이 정보들은 향후 태스크 계획을 수립할 때 활용합니다.

칼럼 | **진행 중 업무 제한/긴급 인터럽트 레인**

멀티태스크 상황에서 업무를 진행하면 다양한 방해 요소가 발생합니다. 대표적인 예로는 작업을 전환할 때 발생하는 전환 비용입니다. 작업을 전환할 때 해당 태스크와 관련된 배경 등을 생각하는 데 필요한 시간은 의미가 없습니다. 이 시간은 가치를 만들어 내지 않으므로 가능하면 0으로 하는 것이 좋습니다.

집중력도 도중에 떨어집니다. 동시에 여러 가지 일을 생각해야 하므로 주의가 산만해지고 실수할 확률 또한 높아집니다. 실수는 재작업으로 이어지고 다시 쓸 데 없는 일을 만들어 냅니다.

WIP(Work in Progress: 진행 중 작업)을 제한하는 방법이 있습니다. WIP를 1이나 2로 제한함으로써 동시에 다수의 일을 진행할 수 없다고 결정하는 것입니다.

WIP 제한을 적용해 태스크를 한 가지씩 완료하면 다음 공정이나 고객에게 가치를 전달할 때까지 기다리는 시간을 줄일 수 있습니다. 아무런 가치도 만들어 내지 못하는 대기 시간이 감소하는 것입니다. 업무 흐름이 빨라져 문제가 발생하더라도 신속하게 발견할 수 있기 때문에 개선을 위한 기회를 얻을 수 있습니다. 문제가 해결되지 않는 한, 다음 업무를 시작할 수 없으므로 문제를 적극적으로 해결하게 되고 문제를 뒤로 미루는 현상이 급격하게 줄어듭니다.

주변의 멤버 또한 동시에 진행할 수 있는 업무 숫자에 제한이 있기 때문에 곤란한 상황에 처한 멤버가 있으면 보고만 있을 수 없습니다. 태스크를 완료하기 위해 동료 또는 경험자와 함께 문제를 해결하기도 하고 결과적으로 팀에서의 협력을 높이는 효과도 얻을 수 있습니다.

WIP 제한을 하고 있다 하더라도 돌발적인 긴급 사고에는 어떻게 대응하는 것이 좋을까요? 1분 1초라도 빨리 문제를 해결하지 않으면 고객이 이탈하거나 경영 위기로 발전할 위험이 있는 급박한 태스크들 말입니다.

이 경우를 위해 태스크 보드에 '긴급 진행 업무 레인'을 추가합니다. 고속도로에서 경찰차나 구급차가 지날 수 있는 갓길과 같은 것입니다. 항상 비워 두고 누가 보더라도 긴급하고 중요한 것임을 알 수 있도록 레이아웃을 결정합니다.

긴급 인터럽트 레인은 가장 위쪽에 두고 테두리를 빨간색 선 등으로 표시하는 것도 좋습니다. 이와 동시에 분홍색 또는 빨간색 포스트잇에 긴급 태스크를 기재해 문제에 대응하고 있는 중임을 알림으로써 긴급도가 낮은 의뢰나 업무 중단이 발생하지 않도록 가시화하는 방법도 좋습니다.

만약 혼자 대응하고 있는 문제가 너무 어려워 시간이 걸리는 경우에는 멤버 전원이 지금 하는 일을 멈추고 도와주십시오.

— 아라이 타케시

스토리 ⟩ 나만의 태스크 보드

즉시 나만의 태스크 보드를 만들었다. 1,000원 상점에서 구매한 화이트보드와 포스트잇을 준비했다. 단계는 TODO, DOING, DONE을 사용했다. DOING 단계에 붙이는 포스트잇에는 누구에게 요청했는지, 기한은 언제까지인지 적었다.

결국 다른 사람에게 전달한 태스크도 내 태스크라고 이해하면 된다. 보이지 않는 내 태스크가 얼마나 되는지 알 수 있도록 만들었다.

내 태스크인 TODO와 DOING, 다른 사람에게 의뢰 중인 태스크의 DOING에서 내가 지금 실질적으로 얼마만큼의 태스크를 진행하고 있는지 알 수 있다.

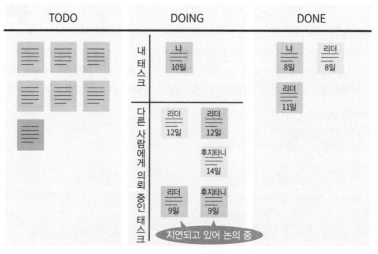

그림 1-8 **나만의 태스크 보드**

혼자 하는 아침 회의에서 태스크 보드를 점검하고 포스트잇을 옮겨 본다. 다른 사람의 태스크에서 진행되지 않고 있는 일이 있다면 논의한다.

회고 시간에는 이번 주의 보드를 확인한다. '무엇을 DONE으로 옮겼는가?', '처리해야 할 태스크를 남기지 않았는가?', '다른 사람에게 의뢰 중인 태스크에서 아직 진행되지 않고 있는 것은 무엇인가?' 등을 확인한 후 TODO 단계를 보면서 앞으로 할 태스크를 결정하고 다음 주에는 어떤 상황이 전개될지 예측해 본다.

각 단계에서 태스크 누락이 줄어든 것을 느낄 수 있었다. 내가 혼자 조회에서 중얼거리며 보드를 보고 회고하면서 보드를 변경하는 모습이 신경 쓰였는지 동료인 카타세가 말을 걸어왔다.

카타세는 최근 경력으로 입사한 프로그래머로, 나와 나이가 같다. 흰 피부에 안경을 쓴, 조금은 미덥지 못한 인상이지만 겉보기와 달리 심지가 곧은 남자다. 자기가 납득할 때까지 일을 맡지도 진행하지도 않는다.

"이거 어떻게 쓰는 건가요?"

카타세는 나이도 같고 경력 사원인데도 나에게 존댓말을 사용한다.

"태스크 보드라는 건데, 태스크의 상태를 세 단계로 가시화한 거예요."

"가끔 지나가다 보기는 했는데 꽤 좋아 보이네요."

카타세는 내 설명을 열심히 듣기 시작했다. 보드뿐 아니라 조회나 회고 태스크 매니지먼트 방법에 관한 의견도 나눴다. 모든 활동은 최근 2개월 간의 노력을 통해 점점 효과가 나타나고 있는 것이었다.

"그렇군요."

카타세가 고개를 끄덕이며 내게 말했다.

"이거 같이 하지 않을래요?"

같이 하자고? 난 무슨 소리를 하는 건가 싶었다.

"꽤 재미있어 보여서요. 혼자 하는 것보다 여럿이 함께하면 효과가 더 좋은 거 아닌가요?"

카타세는 내가 희미하게 깨닫고 있었지만 하지 못하고 있던 말을 쉽게 내뱉었다. 그렇다. 회고도 조회도 보드 운용도 자신만의 생각과 방식으로 수행하는 데는 한계가 있기 때문에 알아챌 수 없는 문제가 발생하기 마련이다. 다른 사람의 경험 그리고 그 경험으로부터 우러난 의견이 필요하다는 생각을 하던 중이었다.

나는 조심스럽게 카타세에게 물었다.

"아침 일찍 시작해야 하는데 괜찮을까요?"

이렇게 나와 카타세 두 사람의 조회가 시작됐다. 혼자 시작한 일을 두 사람이 함께하게 되는 순간이었다.

둘이라면 더 바꿀 수 있다

스토리 ✎ **바뀌지 않는 현장**

"당신은 어떤 일을 하는 분입니까?"

이시가미 씨에게 받았던 숙제를 하기 위해 반 년 동안 노력했다. 나부터 시작할 수 있는 일을 하자. 반 년이 지나자 하고 있는 일들에 리듬이 생겼다.

먼저 혼자 하는 아침 회의로 하루가 시작된다. 아침 회의에서 태스크 보드를 본다. 아침 회의를 다섯 번 반복하면 혼자만의 회고가 시작된다. 그리고 또 다음 한 주에는 아침 회의가 시작된다. 이런 과정이 반복된다.

과거에 느꼈던 것처럼 같은 문제가 계속 발생하거나 태스크가 누락되는 상황이 확실히 줄어들었다.

하지만 이건 나 혼자만의 이야기다. 여전히 혼자서만 하고 있다. 카타세가 가끔 아침 회의에 참가하기도 하지만 서로 부서는 물론 하는 일도 다르다 보니, "아~", "흐음~" 정도의 이야기만 나누는 경우가 많다.

역시 팀에서 해야만 한다. 팀에서 하고 싶다. 팀에서 일을 더 잘할 수 있게 되면 일도 재미있어질 뿐 아니라 도전할 수 있는 일도 더욱 많아질 것이다.

더욱이 혼자 하는 활동은 한 사람의 능력이나 경험이 한계로 작용한다. 팀 단위로 하는 일의 의의를 이제야 이해하기 시작했다.

하지만 아직은 팀을 끌어들일 수 있을 것 같지 않았다. 나는 아직 다른 멤버와 편하게 이야기를 나눌 기회도 없었다. 리더인 코베바시 씨는 자신이 상황을 파악하고 있다면 그걸로 충분하다고 생각하는 사람이기 때문에 팀 단위 활동에 분명 난색을 표할 것이다.

머릿속에 코베바시 씨의 목소리가 울려 퍼졌다.

'그걸 하는 데 리소스가 얼마나 필요한 거지? 그걸 한다고 해서 업무 효율성이 나아지나?'

'리더가 된다는 것이 그런 것일까? 나도 리더가 되면 공수, 효율화와 같은 단어만을 입에 달고 살게 될까?'

내가 태스크 보드를 운영한다는 소식은 팀 내에도 알려지기 시작했다. 코베바시 씨도 알고 있으며 조금은 곱지 않은 눈으로 쳐다보는 듯했다. 공수에 관한 이야기를 꺼내는 것은 시간 문제였다. 주변 사람들은 아직 '에노시마가 뭔가 하고 있어.' 정도로만 알고 있다.

대체 어떻게 하면 다른 사람을 끌어들일 수 있을까? 지금 상황에선 상상조차 할 수 없는 일이다. 줄곧 이런 상황에서 태스크 보드를 운영해야 하는 것일까? 또다시 기분이 침울해졌다. 다른 현장에서는 어떻게 하고 있을까?

이시가미 씨와는 정말 즐겁게 이야기했다. '분명히 함께하는 팀이 있겠지. 다른 현장에서는 그렇게 하는데 왜 나만 이런 곳에서 아직도 혼자만 하고 있어야 하는 건가? 이 일은 과연 의미가 있는 것일까?' 침울함은 분노에 가까운 감정으로 변해가고 있었다. 전부 내팽개치고 싶어진다.

이시가미 씨와 만났던 이벤트의 웹 사이트에 다시 들어가 봤다. 올해도 같은 행사를 하는 듯했다. 발표자 목록에 이시가미 씨의 이름은 보이지 않았다. 난 이벤트 참가 신청을 하기로 했다. 이번엔 '정말 다시 이곳으로 돌아올 일은 없을지도 모르겠다.'고 생각하면서….

▶ 시작은 늘 혼자! 하지만 언제까지나 혼자이면 안 됩니다

7장에서는 달리 설명할 것이 없습니다. 에노시마의 의욕이 완전히 꺾인 것 같습니다. 여기서 끝내고 싶다면 그래도 좋습니다. 다만, 한 가지 전하고 싶은 말이 있습니다.

내가 소개하고 싶은 프랙티스는 애자일 개발에서 빌려온 것입니다. 애자일 개발에는 XP eXtreme Programming라는 방식이 있습니다.

XP를 창시한 켄트 벡Kent Beck이 쓴 《익스트림 프로그래밍》의 서두에 'XP is about social change.'라는 문장이 있습니다. 즉, "지금까지 자신이 하던 행동을 바꾸고 다른 사람과 관계하는 방법을 바꾼다."라고 표명한 것입니다.

XP가 정한 가치와 원칙 그리고 프랙티스는 그때까지와는 다른 새로운 개발 방향과 방식을 전파하기 위한 것이었습니다. 켄트 백이 말하고 싶은 것은 이를 기반으로 행동을 바꾸고 스스로 변화하자는 것이었습니다.

행동을 바꾸고 새로운 한 발을 내딛는 데 '너무 늦은 시점'은 없습니다. 행동을 시작해야만 한다고 깨달은 시기가 그 사람에게 가장 빠른 타이밍입니다. 절대 주눅들지 마십시오.

변화는 한 사람에게서 시작됩니다. 그 변화를 눈여겨본 두 번째 사람이 반드시 나타날 것입니다. 두 사람이라면 할 수 있는 일들이 더욱 많아집니다. 더 많은 것을 전할 수 있습니다. 변화는 그렇게 조금씩 전파되고 마침내 거대한 성과로 이어질 것입니다.

언제든 시작은 자신, 한 사람입니다. 하지만 언제까지나 혼자이면 안 됩니다. 이 점을 꼭 기억하십시오.

칼럼　**소외 이론과 건설적 상호 작용**

두 번째 사람의 존재는 단지 서로를 격려하는 동료 이상의 의미를 가집니다. 의문이나 배경에 관한 질문을 통해 서로 영향을 주고받으며 보다 깊은 지식을 갖게 합니다.

사람은 자신이 경험한 것을 바탕으로 사물을 생각하고 가족이나 타인과의 일상을 통해 배운 지혜를 조합해 경험을 강화해 나갑니다(그림 1-9, 레벨 1). '교육심리학개론'에서는 이 경험을 통한 지식의 집합을 '소외 이론'이라고 부릅니다.

또한 사람은 직접 체험하지 않은 일이라 하더라도 학교나 서적 등을 통해 자연 현상이나 물리적인 원리 원칙 등을 배웁니다(그림 1-9, 레벨 3).

시험을 보기 위해 암기한 지식 또는 경험이 뒷받침되지 않는 분야의 지식은 설명을 요청받았을 때 선뜻 대답하기 어려울 것입니다. 그러나 이는 학습을 위한 절호의 기회입니다. 설명을 하기 위해 계속 조사하고 만들어 보면서 원리 또는 원칙과 자신의 경험의 사이에서 아이디어가 공기 방울처럼 나타났다가 사라지면서 지식의 질을 높여 나갑니다(그림 1-9. 레벨 2). 인식하지 못했던 일이나 관점이 다른 질문이 (그 질문들을 포함해) 서로의 사고를 성장시켜 나갑니다. 이처럼 상호 의존적으로 함께 생각함으로써 이해의 정도가 진화하는 것을 '건설적 상호 작용'이라고 부릅니다.

실전과 이론을 통해 상대방과 함께 지혜로 승화시키는 지적 호기심의 여행을 즐겨 보십시오.

— 아라이 타케시

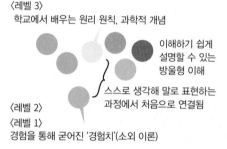

〈레벨 3〉
학교에서 배우는 원리 원칙, 과학적 개념

이해하기 쉽게
설명할 수 있는
방울형 이해

스스로 생각해 말로 표현하는
과정에서 처음으로 연결됨

〈레벨 2〉
〈레벨 1〉
경험을 통해 굳어진 '경험치'(소외 이론)

출처: 《교육 심리학 개론》(신개정판)(미야케 요시오, 미야케 나호미 공저/방송대학교육진흥회 편찬)

그림 1-9 소외 이론과 건설적 상호 작용

스토리 **돌아가는 길**

이벤트는 역시 좋았다. 새롭게 발견한 것도 많았다. 시도해 보고 싶은 것들이 가득했다. 이벤트를 마치고 카타세를 우연히 만나 함께 동행하게 됐다. 내가 회사 SNS에 이벤트를 소개한 글을 보고 흥미를 갖게 된 것 같다. 그도 즐거워 보였지만, 많은 세션을 듣고 나서인지 조금은 지친 듯했다.

흔들리는 전차 안에서 내일 있을 일들을 상상해 본다. 내일은 또 혼자 아침 회의를 한다. 보드를 보고 움직이지 않는 태스크가 없는지 확인한다. 분명 후지타니에게 맡긴 태스크는 그대로겠지….

내일은 몇 시에 퇴근할 수 있을까? 막차 시간은 맞출 수 있을까? 이런 상황이 더 악화돼 감당할 수 없을 만큼 부하가 커진 상황을 죽음의 행진이라고 부르는 것이겠지. 오늘 이벤트에서 죽음의 행진에 관해 발표한 사람이 있었다. 어디든 큰일이다.

의지가 점점 약해진다. 그래, 어디든 큰일이다. 알고 있다. 카타세가 우리 회사로 이직한 이유도 새로운 가능성을 찾고 싶었기 때문이다. 모두 푸른 잔디만을 바라보고 있다. 막상 가 보면 그 잔디는 이전에 서 있던 곳에서부터 이어진 것이고, 별반 다르지 않다는 것을 깨닫는다.

이벤트나 스터디에 참가해 좋은 이야기를 듣고 의식을 높이고 현장에 돌아와 현실과 마주하면 다시 개운치 않은 기분이 된다. 이런 것을 어느 정도 반복하다 보면 결국 있던 곳이 싫어져 다른 현장으로 옮겨 본다. 어떤 현장이든 비슷한 문제를 안고 있다.

외부에 도움을 요청하면 해결책이 생길지도 모른다. 그래서 이벤트나 스터디에 대한 수요가 생겨난다. 하지만 스스로 뭔가 하지 않는 한 자신이 몸담고 있는 장소는 변하지 않는다.

그래서 나도 이시가미 씨에게 물어 혼자라도 시작하기로 한 것이다. 하지만 이제부터는 어떻게 하는 것이 좋을지 모르겠다.

상황은 변하지 않았다. 이대로 죽음의 행진을 맞이하는 것인가? 누가 내게 도움을 줄 것인가? 오늘 죽음의 행진에 관해 이야기한 사람이? 아니면 이시가미 씨?

그런 일은 없을 것이다. 나는 절대 오지 않을 구세주를 계속 기다리고만 있다는 것을 깨달았다. 그런 허울 좋은 일은 일어나지 않는다. 스스로 바꿀 수밖에 없다.

옆에 앉아 있는 카타세를 팔꿈치로 쳤다.

"응? 다 왔나?"

카타세는 상황을 파악하기 위해 주위를 둘러봤다. 그리고 그에게 말을 걸었다.

"카타세, 돌아가면 우리 함께 스터디 모임을 시작해 볼까?"

"스터디요?"

무슨 소리냐는 듯 내 얼굴을 바라본다.

"아! 회사 외부 사람들과 교류하는…."

"아니. 회사 사람들을 대상으로 하는 내부 스터디야. 오늘 배운 내용이나 지금까지 해온 것을 회사에서 발표하고 우리가 일하는 현장을 바꾸는 계기로 삼는 거야."

그는 안경을 벗고 미간을 찌뿌렸다.

"정말요? 사람들이 올까요?"

머릿속에 아무런 그림도 그려지지 않는다. 나라도 오지 않을 것 같다.

"모르겠어. 하지만 해볼 수밖에 없어."

만약 아무것도 바꿀 수 없다면 난 회사를 떠날 것이다. 꽤 결의에 찬 내 제안을 듣던 카타세도 평소와 다른 분위기를 느낀 것 같았다.

"좋아요."

카타세는 안경을 고쳐 쓰고 내 제안을 받아들였다. '어떻게든 되겠지'라고 생각하는 것뿐이리라. 그게 카타세의 좋은 점이었다. 그와 만나게 된 것은 우연일지 모르지만, 그에게 다음 한걸음에 대한 지지를 받은 것은 우연따위가 아니다.

어떤 이벤트에서든, 스터디에서든 돌아오는 길은 내가 속한 현장으로 이어진다. 돌아오는 길에서는 내가 속한 현장, 내가 만날 내일과 마주할 수밖에 없다. 내가 만날 내일을 바꿀 수 있는 사람은 나 자신뿐이다.

한 사람에서 두 사람으로…. 팀은 다르더라도 우리 둘이라면 시작할 수 있다. 두 사람뿐이라도 분명 시작할 수 있는 일이 있다.

둘이라면 더 바꿀 수 있다.

제08장

둘이서 경계를 넘다

스토리 > 우리의 노력

카타세와 곧바로 사내 스터디를 기획하고 준비에 착수했다. 우리 회사에는 큰 회의실이 몇 군데 있다. 낮 시간에는 거의 예약돼 있어 사용할 수 없지만, 업무 시간 이후라면 사용할 수 있는 날도 있다. 일을 본격적으로 시작하기에 앞서 가장 먼저 대회의실을 확보했다.

날짜는 약 1개월 후…. 우리가 참가한 이벤트를 공유하고 내가 반 년 동안 해온 일들을 소개하는 것으로 정했다.

난 많은 사람 앞에서 프레젠테이션을 해본 적이 없었다. 사람들 앞에 설 거라고 생각하니 등골이 오싹하다.

이벤트 공유 쪽은 카타세가 맡고 난 내 이야기를 정리하는 데 집중했다. 발표는 서툴지만, 써 둔 내용을 읽을 수는 있을 것이다. 프레젠테이션은 어떻게든 될 테지만, 문제는 다른 데 있었다. 바로 참석자를 모집하는 것이다.

회사 SNS를 통해 홍보는 할 예정이지만, 사람들이 이런 모임에 참석할지 불안했다. 그것도 일부러 내 이야기를 들으러?

카타세도 내가 불안해 하는 모습이 걱정됐는지, 한 가지 작전을 생각해냈다.

"외부 인사를 부를까요?"

그렇구나. 확실히, 누군지도 모르는 사내인의 이름을 걸고 모집을 하는 것보다 효과가 있을 것 같다. 회사 외부의 저명한 사람을 부르자. 그런데 유명인이 이런 이벤트에와 줄까? 그러면 대체 누구를?

"이시가미 씨예요."

카타세는 거리낌 없이 말했다.

"초청에 응할 리가 없잖아!?"

상상조차 못했던 아이디어에 말문이 막혔다. 이시가미 씨를 우리가 여는 이벤트에 초청한다고? 대체 어떻게?

"메일을 보내 보죠 뭐. 나도 작년에 연락처를 받았거든요."

카타세! 이시가미 씨를 얕보지 말라고. 이런 데 올 만큼 한가한 사람이 아니라니까?

이시가미 씨가 흔쾌히 참석한다는 대답을 들었을 때 가슴이 뛰는 걸 주체할 수 없었다.

"역시 이야기하고 볼 일이네요."

카타세는 두려움을 모른다. 그가 동료라서 정말 다행이다.

하지만 그래도 사람들이 모일지 걱정됐다. 이시가미 씨는 유명한 사람이긴 하지만 우리 회사 사람들이 그에 대해 얼마나 알고 있을까? 바깥으로 눈을 돌리지 않은 사람들에게는 아무런 영향을 미치지 않는 게 아닐까?

"이시가미 씨가 어떤 이야기를 들려줄지 기대되네요."

천진난만한 카타세를 보면서 난 점점 진정되기 시작했다. 아무도 오지 않을지 모른다. 나와 카타세 두 사람뿐일지도 모른다. 이시가미 씨의 이야기를 듣는 사람은 우리뿐일지도 모른다.

하지만 둘이서라면 어떻게든 될 거라고 생각했다. 적어도 혼자는 아니다. 한 사람이 더 있다. 그걸로 충분하지 않은가? 우리가 한걸음을 내딛는 것은 틀림없다. 뭔가를 시작하는 데 있어서 둘이라는 숫자는 가장 작으면서도, 강력한 숫자일지도 모른다. 둘이 함께 있다면 무엇이라도 시작할 수 있다. 왠지 모를 용기가 용솟음쳤다.

첫 사내 스터디. 참석자는 무려 80명을 넘었다. 행사 준비 인원이 턱없이 부족해 동료들과 후배들에게 도움을 요청했다. 후지타니도 흔쾌히 도와줬다.

회의장 분위기는 달아오르기 시작했다. 모인 사람 수가 많아서인지 평소와는 분위기가 달랐다. 평소보다 긴장감이 더욱 올라갔다.

카타세와 나는 이시가미 씨를 마중했다. 이시가미 씨는 변함없이 무뚝뚝하게, 인사도 하는 둥 마는 둥 하면서 앞쪽 자리에 털썩 주저앉았다. 그리고 묵묵히 손으로 코드를 작성하기 시작했다. 카타세는 이시가미 씨를 만나 정말 기쁜 듯했다. 나는 계속 조마조마한 상태였지만, 이젠 밀어붙일 수밖엔 없었다.

먼저 카타세의 이벤트 공유…. 그의 프레젠테이션은 최악이었다. 회의실의 분위기가 급격히 가라앉는 느낌이 들었지만, 이제와서 후회한들 소용없었다.

다음은 내가 이야기할 차례였다. 모두의 앞에 선다. 눈앞에 이시가미 씨가 있다. 코드에서 눈을 떼지 않는다. 그래, 난 이제부터 이시가미 씨에게 그때 받은 질문에 대한 대답을 할 것이다.

이시가미 씨를 정면에서 똑바로 쳐다봤다. 그제서야 이시가미 씨도 코드에서 눈을 떼고 나를 바라봤다. 마치 내 대답을 기다리는 듯이….

"그럼 지금부터, 제가 지난 반 년 동안 해온 일에 대해 말씀드리겠습니다."

에노시마의 해설 혼자 시작한 가시화가 주변을 끌어들인다

에노시마입니다. 1부를 마무리하면서 제가 해설을 맡았습니다. 제가 가장 먼저 했던 일은 몸담고 있던 회사에서 밖으로 나가 본 것입니다.

바깥 세상은 넓고 현장은 다양합니다. 회사 안에 틀어박혀 있기만 해서는 체험할 수 없는 것도 보고 들을 수 있습니다.

그러나 아무리 멋지게 들리는 이야기라 하더라도 그것을 그대로 여러분이 있는 현장에 적용하지는 마십시오. 모든 프랙티스의 배경에는 상황과 제약이 존재합니다.

우선 새로운 일을 시작하기에 앞서 작은 실험부터 시작해 보는 것이 중요합니다. 크게 시작했다가 실패하면 결과에 따른 영향이 커집니다.

저는 가장 먼저 회고를 시작했습니다. 문제를 가시화하고 해결하는 사이클을 만들어 즉시 효과를 느낄 수 있었습니다. 한편 혼자 하는 회고의 한계도 깨달을 수 있었습니다. 나는 볼 수 없지만 다른 사람은 볼 수 있는 영역이 있습니다. 그렇기 때문에 팀에서 회고를 시도하면 다양한 것을 발견할 수 있게 됩니다.

다음은 태스크 매니지먼트입니다. 크기가 큰 태스크를 그대로 처리하려는 경우, 파악하기 어려운 부분이 있기 때문에 원활하게 진행되지 않는 경우가 많습니다. 큰 태스크는 작게 분할해 다루기 쉽게 만드는 것이 중요합니다.

아침 회의를 시작하면서 오늘 해야 할 일을 결정한다는 것은, 반대로 말하면 오늘 하지 않아도 될 일을 결정하는 것이라는 것을 깨달았습니다.

다음은 태스크 보드입니다. 내 태스크의 상태는 물론, 누군가에게 전달한 태스크 역시 자신의 태스크로 관리함으로써 태스크가 누락될 걱정을 크게 줄였습니다.

프랙티스를 실천하면서 리듬이 생겼습니다. 혼자서 매일 아침 회의를 합니다. 태스크 보드와 함께하는 아침 회의로 하루 업무를 시작합니다. 이 아침 회의를 다섯 번 반복하면 한 주가 끝납니다. 한 주를 마무리하는 시점에 회고를 합니다. 이 사이클을 반복하는 것이 업무 리듬입니다. 한 번 리듬을 타면 리듬을 유지하고 싶은 생각이 커집니다. '리듬을 크게 무너뜨리지 않도록 일을 진행하자.'라는 마음이 개선을 뒷받침하는 힘이라고 생각합니다.

가시화의 대상은 내 태스크 상황뿐만이 아닙니다. 내가 하는 일 자체가 주위 상황들까지 가시화합니다. 그 결과 혼자 시작한 활동은 두 번째 사람의 눈에 띄게 됐고 동료를 늘릴 수 있었습니다.

당연한 듯 관습화돼 버린 태스크에서는 문제를 발견하거나 개선하기가 쉽지 않습니다. 개인이든 조직이든. 다른 문화에서 객관적으로 바라보지 못하는 '개별' 단위로 생활한다면 깨닫기 어렵습니다.

바다의 떠있는 빙산에서 눈으로 볼 수 있는 부분은 극히 작습니다. 세상의 여러 가지 사상도 빙산과 같은 모델을 사용하고 있습니다. 가장 윗부분의 '현상'만이 눈에 보이는 것입니다. 그렇다면 바닷속에 있는 덩어리들이 이런 현상에 어떤 영향을 미치는 것일까요? 피터 M 센게(Peter. M. Senge)는《학습하는 조직(Learning Organization)—시스템 사고로 미래를 창조한다》에서 다음과 같이 표현했습니다.

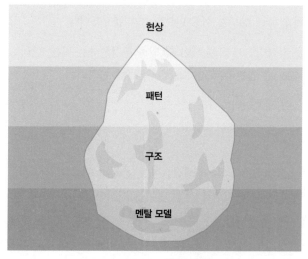

그림 1-10 **빙산 모델**

현상은 변화 또는 행동의 전체적인 결과에 따른 패턴으로부터 발생하며 패턴이나 큰 흐름은 구조 또는 짜임새에 기인합니다. 이런 구조를 발생시키는 밑바닥에는 관련된 요소의 멘탈 모델이 존재합니다. 멘탈 모델은 가장 깊은 바닥 부분에 뿌리 깊이 박혀 있는 신념 또는 세계관을 의미합니다. 사람은 누구나 경험에 의해 멘탈 모델을 형성합니다.

무엇인가 문제가 발생했을 때 빙산의 눈에 보이는 현상에만 생각을 빼앗겨서는 안 됩니다. 그 문제가 어떤 시간의 흐름에서 발생했는지, 어떤 구조를 기반으로 발생했는지, 결과적으로 어떤 멘탈 모델로부터 발생했는지를 생각해야 합니다. 멘탈 모델에는 인지 편향(cognitive bias, 과거의 경험이나 선입견에 따른 고정 관념으로, 무의식중에 판단이나 평가를 내림)이 영향을 미치고 있기 때문에 그 전제를 부수기가 어렵습니다.

혼자만의 힘으로는 바꿀 수 없었던 멘탈 모델을 개선하는 방법은 대화를 통해 다양한 생각을 접하거나 학습하는 것입니다. 두 사람에서 세 사람, 더 나아가 팀을 형성하는 과정 속에서 학습의 중요성을 느껴보길 바랍니다. 이는 학습하는 조직으로 업그레이드된다는 것을 의미합니다.

— 아라이 타케시

스토리 → 각자 있는 곳에서 최선을 다해

내 이야기는 많은 질문을 받았고 큰 박수와 함께 마무리됐다. 모인 사람들 모두가 본인들이 하는 일을 어떻게든 바꾸고 싶다는 생각을 하고 있었다. 그런 상황에 '이런 일을 해서 이런 결과를 얻었다.'라고 말하는 애송이가 나타난 것이다. 어떤 의미에서는 '이미 누군가가 실험을 끝낸 것'이니 따라해 볼 만한 가치가 있다. '내가 일하는 현장에서는 어떻게 하는 것이 좋을까?' 또는 '시도했을 때 어떤 문제가 발생할까?'에 관련된 질문이 특히 많았다.

이시가미 씨는 묵묵히 경청했다. 내 순서가 끝난 후 이시가미 씨가 들려주는 이야기역시 재미있었다. 1년 전의 이벤트에서 발표했던 내용을 기반으로 한, 자신이 일하는 현장의 이야기였다.

발표의 마지막에 이시가미 씨는 나와 카타세를 일으켜 세웠다. 이번 행사를 계획한 두 사람에게 박수를 보내 달라고 했다. 그렇게 발표는 마무리됐다.

혼자 프랙티스를 시작했을 때 주변에 있던 사람들의 의욕은 이미 바닥에 떨어져 있기 때문에 무슨 일을 해도 안 될 것이라고 생각했다. 하지만 그건 내 착각일 뿐이었다. 모두가 떠난 자리에 있어 보니 확실히 깨달을 수 있었다.

"좋은 행사였네요."

여전히 천진난만한 카타세가 나에게 말을 걸었다. 발표가 끝난 후에는 회의실에서 네트워킹 시간을 가졌다. 활기가 가득해 목소리조차 듣기 어려운 회의실 안에서 카타세가 활짝 웃고 있었다. 긴 머리 사이에서 흰색의 이가 빛난다.

"이런 것도 좋구먼."

뒤에서 코베바시 씨가 말을 걸어왔다. '설마?'했지만 그도 참가했던 것이다. 어안이 벙벙한 나를 바라보면서 코베바시 씨가 말을 이었다.

"나도 뭔가 하고 싶었다고."

그의 눈을 쳐다봤다. 단지 분위기에 휩쓸려 말하는 것 같지는 않았다. 맥주를 한 모금 들이키고 회의장을 바라봤다. 이시가미 씨가 이곳을 어떻게 생각할지는 모르겠지만, 내 가슴은 다시 뛰고 있었다.

코베바시 씨와 카게바시 씨에게 대답하려고 할 때 또 다른 목소리가 들려 왔다.

"여어~"

이시가미 씨였다.

네트워킹 시간에도 이시가미 씨의 인기는 대단했다. 그의 주변에는 많은 사람이 모여 있었다. 그는 마치 집 근처를 거닐다 우연히 만난 옛 친구에게 말을 걸듯 물었다.

"이게 대답이군요."

감정이라도 하듯 날카로운 눈으로 나를 바라봤다. 처음으로 이시가미 씨를 만났던 날이 떠올랐다. 나는 똑바로 그를 보며 대답했다.

"네, 이게 제 대답입니다."

이시가미 씨는 눈을 더 가늘게 떴다. 그는 웃고 있었다.

"좋은 대답이네요."

그렇게 말하고 이시가미 씨는 맥주를 손에 든 채 어디론가 걷기 시작했다. 나는 당황해 그를 불러 세웠다.

"이시가미 씨, 저는 앞으로 어떻게 하면 좋을까요?"

순간적으로 화를 내는 건 아닐까 생각했다. "아직도 그런 소리를 하는 겁니까?"라는 대답을 들을지도 모른다. 하지만 그래도 좋다. 나는 내가 더 앞으로 나아갈 것임을 알고 있다. 어떤 말이라도 좋았다. 이시가미 씨는 뒤도 돌아보지 않은 채 말했다. 그것은 나를 함께 걸어가는 동료라고 인정해 준 한마디였다.

"각자 있는 곳에서 최선을 다합시다."

사내 스터디를 정리하고 있을 때 한 사람이 눈에 띄었다. 나는 그에게 다가갔다. 검은 피부에 작은 체구를 가진, 나보다 서너 살가량 많아 보이는 사람, 내가 잘 아는 사람이다. 그는 작은 손을 들어 내게 신호를 보내고 있었다.

"에노시마."

그것이 쿠라야시키 씨와의 재회였다. 하지만 다음으로 이어진 그의 말은 내게 찬물을 끼얹는 것이었다.

"이런 걸론 안 된다고."

제 **2** 부
팀으로 강해지다

에노시마 ▸ 이야기의 주인공. 20대 후반. 쿠라야시키가 만든 제품 개발팀으로 이동한다. 리더로서 팀을 이끄는 역할을 맡게 된다. 주변 사람들과의 커뮤니케이션은 나아졌지만, 화가 나면 자신의 감정을 그대로 표출하는 것은 여전하다. AnP 제품 개발팀 소속이다.

쿠라야시키 ▸ 에노시마가 존경하는 AnP의 선배. 개선을 진중하게 수행하는 테크 리드. 겉모습은 차가워 보이지만 그를 따르는 사람이 많다. AnP 품질 관리부를 거쳐 테스트 관리 도구를 개발하는 제품 개발팀을 만든다.

우랏트 ▸ 대졸 신입 여성 프로그래머. 태국 국적이지만 일본어를 유창하게 구사한다. 작은 체구에 큰 안경을 쓰고 있으며 무엇이든 성실히 임하는 타입. AnP 제품 개발팀 소속이다.

시치리 ▸ 에노시마보다 업무 경력은 짧지만, 나이는 더 많은 프로그래머. 귀차니즘으로 가득차 있으며 주제넘기도 하다. 하고 싶은 말은 무엇이든 하는 건 없는 성격. AnP 제품 개발팀 소속이다.

로바시 ▸ 입사 이후 줄곧 품질 관리 업무만 해온 최고령 제품 책임자. 때로 심술궂은 말을 내뱉지만 자존심이 높고 성실하다.

니시가타 ▸ 스크럼 마스터로 다양한 현장을 돌아다닌다. 검은 안경을 쓰고 시시한 농담을 즐기는 간사이 지방 출신. 특정한 기업에 소속돼 있지 않은 프리랜서. 에노시마의 팀에도 스크럼 마스터로 참가하고 있다.

주식회사 AnP ▸ 에노시마가 소속돼 있는 기업. 제조 기업을 대상으로 하는 SI(System Integration) 사업이 중심이었지만, 최근 3년 전(제1회가 시작되는 3년 전 시점)부터 자사 서비스 개발 및 서비스 제공 분야로 사업의 방향을 바꿨다. 직원 수는 약 500명. 상시 채용도 많고 매력적인 문화를 가진 기업이라고 알려져 있지만 현실은 폭풍 야근이다.

혼자에서 팀으로

스토리 **새로운 발견**

첫 번째 사내 스터디 이후 1년이 지났다. 쉽지 않은 나날이 계속 됐다.

먼저 사내 스터디에 참석했던 우리 팀 리더인 코베바시 씨와 곧바로 팀 개선 활동을 시작했지만, 멤버 각자가 진행하는 프로젝트 상황이 쉽지 않아, 개선 활동이 잘 수행 되지 않았다. 팀의 상황을 바꾸기 위해 손을 쓰기엔 늦었다. 아침에 함께 모이는 것 조차 불가능한 팀 상황은 내 손 밖의 일이었다.

더욱이 두 가지 변화가 있었다. 한 가지는 카타세가 이직한 것이다. 한 달에 두 번, 정 기적으로 사내 스터디를 열게 된 것은 카타세 덕분이었다. 스터디 운영을 위한 태스 크를 착실하게 수행해 준 그의 공이 컸다. 그뿐 아니라 혼자가 아닌 둘이라는 사실 때문에 생각 이상의 지지를 받았다고 생각한다.

카타세는 '서비스를 만들고 싶다.'고 이직 이유를 밝혔다. 우리가 일하는 AnP는 최근 자사 제품을 개발하기 시작했지만, 여전히 클라이언트를 상대하는 업무를 중심으로 하고 있다. 카타세도 입사 전부터 그런 상황을 알고 있었을 것이다. 사내에서 여러 부 서를 돌아다니고, 여러 직원이나 운영되는 프로젝트들을 살펴보고는 방향성이 근본 적으로 다르다고 생각한 듯했다.

배신감 같은 것은 전혀 없이, "생각했던 것과 다르니까 그만둘게요, 하하하."라고 말 하며 회사를 떠났다.

그렇게 혼자가 돼 두 번째 변화를 맞이했다. 코베바시 씨와 팀 개선 활동을 활발하게 시작할 무렵, 생각지도 못한 스카웃 제의를 받은 것이었다. 그것도 품질 관리부에 소속된 쿠라야시키 씨에게서였다.

쿠라야시키 씨는 사내에서 사용할 도구를 개발하는 팀을 만드는 계획을 세우고 있었다. 품질 관리부에서의 경험을 통해 회사에 테스트 관리와 지속적인 통합Continuous Integration, CI이 필요하다고 느낀 것 같았다. 최근 증가한 불량 프로젝트에 대한 대비책으로서 쿠라야시키 씨가 제안한 '테스트 관리 지원 도구 개발'이 통과돼 예산을 확보한 것이다. 회사 측에서는 이 프로젝트가 잘 진행될 경우, 외부 판매도 고려하고 있는 듯했다. 경영층의 기대도 높았다. 사내 모든 부서를 대상으로 멤버를 모아 독립된 프로젝트 개발팀을 구성했다. 쿠라야시키 씨에게는 신입 사원 시절부터 수년간 지도를 받았다. 성격이 곧은 데다 말수 또한 적어 때로는 매정하다고 느껴지기도 하지만 개발에 대한 노력과 현장 개선 프랙티스를 진중하게 수행하기 때문에 나뿐 아니라 따르는 사람이 많다.

"꼭 함께하게 해주십시오."

거절할 이유가 없었다. 쿠라야시키 씨의 제안을 받아들였다. 그러자 쿠라야시키 씨는 가볍게 맞장구를 쳐주고 나서 내게 책 한 권을 건넸다.

"개발 방식을 바꾸려고 해."

책 제목에는 '스크럼Scrum'이라는 단어가 보였다. 이벤트에서 누군가 이 단어와 관련된 발표를 한 것을 들었던 기억이 있다. 개발 방식이라는 것은 알지만 그 이상은 모른다. 아마도 이 개발 방식을 참고해 팀 개발에 적용하는 것이리라. 나는 쿠라야시키 씨의 눈을 바라봤다. 쿠라야시키 씨는 아무런 감정의 변화도 보이지 않은 채 입을 열었다.

"에노시마, 자네가 추진하게."

그렇게 새로운 막이 올랐다.

2부 해설을 시작하겠습니다. 우선 '스토리'에서는 등장하지 않았지만, 니시가타라고 합니다. 10장부터 에노시마 씨의 팀에서 스크럼 마스터로 함께합니다. 2부의 해설은 스크럼 마스터 경험이 풍부한 제가 담당합니다. '스크럼 마스터 Scrum Master'가 뭐냐구요? 이제부터 이에 관한 설명을 하려고 합니다.

그건 그렇고, 에노시마 씨! 큰일이네요. 갑자기 스크럼에 관한 책을 받고는 '자네가 추진하게.'라는 말을 들을 만큼 간단하지 않기 때문입니다. 9장에서는 스크럼이 무엇인지에 대해 설명하겠습니다.

▶▶ 스크럼은 개선이 내재된 프레임워크

스크럼 기본

스크럼이란, 스프린트 Sprint라 불리는 고정된 기간을 반복하면서 설계, 개발, 테스트, 딜리버리 등을 수행해 가치를 담은 제품을 낭비 없이 구현하는 프레임워크를 의미합니다. 스크럼은 구체적으로 다음과 같은 다섯 가지 이벤트로 구성됩니다.

① 스프린트 Sprint: 반복적으로 수행하는 개발 주기이며, 일반적으로 1개월 이하로 설정합니다.

② 스프린트 플래닝 Sprint Planning: 한 스프린트 내에서 무엇을 할지를 계획하는 회의입니다.

③ 데일리 스크럼 Daily Scrum: 스프린트 목표를 달성하기 위해 매일의 업무 진행과 우선순위, 장애 등을 확인하는 회의입니다. 매일 같은 시간, 같은 장소에서 15분 동안 진행합니다. 아침 회의도 이와 비슷한 목적으로 실시하지만, 데일리 스크럼은 꼭 아침에 해야 하는 것은 아닙니다.

④ 스프린트 리뷰 Sprint Review: 스프린트 마무리 시점에 스프린트의 산출물을 리뷰하고 피드백을 수집하는 회의입니다.

⑤ 스프린트 리트로스펙티브 Sprint Retrospective, 회고: 스프린트 프로세스를 개선하기 위해 진행하는 회의입니다.

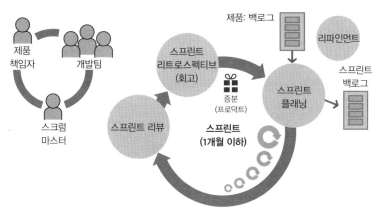

그림 2-1 **스크럼의 역할, 스크럼 이벤트와 산출물**

다음은 팀 구성에 관해 설명합니다.

① **제품 책임자**Product Owner: 제품 가치를 최대화하는 책임을 가집니다.

② **개발팀**Development Team: 자기조직화Self-Organized된 전문가 집단입니다.

③ **스크럼 마스터**Scrum Master: 개발팀의 성과를 향상시키기 위한 지원을 합니다.

위 세 가지 역할을 하는 멤버와 다섯 가지 이벤트를 통해 다음과 같은 세 가지 산출물을 만들 수 있습니다.

① **제품 백로그**Product Backlog: 구현할 제품에 대한 요구사항, 요청, 기능 목록입니다. 목록의 각 항목을 제품 백로그 아이템이라 부르며, 세부 사양이나 추정 등을 기재합니다.

② **스프린트 백로그**Sprint Backlog: 제품 백로그에서 스프린트 기간 내에 구현할 수 있을 것이라 결정한 제품 백로그 아이템과 그 작업 목록입니다.

③ **증분**Increment: 구현한 제품입니다.

스크럼 이론과 사상

스크럼에서는 **투명성**Transparency, **검사**Inspection, **적응**Adaptation을 중요한 이론으로 삼고 있습니다. 투명성을 통해 스프린트 정보와 상황을 가시화함으로써 팀이 함께 인식하는 데 도움을 줍니다. 또한 팀이나 제품, 프로세스 상황을 항상 검사함으로써 문제를 신속하게 인식합니다. 문제가 발생하면 개선안을 검토하고 문제 해결에 초점을 맞춰 적용합니다.

즉, 스크럼은 지속적인 개선을 수행할 수 있는 장치를 내재하고 있습니다.

스크럼은 이와 같이 회고를 통해 개선해 나가는 경험주의를 기반으로 합니다. 여기서 경험주의란, 경험을 통한 학습을 중시하고 불확실한 상황에서도 혁신적인 일을 추진해 나가는 사고방식입니다. 이전 단계의 산출물을 기반으로 하기 때문에 앞 단계로 되돌리기 어려운 폭포수Waterfall 접근 방식과는 크게 다릅니다.

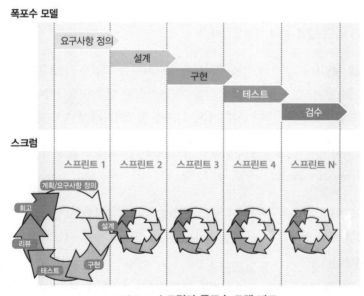

그림 2-2 **스크럼과 폭포수 모델 비교**

스크럼에서는 과거 실패로부터의 학습도 중요하게 생각합니다. 난해하고 복잡한 프로젝트에서는 사람 사이의 신뢰 관계가 필요하며, 상호 존중이 업무 진행에 있어 중요하다고 주장합니다.

즉, 단지 개발 과정만을 관리하기 위한 프레임워크가 아닙니다.

나는 스크럼 마스터로서 다양한 현장에서 경험을 쌓아왔습니다. 세련되지 못하고 감정에 좌우되는 인간의 솜씨에 의지하는 소프트웨어 개발 세계에서 확실하게 초점을 맞추고 있는 스크럼이 피폐해진 프로젝트를 회생시키는 모습을 지켜봤습니다.

빈번하게 바뀌는 시대의 요구나 시장의 변화 등 불확실한 요소가 많은 오늘날의 소프트웨어 개발에서는 제품과 프로세스를 지속적으로 개선시켜 나가는 것이 보다 좋은 선택이라 할 수 있습니다. 이때에는 Fail Fast(일찍 실패하라)의 정신이 혁신적인 개발을 지지하는 힘이 됩니다.

실패를 두려워하지 않고 학습을 통해 개선한다. 이런 과정이 쌓여 세상에 필요한 서비스를 만들어 내는 원동력이 됩니다.

스토리 ⟩ 팀 킥오프

"이번 개발에서는 스크럼이라는 프레임워크를 사용합니다."

여기까지 단숨에 말한 후 모인 사람들을 둘러봤다. 이번 프로젝트의 테스트 관리 도구를 만들기 위해 모인 사람들이었다.

쿠라야시키 씨의 갑작스러운 주문에, 스크럼에 대해 공부하고 외부 스터디에도 참가하면서 2주 동안 내용을 요약한 자료를 만들었다. 그리고 지금 이 자리에 서 있다. 보고 들은 모든 것을 전부 이해한 것은 아니기 때문에 나 스스로도 확신하지 못한 상황이다.

"폭포수 방식과 무슨 차이가 있는지 잘 모르겠습니다."

이번에 개발 멤버로 참여한 시치리가 말했다. 업무 경력은 나보다 2년 짧지만 나이는 나보다 많은 어떻게 말을 해야 할지 곤란한 상대다.

"스크럼에서는 개발을 스프린트라는 단위로 진행한다. 스프린트 중에 계획하고 설계하고 코드를 작성한다. 물론 테스트도 포함해서…"

첫인상에 따라 이후의 대화 방법이 결정될 것이므로 마음먹고 강한 투로 답변했다.

특별한 대답은 없다. 귀찮은 듯 손에 든 자료를 뒤적인다. 틀림없이 열을 받았겠지.

"저도 질문 있습니다."

이번에는 다른 멤버가 손을 들었다. 올해 입사한 대졸 신입 사원인 우랏트 씨다. 그녀도 개발 멤버다. 태국 태생이지만 일본어를 유창하게 구사한다. 입사 후 재미있게 코드를 작성하고 있는 듯하며 대졸 신입이지만 프로그래밍 실력만큼은 인정받고 있다. 실력은 시치리보다 나을지도 모른다. 우랏트 씨는 가만히 있어도 미끄러져 내려오는 큰 안경을 치켜올리면서 말했다.

"스프린트 기간은 얼마나 되나요?"

"이 팀에서는 2주입니다."

스프린트 기간은 1주, 2주 또는 4주 중에서 선택할 수 있었다. 4주는 너무 길기 때문에 반복적으로 개발한다는 느낌이 약하고 1주는 너무 짧아 반복할수록 팀의 속도가 높아지지 않기 때문에 2주를 선택했다.

"나는 무엇을 하면 좋으려나."

질문을 던진 사람은 비교적 젊은 멤버가 모인 이 개발팀에서 연장자가 돼 버린 토바시 씨였다. 품질 관리부 소속으로 입사 이후 줄곧 품질 관리만을 해왔다고 한다.

오랫동안 품질 관리를 한 경험을 살려, 쿠라야시키 씨는 그를 제품 책임자로 지명했다.

"토바시 씨는 제품 책임자입니다. 제품 책임자는 만들어야 할 것의 목록 즉 제품 백로그의 우선순위나 어떤 제품을 만들어야 하는지를 결정할 책임이 있습니다.

나는 자료에 메모해 뒀던 제품 책임자의 역할을 읽었다. 나도 아직 자세하게 알지는 못한다. 토바시 씨는 자신의 역할에 흥미가 없는 듯했다. '조금이라도 더 의욕을 가진 사람을 모을 수는 없었던 걸까?' 나는 후회를 하면서 쿠라야시키 씨가 있는 쪽을 바라봤다.

그때까지 묵묵히 있던 쿠라야시키 씨가 드디어 입을 열었다.

"이 팀의 리더는 나지만, 실질적으로는 에노시마가 리더 역할을 하는 것이 맞다고 생각합니다."

그렇다. 쿠라야시키 씨는 나에게 이 팀의 운영을 맡기려는 것이다. 쿠라야시키 씨는 이미 스크럼을 경험했지만, 이번엔 팀 개발의 입장에서 뭔가 실험해 보고 싶었는지

나를 리더로 지명했다. 처음 제안을 해왔을 때부터 이미 결정하고 있었던 것이다.

스크럼에서는 소위 '리더'를 정의하지 않지만, 회사 규정상 프로젝트에는 리더가 있어야 하기 때문에 팀을 대표하는 입장에서 리더를 두고 있다. 스크럼 마스터와 역할이 겹치는 부분도 있겠지만, 나는 아직 스크럼 경험이 없기 때문에 스크럼 마스터 연습이라고 할 수 있다. 그러나 정작 팀에는 스크럼 마스터가 없다.

"스크럼 마스터는 누가 하나요?"

우랏트 씨가 자료의 역할 부분을 보면서 질문했다. 이미 스크럼에 대해 파악하고 있는 듯하다.

"스크럼 마스터는 외부에서 부릅니다. 다음 스프린트부터 참가할 예정입니다."

내 대신 쿠라야시키 씨가 대답했다. 나는 '쿠라야시키 씨가 스크럼 마스터를 하는 것은 아닐까?'라고 생각했다.

이렇게 내 첫 번째 스크럼이자 첫 번째 팀 리더 업무가 시작됐다. 시작하자마자 문제에 직면하게 되지만….

완료 기준을 팀에서 결정하다

스토리 **어떤 상태를 완료라고 할 수 있는가?**

킥오프 후 쿠라야시키 씨가 준비해 둔 제품 백로그를 팀 멤버에게 나눠 줬다. 원칙대로라면 제품 책임자가 제품 백로그를 만들어야 하지만 어쨌든 모두 스크럼은 처음이기 때문에 쿠라야시키 씨는 걱정이 되는 모양이었다. 쿠라야시키 씨는 기획 단계부터 구상하고 있던 내용을 조금씩 정리해 첫 제품 백로그를 만들었다.

우리는 즉시 스프린트를 시작하기로 했다. 막상 개발을 시작하려 하니 팀의 긴장감이 높아진다. 새로운 방법이나 새로운 제품 개발은 모두의 기분을 달아오르게 한다.

시치리도 우랏트 씨도 언제든 코드를 작성할 수 있는 환경을 준비하기 위해 즐겁게 의논한다. 토바시 씨는 쿠라야시키 씨와 긴 회의를 하느라 거의 자리에 없다.

나도 팀을 퍼실리테이션하는 시간을 제외하고는 코드를 작성하면서 내가 맡은 기능을 개발한다.

첫 번째 스프린트가 눈 깜짝하는 사이에 끝나고 다음 스프린트에 들어가려는 순간, 곧바로 문제가 일어났다.

"진행 중인 제품의 백로그를 완전히 갈아엎어야 할 것 같아."

토바시 씨는 풀이 죽은 채로 말을 꺼냈다. 쿠라야시키 씨와 몇 차례 미팅한 결과, 우리가 개발하고 있는 테스트 관리 도구를 사용해 '다른 부서에서 개발한 산출물이 산출물이 회사의 품질 관리 기준에 합당한지'의 여부를 관리함을 알게 된 것 같았다.

전사를 대상으로 배포하는 도구로 사용되는 만큼, 회사의 품질 기준에 맞추지 않으면 안 되는 상황이 된 것이다.

설계나 코드 리뷰 프로세스를 맞춰야 하고 그 지표도 관리해야만 한다는 것을 알게 된 것이다. 구체적으로 어떤 평가 지표를 뽑아야 하고, 어떻게 계산해야 할지 정리할 시간이 필요하다고 한다. 그 내용을 정리하는 동안 수행할 수 있는 제품 백로그 아이템이 제한되기 때문에 작업 순서를 바꿔야만 한다. 그렇게 되면 최근 개발하기로 결정한 제품 백로그를 위해 검토한 내용이 모두 쓸모 없게 된다. 더욱이 회사의 품질 관리 기준 달성 여부를 제품 범위에 넣는 것까지 고려해야만 한다.

"그럼, 이전 스프린트에서 고려했던 데이터 모델은 어떻게 되는 건가요?"

시치리는 걱정이 앞섰다. 토바시 씨의 반응은 생각한 대로였다.

"지금부터의 검토 결과에 따라 변경될 가능성이 높아."

이전 스프린트에서 만든 제품 백로그는 아무것도 완료한 것이 없는 건가? 시치리와 우랏트 씨는 서로 얼굴을 마주 봤다.

쓸 데 없는 작업은 아니라 하더라도 작업을 완료하지 못한다는 사실은 역시 달갑지 않다. 더욱이 다음 스프린트를 시작하기 위해 지금까지 검토한 내용을 버리고 모델이나 사양을 다시 고쳐야만 한다.

아니나 다를까, 다음 스프린트를 시작하긴 했지만 진행이 더뎠다. 특히 우랏트 씨는 경력이 길지 않아 품질 관리라는 분야에 아직 익숙하지 않다. 관련 용어에 대한 이해부터 해야 할 정도라서 생각하는 만큼 일이 매끄럽게 진행되지 않았다.

우랏트 씨뿐 아니라 시치리도 고전 중이다. 구현할 내용에 아직 모호한 부분이 많아 무엇을 만들어야 할지 전혀 모르는 상태다.

(우랏트 씨도, 시치리도 그리고 나도 각 제품 백로그 아이템이 완료된 모습이 머릿속에 그려지지 않는다.)

이런 상황에 짚히는 게 있었다. 생각이 나려던 차에 쿠라야시키 씨의 목소리가 날아들어 생각을 멈췄다.

"이대로라면 최악의 벨로시티^{Velocity}가 될 것 같은데."

쿠라야시키 씨는 스프린트 백로그를 보면서 냉정하게 예측했다. 쿠라야시키 씨가 말한 '벨로시티'란, 정해진 기간(스크럼에서는 스프린트) 동안 팀이 개발할 수 있는 업무량을 의미하는 것으로, 팀의 속도라고 할 수 있다. 스프린트 백로그 아이템 중 어느 하나도 스프린트 리뷰를 수행할 수 있는 상태가 아니었다. 걱정이 생긴 나는 쿠라야시키 씨에게 속삭이듯 말을 걸었다.

"쿠라야시키 씨, 팀 멤버 모두 만들어야 하는 대상의 이미지가 모호해 고전 중입니다."

쿠라야시키 씨는 스프린트 백로그를 보며 다시 입을 열었다.

"모두, 잠깐 모이게."

니시가타의 해설 ▶ 무엇을 전달할지 함께 인식한다

▶▶ 스프린트 플래닝과 제품 백로그

곧바로 스프린트가 시작됐습니다. 제가 현장에 도착하기까지는 모두 혼란스럽겠지만 그 역시 좋은 경험이 될 것입니다. 이번 해설에서는 팀 멤버가 다투기 시작한 제품 백로그에 관해 설명합니다.

요구사항의 완성된 모습을 멤버 각자가 판단하면 제품을 고객에게 전달할 때 인식 차이 또는 기대 차이가 발생합니다. 또한 팀 내에서 낭비, 조정, 재작업 등이 발생할 것이라는 점 역시 쉽게 상상할 수 있을 것입니다.

스프린트 플래닝이란, '스크럼팀 모두가 무엇을 만들지를 함께 생각해 계획을 수립하는 것입니다. 스프린트 플래닝은 무엇을 만들어야 할지를 결정하는 첫 번째 단계와 만든 것을 어떻게 고객에게 전달할지를 결정하는 두 번째 단계로 구성됩니다.

첫 번째 단계부터 설명하겠습니다. 첫 번째 단계에서는 고객의 요구사항을 정리해 우선순위를 조정합니다. 고객의 각 요구사항을 제품 백로그 아이템이라 부르며 이를 우선순위에 따라 목록으로 정리한 것을 제품 백로그와 함께 관리합니다. 제품 백로그를 만드는 작업은 프로덕트 오너의 중요한 업무로, 스프린트가 시작되기 전에 제품 백로그 작성을 완료해 둬야 합니다. 즉, 준비 완료^{Ready} 상태여야 하는 것입니다. 스프린트 진행 중 제품 백로그를 유지 보수하는 단계가 있는데, 이를 제품 백로그 리파인먼트 ^{Refinement}라고 부릅니다. 자세한 내용은 15장에서 설명합니다.

스크럼팀 전원이 개발할 대상을 동일하게 이해해야 하기 때문에 제품 백로그는 특정한 사람이 전담해 폐쇄적으로 관리하는 것이 아니라 팀이 공유하고 항상 보이도록 해야 합니다. 제품 백로그를 보고 누구라도 제품 요구사항의 우선순위와 규모를 파악할 수 있도록 해야 합니다.

제품 백로그를 처음 도입할 때는 모조지나 화이트보드 등을 사용해 아날로그 방법으로 관리하는 것도 추천합니다. 이때 눈에 띄기 쉬운 곳에 두는 것이 중요합니다. 이 중요성에 관해서는 1부, 태스크에 관한 설명에서도 다뤘습니다.

이 투명성을 통해 만들 대상에 관한 이미지가 공유되고 강화돼 낭비가 적은 개발로 이어집니다.

그다음 시장이나 고객의 요구를 반영한 우선순위를 기준으로 스프린트에서 달성할 목표를 결정합니다. 이를 '스프린트 골^{Sprint Goal}'이라 부르며 간결한 문장으로 표현합니다. '과금/결제 기능 개발 스프린트' 또는 '인증/인가 백엔드 개발 스프린트'와 같은 형태가 될 것입니다. 스프린트 골은 개발팀에게 이제부터 시작할 스프린트의 지침이 됩니다.

이 지침을 기준으로 스프린트에서 달성해야 할 목적과 연결된 제품 백로그 아이템을 선택합니다. 스프린트 골은 제품 백로그를 구현한 결과로서 그 형태를 갖추게 됩니다. 개발팀은 '고객에게 어떤 가치를 제공하기 위해 무엇을 개발해야 하는가?'를 제품 책임자와의 대화를 통해 이해합니다. 제품 백로그 아이템 구현에 관한 이미지가 확실해지고 스프린트의 결과물인 인크리멘트^{Increment}(제품)가 보다 명확해집니다.

개발팀은 두 번째 단계에서 스프린트 백로그를 작성합니다. 여기서 스프린트 백로그란, 스프린트 플래닝의 첫 번째 단계에서 선택한 제품 백로그 아이템과 이를 고객에게 전달하는 데 필요한 태스크 목록입니다.

개발팀에서는 선택한 제품 백로그 아이템을 기반으로 필요한 작업을 정리합니다. 분석, 설계, 테스트 등 필요한 작업은 모두 포함합니다. 문서가 필요하다면 문서를 작성합니다. 단, 제품에 가치를 더하지 않는 것, 고객에게 부가 가치를 전달하지 않는 중간 산출물은 낭비이므로 태스크로 만들지 않습니다.

태스크가 정리됐다면 멤버 전원이 추정Estimation을 합니다. 추정 단위는 시간입니다. 작업 중 다른 업무가 끼어들지 않는다는 가정하에서 태스크를 완료하는 데 어느 정도의 시간이 걸릴지 예측합니다. 만약 8시간 이상 걸린다면 태스크가 너무 큰 것이므로 분할을 검토합니다. 추정할 때는 멤버의 의견을 모으는 것이 좋습니다. 여러 사람의 눈과 귀를 통해 걱정되는 점이나 빈 구멍 등을 사전에 찾아내 함께 인식할 수 있습니다.

스프린트 백로그는 스프린트를 진행하는 동안 매일 남은 업무량이나 진척을 개발팀 내에서 관리하기 위해 사용합니다.

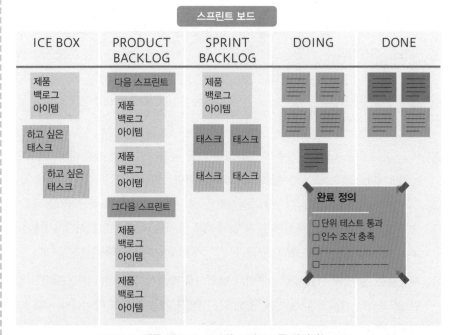

그림 2-3 **제품 백로그, 스프린트 백로그를 관리하는 보드**

그림 2-4 **스프린트 플래닝 순서**

▶▶▶ 완료 정의와 인수 조건

에노시마 씨는 "제품 백로그 아이템의 완료 이미지가 그려지지 않는다."고 했습니다. 이는 '완료 정의Definition of Done'와 '인수 조건Acceptance Criteria'이 애매하거나 없다는 것을 의미합니다. 두 개념을 혼동하지 않도록 각 개념에 대해 먼저 설명하겠습니다.

이는 소프트웨어 개발에만 국한된 것이 아닙니다. 무엇인가 작업을 의뢰해 만들어진 결과에 대해 "이런 걸 요구한 게 아닙니다. 더욱이 이 정도로 시간이 걸렸다니…"와 같은 반응을 하는 것을 누구나 한 번 정도는 경험해 봤을 것입니다. 또는 의뢰를 받은 경우에 너무 많은 시간이 소요돼 곤란한 경험을 했을 수도 있습니다.

스크럼에서는 이런 현상을 줄이기 위한 방법을 제공합니다. 그것이 바로 완료 정의입니다. 완료 정의란, '멤버 모두가 제품이 '완료'됐음을 동일하게 인식하게 하는 어떤 것'을 의미합니다. 제품을 고객에게 전달하기 위해 스프린트가 진행되는 동안 일관적으로 확인해야 하는 체크리스트입니다. '완료하기 위해서는 무엇을 수행해야 하고 지금은 어떤 상황인가?'라는 인식이 구성원마다 다르면 재작업이 발생하거나 결함이 파묻히기도 합니다.

완료 정의의 예로 '스테이징Staging 환경에서 동작하는 것', '단위 테스트를 통과하는 것', '인수 조건을 만족하는 것' 등을 들 수 있습니다. 제품을 사용할 수 있도록 하기 위해 필요한 기준을 선정합니다. 이런 완료 정의는 개발팀 내에서 뿐 아니라 제품 책임자와도 합의해야 합니다. 또한 여러 개발팀에서 같은 제품을 개발하는 경우, 모든 팀은 동일한 완료 정의를 사용해야 합니다. "완료란 무엇인가?"라는 질문에 대해 제품 구현과 관련된 모든 사람이 동일한 인식을 갖도록 해야 합니다.

또한 제품 책임자는 각 제품 백로그 아이템마다 인수 조건을 정의해야 합니다. 여기서 인수 조건이란, '해당 조건을 만족시키면 요구사항을 확실하게 구현했다고 판단할 수 있는 리스트'를 의미합니다. 계획한 기능 사양은 물론, 비기능 사양도 만족시켰는지를 인수 조건에 포함시킵니다. 제품 책임자로서 납득하고 인수할 수 있는지의 여부와 그 만족 조건은 제품 백로그 아이템별로 존재해야 합니다.

제품으로서의 완료 정의와 각 제품 백로그 아이템의 인수 조건을 사용해 객관적인 기준을 명문화하면 팀 구성원 모두가 동일한 판단을 할 수 있으므로 불필요한 대립을 피할 수 있게 됩니다. 완료 정의와 인수 조건 모두를 달성해야만 진정한 의미의 완료라 할 수 있습니다.

스토리 〉 한걸음씩 앞으로 나아가는 팀

제품 백로그 아이템의 인수 조건을 하나하나 정의하다 보니 자연스럽게 의문이 생긴다. 이 기능을 필요로 하는 목적은 무엇인가? 이 기능은 어떤 형태로 사용되는가?

이 의문을 풀기 위해 토바시 씨와 이야기를 나눴다. 토바시 씨도 시간 여유는 없었지만, 팀과의 대화를 우선해 줬다. 쿠라야시키 씨가 토바시 씨의 다른 태스크를 대신해줌으로써 대화할 시간을 확보해 준 듯했다.

이야기를 나눠 보니 쉽게 이해할 수 있었다. 기능을 구현하는 시치라나 우랏트 씨는 물론, 이해시키기 위해 설명을 한 토바시 씨도 이와 마찬가지였다.

토바시 씨도 구체적인 완료 형태에 관한 명확한 대답을 갖고 있지는 않았다. 그 상태로 만들었다가는 결국 스프린트 리뷰에서 구체적인 형태를 본 후에야 '이건 아냐' 하며 뒤늦게 깨닫는 상황으로 이어졌을 것이다.

시간이 걸리긴 했지만 인수 조건을 팀에서 함께 이해하게 되니 개인의 업무 속도 역시 향상됐다.

한편으로는 걱정이 됐다. 각자 개발을 할 수 있게 되면서 단지 태스크를 쳐내기만 하는 느낌이 들었기 때문이다.

각 제품 백로그 아이템을 어떻게 처리하면 좋을지는 명확해졌지만, 제품 전체의 이미지가 그려지지 않는다. 우리가 만드는 제품은 보지 못한 채, 기능만을 만들고 있다는 느낌이 들었다.

일이 순조롭게 진행돼 가고 있음을 보이는 스프린트 백로그가 그려진 화이트보드를 바라보면서 생각에 잠겼다. 이런 내 모습을 저만치에서 바라보고 있는 쿠라야시키 씨의 표정을 눈치채지 못한 채….

팀이 가야 할 곳을 내다 보다

스토리 **스크럼 마스터가 왔다**

팀이 두 번째 스프린트를 마칠 즈음, 즉 스크럼을 시작한 지 한 달이 지난 시점에 스크럼 마스터인 니시가타 씨가 합류했다. 니시가타 씨는 꽤 다양한 현장에서 활동하고 있는 듯했다. 이번에 합류가 늦은 이유도 이쪽으로 오기 전에 담당하던 현장에서의 계약이 끝나지 않아서라고 한다.

"너무 늦어서 죄송하네유. 허허."

니시가타 씨는 팀과 첫 미팅에서 밝게 인사했다. 말투부터 확실히 간사이^{関西} 분위기가 물씬 풍긴다. 쿠라야시키 씨는 전에 니시가타 씨와 함께 일한 적이 있다고 들었다. 니시가타 씨는 그때도 이런 분위기였던 듯하다. 늘 과묵한 쿠라야시키 씨도 엷은 미소를 띠었다.

"벌써 두 번째 스프린트가 끝났어요."

"그렇네유, 아이구야."

허물없는 니시가타 씨의 말투에 시치리는 조금 어리둥절했다. 우랏트 씨는 니시가타 씨의 유쾌한 분위기가 마음에 든 듯하다.

"그런데…"

니시가타 씨는 천천히 짙은 녹색의 안경을 고쳐 쓰면서 입을 열었다. '드디어 스크럼 마스터가 뭔가 심한 말을 꺼내는 것인가!' 우리는 조금 긴장했다.

"제 환영회는 언제쯤 하나유?"

어리둥절하던 시치리가 이 말을 듣고는 평소의 그로 돌아왔다. 이미 두 번의 스프린트를 죽을 각오로 돌렸다. 앞으로도 여유가 있을 거라 장담할 수 없다. 벌레라도 바라보는 듯, 시치리는 니시가타 씨에게 강한 눈빛을 보냈다.

"세 번째 스프린트가 진행되는 동안에는 무리일 겁니다. 그럴 여유 없습니다. 그렇죠? 우랏트 씨?"

우랏트 씨 역시 고개를 크게 끄덕였다. 팀의 벨로시티가 안정된 상태라고는 할 수 없다.

"그런가유. 그것 참 아쉽구면유~"

니시가타 씨는 정말 아쉽다는 듯 턱을 매만졌다. 자세히 살펴보니 수염도 다듬지 않은 상태로 듬성듬성 자라나 있었다. 그것이 스크럼 마스터와의 첫만남이었다.

"스크럼 마스터는 왜 있는 건가요?"

니시가타 씨가 팀에 합류한 이후로 시치리는 내내 저기압 상태다. 아직 한 주밖에 지나지 않았을 뿐인데 '스크럼 마스터는 필요 없다.'라고 생각하는 것 같았다. 솔직히 시치리를 일일이 상대하는 것도 귀찮았지만 이 문제를 방치할 수만은 없었다. 우랏트 씨, 토바시 씨 모두 시치리와 같은 의견이었기 때문이다.

"회의에는 참가하지만 아무것도 하지 않습니다."

우랏트 씨는 니시가타 씨의 즐거운 분위기는 좋아하지만 여유가 없는 스프린트의 나날 속에서 니시가타 씨의 존재에 점점 스트레스를 받고 있는 듯했다. 확실히 니시가타 씨는 아무런 일도 하지 않는다. 스프린트 플래닝에도, 데일리 스크럼에도 참가하지만 거의 아무런 말도 하지 않는다. 가끔 헛웃음조차 나오지 않는 농담을 던지는 정도다.

"나는 니시가타 씨와 거의 이야기도 하지 않고 있다고."

토바시 씨도 불만이 있는 듯했다.

"확실히 그렇네요."

나도 인정할 수밖에 없었다. 대체 왜 쿠라야시키 씨는 저런 사람을 스크럼 마스터로 데려온 것일까?

우리는 한 데일리 스크럼에서 니시가타 씨 본인에게 직접 물어보기로 했다. 마치 쿠데타라도 하듯 삼엄한 분위기…. 니시가타 씨는 늘 그렇듯이 의연했다. 시치리가 포문을 열었다.

"니시가타 씨, 오늘도 그렇게 아무런 말도 하지 않는군요. 이 팀에 남아 있는 이유가 뭔가요?"

회의 공간이 얼음장처럼 얼어붙었다. 더욱이 데일리 스크럼이 끝날 무렵이어서 쿠라야시키 씨도 함께 있었다.

시치리가 다그쳐 물었지만 니시가타 씨는 특별히 놀란 눈치도 아니었다.

"우리는 이번 스프린트에서도 벨로시티를 높이려고 죽을 힘을 다하고 있습니다."

"맞아요. 여유 같은 건 없다고요."

우랏트 씨도 시치리의 말을 이었다.

"스크럼 마스터라는 건 팀이 이런 상황에 처했을 때 뭐라도 하기 위해 있는 거 아닌가요?"

토바시 씨는 팔짱을 낀 채 말했다. 시치리와 우랏트 씨를 후방 지원하는 느낌이었다. 3명이 짜고 스크럼 마스터를 규탄하는 분위기…. '니시가타 씨는 뭐라고 대답할 것인가?', '또 시시콜콜한 농담을 하는 건 아닐까?'라는 생각하고 있었다.

니시가타 씨는 짙은 녹색의 안경을 한손으로 고쳐 쓰더니 표정도 바뀌지 않은 채 입을 열었다.

"이 팀은 왜 이렇게 좇기듯 일하는 건가유?"

"뭐라고요?"

시치리가 한껏 목소리를 높였다.

"제품 백로그는 늘어나기만 하고 할 일이 산더미 같으니 당연하잖아요!"

"제품 백로그가 늘어나는 건 그렇다 치쥬. 근데 그거 전부 해야 하는 건가유?"

어느새 니시가타 씨의 눈은 평소처럼 웃고 있지 않았다.

"언제까지유?"

시치리는 뭔가 대답하려다가 기한을 물어보자 할 말을 잃어 버린다. 확실히 이 제품 백로그는 언제까지 끝내야 하는 것인지, 완전히 알 수 없게 돼 버렸다. 기획 단계와 구성이 달라졌기 때문이다.

"무슨 이유로유?"

질문이 끊이지 않는다. 시치리는 아무런 말도 하지 못했다. 그도 깨달은 것이다. 우리가 지금 하고 있는 일을 언제까지 마쳐야 하고 어디에 도달해야 하는지, 여기 있는 누구도 모른다는 것을….

"이렇게 여유가 없는 일을 마지막까지 할 생각인가유?"

스크럼 마스터는 우랏트 씨 쪽으로 고개를 돌렸다.

"매일 아침, 그 누구도 '곤란한 일이 있다.'는 말을 하지 않는데 '여유가 없는' 건 누가 어떻게, 언제 바로 잡나유? "

스크럼 마스터는 토바시 씨 쪽으로 발걸음을 옮겼다.

"제품 책임자는 팀 외부에서 제품 백로그만 쌓아놓으면 그만인가유?"

토바시 씨는 생각할 겨를도 없이 끼고 있던 팔짱을 풀었다. 어느새 니기가타 씨가 모두를 압도하고 있었다.

"벨로시티를 '올리는' 것을 목적으로 하는 한, 이 팀은 눈앞에 있는 태스크에 계속 압도당하고 말아유. 모두가 그걸 선택하고 마는 거예유."

그렇게 말하면서 내 쪽으로 다가왔다. 안경 너머에 있는 그의 눈에 더이상 미소는 보이지 않았다. '당신이 리더라고 했던가유. 팀이 눈앞의 태스크를 해결하는 데만 정신이 팔려 있는 상황을 당신은 어떻게 보고 있는 거예유?' 그렇게 말하는 것 같았다.

나에게서 시선을 돌린 후 니시가타 씨는 모두에게 질문을 던졌다.

"가장 첫 질문으로 돌아가 볼까유? 이 팀은 무엇을 위해 일을 하고 있는 건가유?"

누구도 대답하지 못했다. 니시가타 씨는 아무것도 하지 않은 것이 아니었다. 계속 우리를 관찰하고 있었던 것이다. 니시가타 씨는 팀 멤버를 둘러보고는 언제나의 미소 띤 얼굴로 돌아갔다.

"오늘은 모두 함께 해보고 싶은 걸 소개할게유."

그렇게 말하고는 노트북을 열어 화면에 표시된 내용을 모두에게 보여 줬다.

"인셉션 덱이라는 거예유."

니시가타의 해설 ▶ 프로젝트의 Why와 How를 명확히 하는 인셉션 덱

드디어 스토리에도 등장했습니다. 니시가타입니다. 해설에서는 사투리를 쓰지 않습니다(웃음). 이번엔 제 특기인 **인셉션 덱**Inception Deck에 관해 설명하겠습니다. 에노시마 씨의 팀은 개발을 시작한 지 1개월이 지난 후에 인셉션 덱을 만들게 됐지만, 원래대로라면 좀 더 일찍 만드는 것이 좋습니다. 첫 번째 스프린트? 아니 스프린트를 시작하기 전입니다. 그 이유를 설명하겠습니다.

개발이 진행되고 슬슬 제품이 동작하기 시작하면 변경 요구가 빈번해지거나 완성을 하기 위해 애초의 추정을 크게 뛰어넘는 경우가 발생합니다.

그렇기 때문에 팀 멤버 사이, 팀과 외부 이해관계자들 사이에 더 많은 커뮤니케이션이 필요해지지만, 프로젝트 목표의 기준이 어긋난 상태라면 의사소통이 잘되지 않습니다. 이와 같이 프로젝트가 진행될수록 다양한 문제가 쌓이게 됩니다.

그러나 개발팀이 처리할 수 있는 일에는 한계가 있습니다. 멤버는 점점 지쳐갑니다. 이렇게 되면 일은 일대로 잘 진행되지 않고 작업 시간은 점점 줄어듭니다. 이 상황을 어떻게든 극복하기 위해 야근을 하고, 피로가 누적되고, 작업이 더 지연되는 등 악순환이 시작됩니다. 점점 프로젝트는 어려워집니다.

한마디로 말하면 목적과 방향성이 맞지 않는 것입니다. 이해관계자를 포함해 프로젝트 멤버 사이에 프로젝트의 목표, 달성하고자 하는 방향성 뿐 아니라 기간, 범위, 비용이나 필요한 팀의 구성, 우선순위, 리스크까지… 함께 일을 함에 있어 필요한 사고방식을 맞추지 않은 채 진행하려고 하면 프로젝트는 잘 진행될 수 없습니다.

프로젝트의 목적지나 제약 사항을 명확히 하고 관계자 모두가 합의함으로써 투명성에 기반을 두고 운영해 나가야 합니다. 인셉션 덱은 바로 이를 위한 도구입니다. 인셉션 덱을 만들면서 프로젝트를 둘러싸고 있는 다양한 질문에 대답하고 모두의 이해를 높여야 합니다.

▶▶ 열 가지 질문

인셉션 덱에서는 열 가지 질문에 대답함으로써 프로젝트의 Why와 How를 명확히 해 나갑니다. 모두가 대답하기 쉽지 않은 질문일 것입니다. 대답하기 어려운 내용이야말로 프로젝트 초기부터 솔직하게 마주해야 합니다.

〈 Why를 명확하게 해주는 질문들 〉

① 우리는 왜 여기에 있는가?Why are we here?: 프로젝트의 미션은 무엇인가?

② 엘리베이터 피치를 만들어라Create an elevator pitch: 제품 필요, 고객, 차별화 포인트는 무엇인가?

③ 제품 박스를 디자인하라Design a product box: 사용자가 바라보는 제품의 가치는 무엇인가?

④ 하지 않을 작업은 무엇인가?Create a NOT list: 범위에 포함되지 않는 것은 무엇인가?

⑤ 이웃을 만나라Meet your neighbors: 팀을 둘러싸고 있는 이해관계자는 누구인가?

〈 How를 명확하게 해주는 질문들 〉

⑥ 기술적인 해결책은 무엇인가?Show the solution: 사용할 수 있는 기술과 아키텍처에는 어떤 것이 있는가?

⑦ 우리를 잠 못들게 하는 문제가 무엇인가?Ask what keep up us at night: 불안이나 리스크에는 어떤 것이 있는가?

⑧ 기간은 얼마나 되는가?Size it up: 필요한 개발 기간은 얼마나 되는가?

⑨ 트레이드 오프 슬라이더를 만들어라Tradeoff slider. Be clear on what's going to give: 출시, 범위, 예산, 품질의 우선순위 관계는 어떠한가?

⑩ 무엇이 얼마나 필요한가?Show what's going to take?: 기간, 비용, 팀 구성은 어떻게 되는가?

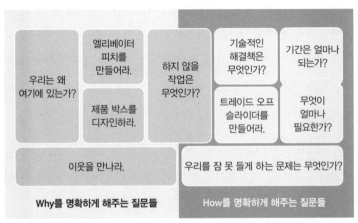

인셉션 덱을 참고해 이치타니가 작성

그림 2-5 인셉션 덱의 열 가지 질문

▶▶▶ 팀이 함께 만드는 데 의미가 있다

인셉션 덱을 리더가 혼자 작성하는 것은 아무런 의미가 없습니다. 제품 책임자가 "제가 만들어 뒀으니 한번 보세요."라며 일방적으로 전달하는 것도 아닙니다. 기분이 좋아지는 듯한 말들로 가득한, 소위 '헌장'을 하향식으로 작성한다 하더라도 단지 고객에게 내보이는 슬로건일 뿐입니다. 구성원들의 눈에는 들어오지 않습니다.

팀에 스며들어 살아 움직이는 인셉션 덱을 만들려면 팀 멤버 모두가 함께 생각해야 합니다. 프로젝트는 대개 분주하게 진행됩니다. 그렇지만 팀 멤버 모두가 참여할 수 있는 시간을 확보하고 멈춰 서서 생각하는 것이 중요합니다. 최초에 시간이 걸린다고 하더라도 프로젝트에 관한 공통의 이해를 한다면 반드시 프로젝트가 진행되는 동안 함께 살아움직입니다.

인셉션 덱을 만드는 데는 시간이 걸리므로 지치기도 합니다. 팀의 상황에 따라 다르지만,

질문 하나에 대답하는 데도 한 시간 이상 소요되기도 합니다. 리더의 생각이나 제품 책임자의 열의를 언어로 바꾸고 멤버 각자가 프로젝트에 대한 Why와 부딪혀 팀으로서의 공통된 인식을 만들어야 하기 때문입니다. 보통의 수단으로는 안 됩니다.

그러나 이렇게 모두가 목적을 깊이 이해하는 과정이 팀 빌딩이나 자기조직화로 이어집니다.

바라보는 방향을 합의함으로써 팀은 망설이지 않고 프로젝트를 스스로 주도할 수 있게 됩니다. 상명하달의 지시 스타일에서 당사자의 의식이 조금씩 싹트기 시작합니다. 각 멤버가 약속을 지키려는 의식을 갖게 되고 결과적으로 개인과 팀이 강해집니다.

▶▶▶ 도저히 시간을 낼 수 없는 팀이라면

인셉션 덱이 의미 있는 방법이라 하더라도 오랜 시간 동안 구성원 모두를 모아 둘 수 없는 경우도 있을 것입니다. 이런 경우에는 열 가지 질문에 대한 초안을 준비한 후 그 초안을 바탕으로 팀과 이야기할 수 있습니다. 시간을 단축시킬 수 있는 현실적인 방법입니다. 단, 초안은 어디까지나 초안일 뿐입니다. 모든 구성원이 함께 생각해야 합니다.

또한 반드시 모든 질문에 대한 덱을 만들 필요는 없습니다. 아래 네 가지 질문만으로도 프로젝트를 빠르게 추진할 수 있습니다.

① 미션이나 목적 공유를 위한 '우리는 왜 여기에 있는가?'
② 리스크나 불안한 목록 작성을 위한 '밤에도 잠들지 않는 문제'
③ 범위 내외의 경계를 확실히 하기 위한 '하지 않을 일의 목록'
④ 판단 기준을 가시화하고 그 우선순위를 명확하게 하기 위한 '트레이드 오프 슬라이더'

'우리는 왜 여기에 있는가?'는 팀 활동의 핵심입니다. Start with why(목적에서 시작하라)라는 말처럼 모든 사고와 행동의 기점이 되기 때문에 이 질문에는 반드시 답해야 합니다.

팀의 첫 시작에는 당연히 다양한 불안이 존재합니다. 그 불안이 표출되지 않고 파묻혀 있는 것이 바로 리스크입니다. '밤에도 잠들지 않은 문제'에 답함으로써 한 번에 불안감이 드러나도록 합니다.

대략적이라도 팀이 '할 일과 하지 않을 일'을 명확히 해두면 방향성을 쉽게 유지할 수 있습니다. 프로젝트 초기에는 의외로 알지 못하는 것이나 결정되지 않은 것이 많습니다. 계속 골라 내면서 확인해야 합니다.

마지막으로 '트레이드 오프 슬라이더'를 통해 프로젝트 진행의 판단 기준을 결정합니다. 판단 기준에 어긋나면 일이 제대로 진행되지 않습니다. 마치 표적 없이 활을 쏘는 것과 같습니다. 프로젝트가 잘 진행되고 있는지를 확인할 수 없으며 설사 잘 진행된다고 하더라도 그런 일은 좀처럼 일어나지 않습니다.

칼럼 / **골든 서클**

Start with why를 표현한 유명한 다이어그램이 있습니다. 중심에 Why, 그 바깥에 How, 가장 바깥에 What을 가진 원형으로, 골든 서클(Golden Circle)이라고 부릅니다.

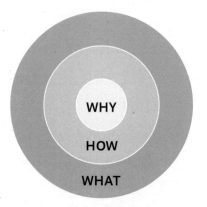

그림 2-6 **골든 서클**

생각은 보통 '무엇(What)'에서 시작합니다. 그리고 그것을 '어떻게(How)' 할 것인가?, 마지막으로 '왜(Why)' 그러한가?로 정리합니다. 골든 서클은 이 사고의 흐름을 반대로 뒤집은 것입니다. 즉, 'Why'에서 시작해 그것을 '어떻게(How)' 실현할 것인가?, 이를 위해 '무엇(what)'을 할 것인가?. What과 Why, 어떤 쪽에서부터 생각을 시작하는지에 따라 How의 선택이 완전히 달라집니다.

커뮤니케이션에서도 갑자기 What을 제시하는 것보다 Why에서 시작하는 것이 이해하기 쉽습니다. Why는 목적에 해당하기 때문입니다. 목적을 설명하지 않은 채 구체적인 수단을 아무리 설명한다고 하더라도 결국 마지막에 반대로 질문을 받을 것입니다. "그런데 이것을 하는 이유가 뭔가요?"

프로젝트나 제품을 만들기 시작할 때도 Why에 먼저 답해 봅시다.

"왜 이 프로젝트를 시작하는가?"

"왜 이 제품을 만드는가?"

만약, 이 질문에 대답할 수 있는 사람이 없다면 아직 프로젝트를 시작할 준비가 돼 있지 않은 것입니다.

— 이치타니 토시히로

▶▶ 스크럼 마스터의 역할

인셉션 덱에 관한 설명은 어떠했습니까? 아직 인셉션 덱을 만들지 않은 팀은 바로 만들어 보길 권합니다. 인셉션 덱을 만드는 데 있어 다음이란 없습니다. 여러분이 프로젝트 종료 시점에 있다고 하더라도 지금까지 만들어 낸 것이 목적에 부합하는지 돌아보는 것이 좋습니다.

인셉션 덱을 만드는 것을 퍼실리테이션하는 작업은 결코 간단하지 않습니다. 물론 잘 안 되는 것을 포함해 팀에서 본 것으로 흉내내 시도해 보는 것도 좋지만, 만약 경험이 충분한 스크럼 마스터와 함께 할 수 있다면 꼭 그렇게 하길 권합니다.

스크럼 마스터는 스크럼 도입을 지원하는 역할과 스크럼 이벤트를 촉진하는 역할을 주로 담당합니다. 그뿐 아니라 스크럼팀이 만들어 낸 가치를 최대화하기 위한, 팀의 생산성을 높이기 위한 역할을 합니다.

스토리 ⟩ 우리는 왜 여기에 있는가?

첫 인셉션 덱을 만드는 데 2일이 걸렸다. 인셉션 덱을 만드는 과정에서 시치리, 우랏트 씨, 토바시 씨 그리고 나까지 모두가 '우리는 왜 여기에 있는가?'에 관해 확실히 알게 됐다.

'우리는 왜 여기에 있는가?'라는 질문은 바로 이 팀의 미션이라 할 수 있다. 미션이 모호한 일을 무리해서 추진하려 해도 결국 우리는 지시받은 일을 하고 있다는 것에 불과하다.

제품 백로그를 쓰러뜨리고 있다고 생각했지만 오히려 제품 백로그가 우리를 조정하고 있는 꼴이었다. 이대로라면 아무리 스프린트를 여러 차례 진행한다 해도 완성돼 가는 제품의 의미를 잘 이해하지 못했을 것이다.

"이 형님을 잘 활용하셔야 해유~"

니시가타 씨는 쿠라야시키 씨를 "형님."이라고 불렀다. 쿠라야시키 씨는 가벼운 미소로 답했다. '인셉션 덱 만들기에는 쿠라야시키 씨도 합류했다.'라고나 할까? 이 기획을 시작한 쿠라야시키 씨야말로 미션에 대해 가장 잘 알고 있는 사람이었다.

쿠라야시키 씨는 '이 제품으로 이 회사의 실패하는 프로젝트를 절반으로 만드는 것'을 미션으로 제안했다. 여기에서 '이 팀에서 제품 개발 방법을 체득하고 다른 현장에 전파할 수 있게 되는 것'을 뽑아냈다.

'그래. 하루하루 태스크를 해치우는 것에 쫓기고 있을 때가 아니다.'

인셉션 덱 만들기를 끝내자 조금 풀이 죽었다. 지금까지 이런 대화가 부족했던 것은 리더로서 팀을 이끌고 있는 내 책임이라는 생각이 들었기 때문이다. 이런 내 기분을 알고 있기라도 한 듯이 쿠라야시키 씨가 나를 다독였다. "지금은 스크럼 마스터에게 배울 수 있는 만큼 배우면 충분해."

"내일부터는 작업이 순조롭게 진행되겠네요."

니시가타 씨를 존경하게 된 시치리는 의욕이 가득했다. 니시가타 씨는 가볍게 웃으며 대답했다.

"아니, 아니, 이제 시작이유."

풍부한 경험으로 무장한 스크럼 마스터의 예언에 조금은 긴장됐다.

제 12 장

우리가 일하는 방식

스토리 **각자의 규칙**

세 번째 스프린트의 벨로시티가 크게 낮아졌지만, 이에 대해 필요 이상으로 비관하는 멤버는 없었다. 인셉션 덱을 통해 모두가 무엇을 우선시해야 하는지를 이해했기 때문이다.

이 제품의 트레이드 오프 슬라이더에서 가장 우선시되는 것은 품질이었다. 다음으로 비용, 출시일, 가장 마지막이 범위였다. 애초에 테스트 관리 도구이기 때문에 도구 자체의 품질이 낮아서는 안 된다. 출시일은 기획 단계에서 결정됐지만, 예산 쪽은 당초 수립한 계획 이상으로는 나오지 않을 예정이기 때문에 세 번째 순위였다. 단, 출시일을 예정대로 맞추기 위해서라면 기능 범위를 조정한다는 것이 쿠라야시키 씨의 생각이었다.

인셉션 덱을 만들기 이전과 비교해 멤버 사이에 대화가 많아진 듯하다. 제품 백로그를 혼자 처리하는 게 아니라 어떻게 하면 기능으로서의 목적을 더 잘 달성할 수 있을 것인지에 대해 대화하는 기회가 늘었다. 팀은 확실히 활발하게 나아가고 있다.

사건은 세 번째 스프린트의 회고에서 일어났다. 회고를 하기 위해 팀원이 회의실에 모두 모였다. Problem을 한 가지도 도출하지 못한 시치리에게 우랏트 씨는 참다못해 소리를 높였다.

"시치리 씨는 안 되겠어요."

우랏트 씨의 말에도 시치리는 조금도 주눅이 들지 않았다. 그녀는 조금은 흥분한 듯한 상태로 회고에 참여하고 있다. 흥분하면 일본어를 제대로 말하지 못하는 것 같다.

꽤 짧은 말을 내뱉곤 한다. 난 우선 그녀를 진정시키기로 했다.

"우랏트 씨, 시치리의 뭐가 안 된다는 건가요?"

"회의 준비를 전혀 하고 있지 않잖아요."

그녀의 말대로 스크럼 이벤트에서 시치리가 사전에 준비를 해온 적이 없다. 스프린트 리뷰에서도 시나리오를 준비하지 않으니 그 자리에서 제품을 동작시켜 보려 해도 어떻게 데모를 하면 좋을지 모른다. 당연히 리뷰도 제대로 되지 않는다.

"그리고 제품 백로그 아이템에 관해 이야기하면서 결정한 것을 전혀 남겨 두지 않아요."

대화가 많아진 만큼 어딘가에 기록해 두는 행위는 상대적으로 줄어들었다. 암묵지가 늘어나고 형식지로 만드는 기회가 적어진다. 암묵지가 결코 나쁜 것은 아니지만, 결정한 것을 아무것도 남겨 놓지 않으면 나중에 곤란해질 것은 뻔하다.

실제로 이미 시치리는 이 기능을 왜 그렇게 만들었는지에 대한 설명을 하지 못했다 .

시치리는 대답할 기미가 없다. 조금씩 화가 나는 것을 감추지 못하고 있다. "나이도 어린 게 못하는 소리가 없어!"라고 말할 기세였다.

"또 있어요. 시치리는 테스트 코드를 작성하지 않아요."

"저는 테스트 코드를 사용하지 않는 주의예요. 테스트 코드를 작성할 바에야 프로덕트 코드를 한 줄이라도 더 작성하는 게 좋아요."

이미 팀에서는 테스트 코드를 작성하기로 결정했다. 그러나 어느 수준까지 작성해야 하는지에 대한 명확한 기준은 없었다. 아! 이것도 내 일이구나. 비난을 받아도 꿈쩍하지 않는 시치리를 대신해 내가 대답했다.

"시치리는 아침에 안 오지요."

그렇다. 시치리는 출근 시간이 늦어지기 시작해 점점 데일리 스크럼 시간에 맞추지 못하고 있었다.

"이 회사는 자율 출근제입니다! 코어 타임은 지키고 있습니다. 문제 없지 않습니까!"

"안 돼요! 데일리 스크럼은 모두 참가해야 합니다. 그렇게 결정했잖아요!"

말다툼이 점점 격해졌다. 적당히 끝날 것 같지 않았다. 일단 말을 끊자.

"잠깐만. 두 사람 모두 진정해."

토바시 씨가 거들었다.

"맞아. 지금은 팀 회고 시간이야. 싸우는 시간이 아니라고."

니시가타 씨의 모습을 찾았다. 니시가타 씨는 내키지 않는다는 느낌으로 회의실 구석에 앉아 있을 뿐이었다.

"아무튼, 에노시마 씨도 일일 보고 안 쓰시잖아요!"

"응?"

화살이 나에게 향했다.

"그래요. 문서가 전부 마크다운이라 제 편집기에서는 읽기 힘들어요!"

'아니, 아니, 기다리라고⋯. 팀의 일일 보고는 애초에 리더가 모두의 상황을 더 잘 이해하기 위해 쓰기 시작한 것이고 마크다운으로 쓰든 말든 좋을 대로 하면 되는 거잖아.'

날카로워진 나도 시치리와 우랏트 씨의 말싸움에 끼어들려고 할 때 묵묵히 있던 쿠라야시키 씨가 프로젝터로 뭔가를 비쳤다. 조용히 입을 열었다.

"결과를 내려면 뭐가 필요하다고 생각하나?"

쿠라야시키 씨는 팀 멤버를 보지 않고 자신이 프로젝터로 비추고 있는 것을 바라보면서 물었다. 시치리가 대답했다.

"코드를 빨리 작성하는 것입니다."

경쟁하든 우랏트 씨가 말을 잇는다.

"아니예요. 테스트를 확실하게 하는 거예요."

쿠라야시키 씨는 두 사람의 말을 냉정하게 받았다.

"두 사람이 말한 것 모두 결과에 영향을 미치는 것이야. 결과는 행동의 질로 결정되지."

그렇게 말하면서 쿠라야시키 씨가 우리에게 보여 준 그림에는 다음과 같은 순환 고리가 그려져 있었다.

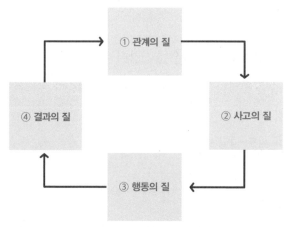

그림 2-7 **조직 성공 순환 모델**

"이건 다니엘 킴Daniel Kim이라는 사람이 고안한 성공 순환 모델이다. '행동의 질'은 '사고의 질'로 결정된다. 행동하는 것은 중요하지만 생각하지 않으면 단지 움직이기만 하는 것에 불과하지."

나는 인셉션 덱을 만들기 전의 일을 생각했다. 그 당시에도 단지 움직이기만 하면서 제품 백로그를 쳐내려고 했다.

"또한 '사고의 질'에 영향을 미치는 것이 '관계의 질'이다. 즉, 팀워크의 질을 의미하지. 팀워크를 높이기 위해서는 팀이 어떤 행동을 할지에 관한 공감대가 필요해."

쿠라야시키 씨는 이렇게 말한 후 니시가타 씨에게 눈길을 보냈다. 니시가타 씨는 이미 이렇게 될 줄 알고 있었다는 듯했다. 서서히 워킹 어그리먼트Working Agreement에 관한 이야기를 시작했다.

▶ 자신이 일하는 방법이나 개발 규칙을 스스로 정한다

▶▶▶ Working Agreement란?

프로젝트 방향성을 인셉션 덱으로 정리했다면 이번엔 팀에 관한 이야기입니다. 가치 관이나 행동 규범이 제각각이어서는 팀으로서의 기능을 하기 어렵습니다. 특히, 팀 전체가 분주해져서 개개인의 융통성이 없어질수록 분위기가 딱딱해집니다. 12장의 스토리에서 우랏트 씨가 시치리의 행동에 화를 낸 것처럼 일하는 방식에 대한 서로 의 기대 차이가 발생합니다.

팀의 상태가 안정돼 있다면 어긋난 기대감도 받아들일 수 있지만, 여유가 없으면 사사 로운 일이 말다툼이나 비난으로 이어집니다. 그렇게 되면 모티베이션이 점점 낮아지 고 팀의 생산성도 떨어집니다. 모두의 의욕은 마치 바람 앞의 등불처럼 돼 버립니다.

그래서는 안 되겠지요. 이런 패배의 연속이 되지 않도록 팀에서 자신의 행동 방식이 나 약속을 정해 둬야 합니다. 그러면 기대의 어긋남이 줄어듭니다.

팀에서 결정한 팀의 규칙을 Working Agreement라고 합니다.

이미 문제가 된 것 또는 문제가 될 만한 것을 중심으로 규칙을 정해 나갑니다. 팀으 로 일하는 데 있어 조율해 두고 싶은 것도 포함시킵니다.

모든 것을 세세하게 결정할 필요는 없습니다. 시시콜콜한 것까지 규칙으로 만들어 두면 오히려 일하기 어려워지기 때문입니다. Working Agreement는 멤버의 행동 방 식을 제한하기 위한 것이 아니라 팀의 생산성을 보다 높이기 위한 결정입니다.

규칙은 팀에서 스스로 결정하는 것이 중요합니다. 왜냐하면 이 규칙은 리더나 매니저 를 위한 것이 아니기 때문입니다. 누군가가 자신이 아닌 사람의 일에 관해 정한 규칙 은 그 즉시 형식화됩니다. 시간이 지나면 무엇을 위해 결정한 것인지조차 모르게 돼 버립니다.

종종 있는 일입니다만, 슬로건과 같은 형태는 피하는 것이 좋습니다. '모두 좋은 코드 를 작성하도록 합시다!' 같은 것 말입니다. 슬로건은 받아들이는 사람에 따라 이해가 달라지므로 모호해질 가능성이 무척 높습니다.

그러므로 규칙은 구체적으로, 모두가 동일하게 판단할 수 있는 내용, 상태나 수치가 함께 적혀 있는 내용이 좋습니다.

예를 들어 다음과 같이 구체적으로 기술할 수 있습니다.

- ☐ 결석을 하는 경우에는 데일리 스크럼 시작 10분 전까지 슬랙의 팀 채널로 모두에게 연락한다.
- ☐ 데일리 스크럼은 10시부터 15분 이내로 태스크 보드 앞에서 서서 한다.
- ☐ 회의 시에는 논의를 활성화하기 위해 팔짱을 끼지 않는다.
- ☐ 단위 테스트가 없는 코드는 커밋할 수 없다.
- ☐ 의문이 드는 것은 즉시 물어보고 아는 것에 가치가 있으므로 멤버들은 항상 칭찬하는 리액션을 한다.

▶▶ 규칙 만들기를 위한 퍼실리테이션과 운용

규칙을 만들 때는 팀 멤버 전원이 참가해야 하므로 개인의 입장이나 역할을 뛰어넘어야 합니다. 이 퍼실리테이션이 스크럼 마스터가 실력을 보여 줄 수 있는 곳입니다.

각자의 가치관이 부딪히게 될지도 모르기 때문입니다. 하지만 충돌을 두려워해서는 안 됩니다. 보고 듣기 좋은 문장으로 정리하면 문맥을 받아들일 때 큰 간극이 생기기 때문입니다.

내용이 너무 구체적이어서 전체를 담지 못한다고 느껴지면 논의의 추상도를 조금 높이는 편이 좋을 수도 있습니다. 인셉션 덱으로 결정한 '우리는 왜 여기에 있는가?'를 다시 끌어내 목적으로 되돌아 가도록 할 수 있습니다.

이와 반대로 앞서 설명한 슬로건처럼 된다면 '구체적으로 어떤 것인가?'와 같이 발이 땅에 확실히 닿아 있는 느낌을 주는 표현으로 레벨을 낮추는 일을 스크럼 마스터가 해줘야만 합니다.

그리고 Working Agreement는 인셉션 덱과 마찬가지로 한 번 만든 것으로 끝나면 안 됩니다. 규칙이란 금방 형식화돼 버립니다. 정기적으로 업데이트하는 것을 잊지 마십시오. 규칙을 변경하기 위한 규칙을 정해 두는 것도 좋은 방법입니다.

Working Agreement가 살아 움직일 수 있도록 회고에서 좋은 습관으로 뽑은 Keep 항목을 Working Agreement에 추가합시다.

이렇게 팀의 현실에 맞는 Working Agreement는 새로운 멤버가 합류할 때도 큰 도움이 됩니다. 팀이 중요하게 생각하는 가치관이나 행동 규범을 쉽게 알려 줄 수 있기 때문에 팀에 적응하는 데 장애가 되는 벽을 단숨에 낮춰 줍니다. 경력 채용 등의 면접에서 지원자가 팀의 가치관과 맞는지를 판단할 때도 사용할 수 있습니다.

Working Agreement도 인셉션 덱과 같이 항상 떠올릴 수 있도록 팀에서 잘 볼 수 있는 장소에 놓아 두도록 합니다.

니시가타의 해설 ▸ 성공 순환 모델

이번에는 쿠라야시키 씨가 소개한 성공 순환 모델을 설명하겠습니다. 성공 순환 모델은 조직의 성과를 높이기 위해서는 어떤 시점에서 개선해 나가야 할 것인지에 대한 지침을 얻기 위한 프레임워크입니다.

아직 성숙하지 않은 팀이나 성과가 오르지 않는 조직이 깨달음을 얻을 수 있습니다.

여러분이 일하는 곳은 다음과 같은 나쁜 사이클에 갇혀 있지는 않습니까?

〈 나쁜 사이클 〉

결과의 질: 성과가 오르지 않는다.

관계의 질: 대립이 발생하고 강요나 명령이 늘어난다.

사고의 질: 재미가 없고 수동적이 된다.

행동의 질: 자발적이고 적극적으로 행동하지 않는다.

결과의 질: 성과가 오르지 않는다.

결과를 추구하는 동력이 강하면 '결과의 질'을 향상시키는 것에서부터 시작됩니다. '어쨌든 결과를 내자'며 정신론 또는 공포 정치를 앞세우면 단기적으로 효과를 낼 수 있을지는 모르지만, 지속 가능한 페이스는 만들어지지 않을 것입니다.

'결과의 질'이 아니라 '관계의 질'에 문제가 없는지부터 점검하는 것이 좋습니다. 결과나 행동의 질은 비즈니스를 유지하는 동안 업무 목표나 지표가 되기 쉽습니다. 한편, 사고나 관계의 질은 말과 행동으로 보이기 어렵습니다. 멤버의 관계나 사고방식에 관심을 가져야 할 필요가 있습니다.

관계성…. 정신이 아득해지는 이야기라고 생각됩니까? 단기적인 결과를 요구하는 압력에 굴복하지 마십시오.

결과는 행동에, 그 행동은 사고에, 그 사고는 멤버의 관계에 크게 의존합니다. 관계의 질에서 시작하는 것이 지속적인 성과를 내며 성장하기 위한 지름길입니다.

〈 좋은 사이클 〉

관계의 질: 서로 존중하고 함께 생각한다.

사고의 질: 깨달음이 있어 즐겁다.

행동의 질: 스스로 생각하고 자발적으로 행동한다.

결과의 질: 성과가 오른다.

관계의 질: 신뢰 관계가 쌓인다.

스토리 **우리의 Working Agreement**

회고 후 우리는 즉시 Working Agreement를 다듬었다. 이 팀에서 갖고 싶은 가치관, 행동 규범은 무엇인가? 모든 경우를 고려해 일일이 밝혀내는 것이 목적이 아니다. 우선 이제까지의 회고에서 도출된 문제를 중심으로 바람직한 행동은 무엇인지 종합해 보기로 했다.

방금 전과 같이 멤버가 동시에 평행선을 긋기 시작하면 그때는 니시가타 씨가 언질을 주기로 했다. '무엇이 바람직한 것인가?'와 같은 눈높이에서 이야기해도 결론이 나지 않아 인셉션 덱에서 확인한 '우리는 왜 여기에 있는가?'라는 미션과 트레이드 오프 슬라이더를 적용해 보기도 했다. 혼자 정하는 일이 생기지 않도록 서로 물어보면서 모두 함께 생각한다.

처음엔 충돌이 많았던 논의도 조금씩 안정돼 갔다. 모두가 자신의 규칙을 갖고 있었지만, 제품 개발을 잘하고 싶다는 생각은 똑같았다. 대화가 잘 이뤄져 Working Agreement를 정리할 수 있게 됐다.

"Working Agreement도 한 번 정했다고 끝나는 것이 아니예유. 인셉션 덱처럼 회고 등을 할 때 계속 살펴보면서 고쳐 나가는 것이예유."

"그럼 인셉션 덱과 같이 벽에 걸어 두도록 하죠."

이제는 완전히 독기가 사라진 시치리의 제안으로 Working Agreement가 적힌 모조지를 벽에 붙였다. 우랏트 씨가 당황한 채로 시치리를 도왔다.

아직 팀워크라는 말이 마음에 와 닿지는 않지만, 인셉션 덱과 이번 Working Agreement를 확인하면서 팀에 대한 생각이 깊어진 느낌이 들었다.

"이런, 오늘도 벌써 시간이 이렇게…. 회의 내용은 좋았지만 너무 길었습니다."

토바시 씨는 그렇게 말하고는 Working Agreement가 벽에 붙은 것을 확인하지 않고 자기 자리로 돌아갔다. "개발 멤버가 할 일은 여기서 끝일지 모르지만 나는 다음 스프린트 준비를 해야 한다." 토바시 씨는 그렇게 말하고 싶어하는 듯했다. 그리고 무표정한 얼굴로 제품 백로그를 들여다보기 시작했다.

제품 책임자의 이런 태도에 개발팀과의 사이에 벽이 있는 듯한 느낌을 받았다. 그 벽이 다음 사건의 원인이 될 것이라는 생각은 하지 못했다.

서로의 기대를 명확히 하다

스토리 **분노한 제품 책임자**

세 번째 스프린트에서 완성한 제품 백로그의 숫자가 굉장히 적었기 때문에 개발팀은 네 번째 스프린트에서 이를 만회하기 위해 기를 쓰고 있었다. 우랏트 씨와 시치리의 제안으로 네 번째 스프린트 계획에 들어가기 전, 작전 회의를 열었다. 제품 책임자인 토바시 씨도 초대했다.

이번 스프린트에서는 제품 백로그 아이템을 선택할 때 자신이 익숙한 영역에 집중하는 것으로, 오버헤드를 극적으로 낮추는 것에 초점을 맞췄다.

그리고 지금까지의 스프린트에서는 내가 두 사람의 개발을 지원하면서 짝을 이뤄 코드를 작성하는 페어 프로그래밍Pair Programming을 하는 경우가 많았지만, 이번 스프린트에서는 나도 제품 백로그 아이템 개발을 진행하기로 했다.

코드 리뷰는 쿠라야시키 씨에게 도움을 요청했고 우랏트 씨, 시치리 그리고 나 세 명은 코드를 작성하는 데 전념하기로 했다. 서로 공유해야 할 것은 매일 저녁 짧은 회의를 활용하기로 했다.

기본적으로 프로그래머가 코드를 작성하는 시간을 늘리는 계획이었다. 이를 방해하는 요인을 도출해 하나씩 정리해 나간다. 우랏트 씨도, 시치리도 과제를 깊이 파고드는 것을 좋아하게 된 듯하다.

"그러고 보니 제품 백로그 아이템의 인수 조건 말인데요. 이번에는 토바시 씨에 맡겨도 괜찮겠습니까?"

아무렇지도 않게 시치리가 토바시 씨에게 말을 걸었다. 그때까지 잠자코 있던 토바시 씨는 그 말을 듣고 눈을 크게 떴다.

"인수 조건을 나 혼자 정리하라고?"

'이 자식, 무슨 말을 하는 거야.'라고 말하는 듯 토바시 씨의 감정이 급격하게 오르는 것이 보였다. 시치리는 모르는 척하면서 한층 더 그를 자극한다.

"네. 벌써 스프린트를 세 번이나 진행했으니까 팀 모두가 함께 인수 조건을 생각하지 않더라도 토바시 씨가 하실 수 있죠?"

확실히 이제까지는 인수 조건을 팀 모두가 생각하는 방식을 고집해 왔다. 그 덕분에 프로그래머는 무엇을 만들어야 하는지를 확실히 알 수 있어서 빠짐없이 생각할 수 있었다. 확인하고 싶은 것이 있으면 그 자리에서 할 수 있다. 인식의 차이를 줄이는 데 있어 무엇보다 큰 역할을 했다.

한편, 시간이 너무 많이 걸리는 것도 사실이었다. 모두 함께 확인하는 것은 좋지만 토바시 씨는 거의 아무런 준비도 없이 회의에 참석하기 때문에 되려 쓸데 없이 시간이 걸리는 느낌이다.

"난 제품 백로그를 생각하는 것만으로도 벅차. 매번 요구사항을 정의하고 있다고."

매번 요구사항을 정의한다. 그 자체는 그야말로 반복적으로 개발을 수행하는 지금의 개발 방식의 목표 중 하나였다. 이 점을 지적해도 받아들일 수 없을 정도로 토바시 씨의 감정은 격앙돼 있었다.

이 이상으로 감정이 실린 말다툼이 돼 버리면 작전 회의고 뭐고 끝이다. 나는 두 사람의 대화에 끼어들었다.

"확실히 개발이 가능할 정도로 인수 조건을 충분히 정리하는 작업을 제품 책임자가 혼자 떠맡는 것은 부담이 커. 토바시 씨에게는 어떻게 하면 완료라고 판단할 수 있을지에 관해 대략적으로 정리를 부탁드리는 것은 어떨까? 그걸 스프린트 계획에서 개발팀이 받은 후 세부적으로 정리하는 걸로…."

시치리와 우랏트 씨는 내 쪽으로 고개를 돌렸다. 나는 말을 계속했다.

"나는 인수 조건을 다같이 생각하면서 얻을 수 있는 장점이 많다고 생각해. 문서에 상세하게 기록된 내용을 그대로 받아 '네, 그대로 코드를 구현하겠습니다.'와 같은 건 하고 싶지 않으니까."

두 사람은 내 말에 동의했다. 하지만 토바시 씨는 그다지 맘에 들어 하지 않는 듯했다. 토바시 씨는 단지 자신의 일이 조금이라도 늘어나는 것이 싫은 눈치다. 가만히 지켜보고 있던 쿠라야시키 씨도 내 말을 거들었다. "토바시 씨가 초안을 만드는 작업은 나도 돕기로 하지."

상황이 이렇게까지 되자, 토바시 씨도 받아들일 수밖에 없었다.

"알았다고."

토바시 씨는 퉁명스럽게 말을 마쳤다.

팀은 네 번째 스프린트에 돌입했다. 미리 생각해 둔 작전을 하나씩 실행해 나간다. 실제로 모든 작전이 효과적이지는 않았지만, 개발팀은 열의에 가득차 있었다.

데일리 스크럼에서도 다양한 아이디어를 쏟아 냈다. 그러다 이번엔 우랏트 씨가 문제를 제기하면서 흐름이 다시 끊겼다. 데일리 스크럼에서는 오늘 오전 중에 이 문제에 관해 이야기한다는 것으로 이야기를 마쳤다.

"이번 스프린트의 인수 테스트는 어떻게 하나요?"

인수 테스트는 인수 조건을 만족하는지를 확인하기 위한 테스트다. 우랏트 씨의 물음에 시치리가 "이번엔 무슨 일인데?"라고 되물었다.

"어떻게라니? 무슨 말인지 모르겠네. 데모 전에만 작성하면 되는 거 아냐?"

우리는 스프린트 리뷰에서 데모를 끝낸 후 필요한 사양을 만족한다고 판단한 제품 백로그 아이템에 대해 인수 테스트를 수행하고 있다. 테스트 시나리오는 개발팀이 작성하고 토바시 씨가 테스트를 수행한다.

"하지만 테스트 시나리오를 작성하는 만큼의 시간을 또 빼앗기고 말아요."

우랏트 씨의 대답에 시치리는 "그렇네."라며 받아들였다. 이 두 사람은 이제 완전히, 코드를 작성할 시간을 늘리는 데만 몰두하고 있었다.

"이제 토바시 씨가 등장할 차례예요."

시치리가 또다시 토바시 씨를 건드린다. 테스트 시나리오 작성을 토바시 씨에게 맡길 생각인 것 같다. 이렇게 물어본다고 해서 토바시 씨가 "어, 그래~" 하고 순순히 받아들일 리가 없다. 그걸 이미 알고 있으면서 어째서 시치리라는 남자는 똑같은 일을 반복하는 걸까? 이야기를 정리해야 하는 나에게는 신경조차 쓰지 않겠지.

속이 부글거리기 시작하는 순간, 토바시 씨가 대답했다.

"장난하지 마. 나를 뭐로 생각하는 거야!"

"별로, 토바시 씨에게 아무거나 전부 맡기려는 건 아니에요. 하지만 토바시 씨는 코드를 작성하지 못하지 않습니까? 그렇다면 코드를 작성하는 사람이 코드를 작성할 시간을 확보하도록 코드 작성 이외의 다른 일은 그 외의 사람이 하는 편이 효율적이지 않을까요?"

시치리의 말에 우랏트 씨도 동의한 듯 고개를 크게 끄덕인다. 토바시 씨의 감정이 한 번에 폭발했다.

"너희들은 제품 책임자가 놀고 있다고 생각하는 건가?"

"하지만 코드를 작성하지 않잖아요."

시치리도 물러서지 않는다.

"말이 통하지 않는구먼. 됐어. 너희 맘대로 하라고!"

토바시 씨는 손에 들고 있던 종이 뭉치를 책상에 내던졌다. 제품 백로그를 프린트한 것이었다. 구석구석 빼곡하게 손글씨가 쓰여 있었다. 문득 눈에 띈 것은 '인터넷 익스플로러에서 동작하나?'였다.

토바시 씨는 그 장소를 떠나려 하고 있었다. 토바시 씨의 반응에 시치리도, 우랏트 씨도 순간적으로 몸이 굳어 미동도 하지 못했다.

팀이 엉망진창이 되는 것만은 막아야 해. 토바시 씨에게 말을 걸려는 순간, 그보다 빨리 토바시 씨의 발걸음을 누군가 막아 섰다. 니시가타 씨였다.

"이런, 이런, 그렇게 말하면 안 되지유."

토바시 씨를 말렸다. 토바시 씨도 칼을 들었으니 무라도 자르지 않으면 체면이 말이 아니다. 그는 니시가타 씨의 말을 기다리고 있었다.

"이렇게 역할의 경계를 막무가내로 바꾸려고 하면 받아들이지 못하는 게 당연하지유."

이 정도의 속도로 일하는 방식을 바꿔 나가는 것이 이상적인지 모르겠지만, 우리 팀은 아직 그 정도까지는 이르지 않은 것이다. 니시가타 씨는 이를 잘 알고 있는 듯했다.

"이 참에 각자 수행해야 할 역할은 무엇인지 그리고 서로 어떤 행동을 기대하는지 확실히 해보도록 하지유."

우랏트 씨는 이 분위기를 어떻게든 바꿔야겠다는 듯 니시가타 씨의 말에 대답한다.

"니시가타 씨, 어떻게 확실히 할 수 있나요?"

"맡겨 봐유." 이 도시에서는 절대로 들을 수 없을 듯한, 경쾌한 간사이 사투리가 이때만큼은 정말 고마웠다.

니시가타의 해설 ▶ 기대의 차이를 줄이는 드러커 엑서사이즈

▶▶▶ 서로에 대한 기대가 일치하는 팀

팀은 다양한 이유를 가진 사람들로 구성됩니다. 대개의 경우, 모두가 서로에 관해 잘 모르는 상태로 시작합니다. 어떤 경험을 쌓아왔는지, 어떤 일을 잘하는지, 잘하지 못하는 일은 무엇인지, 어떤 가치관을 갖고 있는지 등 일을 잘하기 위해 서로에 대해 알아 두고 싶은 것입니다.

그렇지 않으면 상대에게 어떤 일을 의뢰하는 것이 좋은지, 함께 일을 하는 경우에는 어떤 방법으로 하는 것이 좋은지 알 수 없기 때문입니다.

서로를 잘 모르는 상황에서 무리하게 일을 추진하려고 하면 기대하는 바가 달라 업무 진행 도중에 사고가 발생할 수 있습니다. 당연히 퍼포먼스가 나지 않고 재작업도 줄지 않고 커뮤니케이션도 잘되지 않아 스트레스가 늘어갈 뿐입니다.

그렇기 때문에 '팀에서 할 수 있는 기대'를 맞출 필요가 있습니다. 퍼포먼스가 좋은 팀의 특징 중 하나는 구성원 각자의 특기나 가치관 또는 서로 기대하는 바를 함께 이해하고 있는 것입니다.

팀원 각자가 완결된 업무를 수행하고 단지 그 총량만이 팀의 아웃풋이 되는 상태는 아직 팀이라고 부를 수 없습니다.

기대가 맞는 팀은 함께 일하기 쉽고 뒤를 지켜준다는 느낌을 갖게 됩니다. 서로의 특기를 합쳐 뭔가를 만들어 나가게 됩니다. 단순히 각 멤버의 힘을 더한 것 이상의 퍼포먼스를 발휘할 수 있는 팀이 되는 것입니다.

▶▶▶ 두 가지 기대 매니지먼트

여러분은 '매니지먼트'라는 용어를 어떻게 생각하십니까? 관리, 계획, 경영, 매니저와 같은 느낌인가요? 매니지먼트에는 '목적이나 목표를 달성하기 위해 필요한 것이 무엇인지를 파악하고 표적을 향해 겨눈 활을 당기고 있는 손을 적절한 타이밍에 놓는 것'이라는 의미가 담겨 있습니다.

앞서 설명한 '기대' 역시 매니지먼트 대상 중 하나입니다. 프로젝트의 목적이나 목표를 달성하기 위해 필요한 '기대'가 어떤 상태인지 파악하고 기대를 맞추도록 기회를 놓치지 않고 쏘는 것, 즉 팀에 대한 기대도 그냥 내버려 둘 대상이 아니라는 것입니다.

불확실한 요소가 많아, 난이도가 높은 프로젝트일수록 '기대 매니지먼트'에 신경 써야 합니다. 좀 더 구체적으로 다음 '두 가지의 기대'를 매니지먼트합니다.

① 내적 기대: 팀에 관한 기대
② 외적 기대: 프로젝트 관계자에 관한 기대

내적 기대와 외적 기대는 2개의 바퀴라고 생각하는 것이 좋습니다. 양쪽 모두 무시할 수 없습니다. 앞서 설명한 인셉션 덱은 내적 기대와 외적 기대를 맞추는 데 효과가 있습니다. 특히 프로젝트 관계자(팀 외부)와 팀 사이의 기대를 매니지먼트하기 위해서는 반드시 인셉션 덱을 만들어야 합니다.

인셉션 덱에 관해서는 11장에서 소개했습니다. 13장에서는 내적 기대 매니지먼트를 위한 '드러커 엑서사이즈'를 소개합니다.

▸▸▸ 드러커 엑서사이즈

드러커 엑서사이즈The Drucker Exercise는 《애자일 마스터》에서 소개된 바 있는 팀 빌딩 방법으로, 서로의 기대를 맞추는 데 도움이 됩니다. 4개의 질문을 통해 기대를 조정해 나갑니다.

왜 '드러커 엑서사이즈'라고 부르는가? 피터 드러커를 알고 있습니까? 드러커의 책을 읽어볼 것을 추천합니다. 지금부터 할 질문은 모두 드러커가 사용할 만한 질문입니다. 그런 이유로 '드러커 엑서사이즈'라고 불리는지도 모르겠습니다.

드러커 엑서사이즈에서는 다음 4개의 질문을 합니다.

① 내가 잘하는 것은 무엇인가?
② 나는 어떻게 공헌할 것인가?
③ 내가 중요하게 생각하는 가치는 무엇인가?
④ 팀 멤버는 나에게 어떤 성과를 기대한다고 생각하는가??

※ 위 4개의 질문은 《アジャイルサムライ―達人開発者への道―》(Jonathan Rasmusson 저, 西村直人/角谷信太郎 감수, 近藤修平/角掛拓未 역, オーム社, 2011)에서 인용

	에노시마	토바시	시치리	우랏트
내가 잘하는 것				
어떻게 공헌할 것인가?				
중요하게 생각하는 가치				
멤버의 기대?				

그림 2-8 **드러커 엑서사이즈**

참가자는 각자 포스트잇 등에 자신의 의견을 적어 다른 멤버와 공유합니다. 대화를 통해 서로에 관해 더 깊이 이해해 나갑니다.

드러커 엑서사이즈를 할 때는 심리적으로 안전한 장소에서 대화를 진행하는 것이 중요합니다. 자신이 중요하게 생각하는 가치관이나 특기라고 생각하는 것을 이야기했는데 그 자리에서 부정당하면 감정이 상해 이야기를 이어 나가지 못하게 됩니다.

가슴에 응어리가 맺혀 있으면 좋은 팀이 될 수 없으며, 아무리 오랜 시간이 지나도 기대에 부응하기 어렵습니다.

그렇기 때문에 이야기를 자유롭게 나누기 위해서는 가장 먼저 이곳이 심리적으로 안전하다는 것을 모두가 인식해야 합니다. 퍼실리테이터나 리더는 솔선해서 그 장소가 안전한 장소임을 공식적으로 선언하는 것이 좋습니다. 대화 중 상대를 비판하거나 부정하지 않는다는 그라운드 룰을 확실하게 인식시키는 것이 좋습니다.

▶▶ 다섯 번째 질문: 그 기대가 내 생각과 맞는가?

앞의 4개 질문에 하나의 질문을 추가하겠습니다. 앞서 설명했듯이 드러커 엑서사이즈에서 사용하는 4개의 질문은 모두 자신의 시점이 기준입니다. 즉, 본인의 주관에 따라 답하는 것입니다. 다섯 번째 질문에는 자신이 아닌 팀의 다른 멤버가 대답합니다.

스스로 대답한 후 '내 생각과 다른 사람의 기대가 맞는지'를 다른 멤버로부터 인식하면 보다 나은 피드백을 얻을 수 있습니다. 주변에서 '나에게 기대하는 것'에 관해 내 생각을 조정할 수 있기 때문입니다.

'④ 팀 멤버는 나에게 어떤 성과를 기대한다고 생각하는가?'라는 대답에 대해서는 5단계 투표로 피드백할 수 있습니다.

① 전혀 맞지 않는다
② 약간 맞지 않는다
③ 보통
④ 대개 맞는다
⑤ 정확하게 맞는다

▶▶ 일방적인 강요에서 공동의 이해로

마지막으로 한 가지 주의할 점이 있습니다. 사람은 본능적으로, 자신의 기대를 다른 사람에게 강요합니다. 이와 반대로 필요 이상으로 자신을 꾸짖으며 기대를 저버리기도 합니다. 그리고 기대가 맞지 않기 때문에 과도한 스트레스가 쌓이거나 불만을 표출합니다.

단순히 프로젝트 태스크를 나눠 진행하는 것만으로는 개인의 생각이나 가치관을 알 수 없습니다. 의도적으로 섞이도록 해야 합니다. 드러커 엑서사이즈와 같이 말입니다.

기대 매니지먼트를 통해 서로의 기대를 가시화하고 생각하는 방식이나 그 존재를 인정하면서 공동의 이해를 길러 나가야 합니다. 서로의 기대가 맞는 팀은 퍼포먼스를 끌어낼 수 있습니다. 팀으로 최고의 결과를 만들어 갑시다.

스토리 기대의 어긋남을 조정하다

토바시 씨는 드러커 엑서사이즈를 통해 웹 애플리케이션 개발 경험이 없다는 것을 알았다. 품질 관리부에서 오랫동안 일했기 때문에 테스트에 관해서는 정통했지만, 개발 경험은 거의 없었던 것이다.

그렇기 때문에 이번 개발에서 새로운 프로세스를 좇아가는 것만으로도 벅찼고, 웹 애플리케이션 개발의 걸음마 단계부터 캐치업해야만 했다.

토바시 씨 개인의 부담은 개발팀이 생각했던 것보다 훨씬 컸다. 따라서 인수 테스트를 끌어내는 것은 이미 누가 보더라도 현실적이지 않았다.

드러커 엑서사이즈를 통해 서로의 기대를 가치화하고 그 기대가 실제와 다르다는 대화를 한 덕분에 알게 된 사실이었다. 토바시 씨는 모두가 그에게 기대하는 것에 대해 드디어 "아니요."라고 대답할 수 있었다.

"어때유, 해볼 만하지유?"

니시가타 씨는 조금 뻐기듯이 팀을 둘러봤다. 확실히 기대의 근본적인 차이를 조정하지 않으면 이후에도 이와 똑같은 일이 일어날 것이다. 이런 활동을 의도적으로라도 하지 않으면 기대의 차이를 좀처럼 바깥으로 드러내기 어렵다.

제품 책임자와 개발팀 사이의 기대를 맞춘 것뿐이 아니었다. 나와 팀, 쿠라야시키 씨와 팀 사이에서도 새로운 것을 발견했다.

나와 쿠라야시키 씨 중 누가 진짜 리더인지 모호했던 것 같다. 회사 체제상 공식적인 리더는 쿠라야시키 씨지만, 킥오프 당시 나를 리더로 지명했다. 멤버가 혼란스러운 것도 당연하다.

쿠라야시키 씨는 그 자리에서 다시 한번 '에노시마가 리더다.'라고 선언해 모두의 의문을 깨끗이 해소했다. 이런 점에서의 그의 강인함은 변함 없었다.

토바시 씨는 어딘가 안심한 듯한 느낌이었다. 시치리와 우랏트 씨는 말이 심했다고 사과했다.

세 사람은 대립을 잘 넘어선 것 같았다. 엑서사이즈의 결과를 보면서 이야기의 발단으로 다시 돌아갔다.

"그럼, 인수 테스트는 스프린트 리뷰 시의 데모 시나리오를 활용해 개발팀이 정리합니다. 그것을 제품 책임자가 확인해 수정한 후 구현합니다. 이렇게 정리하면 되겠습니까?"

그 누구도 이의를 제기하지 않았다.

"문제는 없습니다."라고
말하는 문제

스토리 문제는 없습니다. 정말?

네 번째 스프린트가 순식간에 지나가고 다섯 번째 스프린트에 들어섰는 데도 열기는 식지 않았다. 네 번째 스프린트의 벨로시티를 뛰어넘을 것 같았다. 팀이 구성되기 전까지는 서로 전혀 몰랐지만, 최근 2개월 동안 Working Agreement, 인셉션 덱, 드러커 엑서사이즈를 통해 점점 팀이라고 부를 수 있게 됐다.

한편으론 다행이라고 생각한다. 다섯 번째 스프린트도 중반에 이르렀을 즈음, 데일리 스크럼을 마치고 뭔지 모를 위화감을 느꼈다. 데일리 스크럼에서의 발언 내용이 똑같 아지고 있었다. 데일리 스크럼에서는 어제 한 일, 오늘 할 일, 곤란한 일을 각자 이야 기한다.

물론 작업 중인 제품 백로그 아이템과 작업을 수행하는 제품 백로그 아이템이 매일 바뀌지만, 발언 내용에 굴곡이 없다고 해야 할까? 어제와 오늘 일어난 일을 무덤덤하 게 이야기하고 "큰 문제는 없어요."라고 말하면 끝이다.

다른 멤버도 조금씩 이 리듬을 타고 있는 듯했다. 아마도 한 두번 정도 데일리 스크 럼을 하지 않더라도 문제가 없을지도 모른다.

네 번째 스프린트 시점에 느꼈던 긴박감이 적어졌다. 일은 진행되고 있지만, '어쨌든 잔잔하게 지나간다.'라는 느낌이 강하게 든다.

팀으로 일하는 것은 정말 큰 일이다. 활 시위에서 손을 뗐다고 생각하면 다시 새로운 일이 발생한다. 그것도 현상은 같지만 원인은 다르다. 이번의 '잔잔한 느낌'은 이전 인셉션 덱을 만들기 전에도 느끼기는 했지만 그때와 지금은 분명히 다르다.

우선 쿠라야시키 씨에게 상담해 보기로 했다. 쿠라야시키 씨도 데일리 스크럼에 참석하고 있다.

"잔잔한 느낌이 있기는 하지만… 그게 무슨 문제라도 있는 거야?"

확실히 일은 진행되고 있다. 오히려 진척 상태가 매우 좋다.

"신경 쓰이는 건 쿠라야시키 씨가 지적하는 양입니다."

"지적하는 양?"

"네 번째 스프린트에 이어 이번 스프린트에서도 쿠라야시키 씨께 코드 리뷰를 부탁드리고 있는데, 논리적 오류에 관한 지적이 많아지지 않았습니까? 시치리의 코드에서 지적한 내용을 우랏트 씨에게도 똑같이 해야 하구요. 그 반대도 있다고 생각합니다."

그렇게 말하자 쿠라야시키 씨는 머리 뒤로 깍지를 꼈다. 뭔가 생각하고 있는 것 같다. '확실히 그렇다.'는 느낌으로 고개를 끄덕였다.

"그러고 보니 그렇네. 다섯 번째 스프린트에서는 확실히 늘어나고 있지."

우랏트 씨, 시치리, 내가 코드를 작성하고 쿠라야시키 씨가 혼자 코드 리뷰를 담당하게 된 후로 프로그래머끼리는 서로 피드백을 거의 주고받지 않게 됐다. 쿠라야시키 씨가 문제를 발견하지 못한다면 코드가 엉망진창이 될 게 뻔했다.

이처럼 누군가에게 의존하게 되는 문제는 쿠라야시키 씨가 가장 싫어하는 것이었다.

"내가 트럭 번호 1번이 돼 버린 건가?"

여기서 트럭 번호란, 제품 또는 팀에 있어서 '트럭에 치이면 프로젝트가 멈춰 버리거나 팀 활동 자체가 곤란하게 되는 사람의 숫자'를 의미한다. 당연히 이 숫자가 작을수록 리스크는 높다. 본인을 대신해 일할 사람이 적기 때문이다. 코드의 품질을 지키는 사람이라는 관점에서 쿠라야시키 씨가 트럭 번호 1번이라고 할 수 있다.

"코드 리뷰는 팀에서 돌아가면서 하는 것이 좋지."

쿠라야시키 씨는 코드 리뷰를 담당하는 사람은 언제라도 늘릴 수 있다고 이야기했다. 아니, 진짜 문제는 이게 아니다. 쿠라야시키 씨도 생각을 고친 듯 팀의 상황을 종합해 보기 시작했다.

"다양한 팀 빌딩 활동을 통해 각자 자율적으로 일할 수 있게 됐다. 더욱이 인수 조건의 정리를 시작으로, 제품 백로그 아이템의 독립성을 높일 수 있게 됐다. 즉, 팀으로서의 숙련도가 올라간 덕분에 멤버 사이의 커뮤니케이션이 줄어들더라도 업무는 진행되는 상태가 됐다."

쿠라야시키 씨는 여기까지 분석한 후 이야기를 이어가라는 듯이 나를 쳐다봤다.

"제품 백로그 아이템별로 세로 분할이 일어나고 있는 거군요."

'다른 사람의 상황에 신경 쓰지 않고서도 내 일을 할 수 있다.'라고 생각하게 돼 버린다. 세로 분할화가 내가 '업무가 잔잔해졌다.'고 느꼈던 나쁜 예감의 정체였다. 과거 코베바시 씨의 팀에 있던 때처럼 팀이 아니라 단지 개인이 모여 있을 뿐인 상태로 일하고 싶지 않았다.

"팀에서 하는 일이 공유되지 않고 정합성을 유지할 수 없는 것뿐 아니라 다른 문제도 일어나게 되겠지."

쿠라야시키 씨는 마치 예언을 하는 듯했다. 나를 흘끗 쳐다보는 이유는 '스스로의 힘으로 답에 도달해 보는 게 어때?'라고 묻는 것이리라. 하찮은 대답이 될지도 모르지만 생각할 기회를 얻은 것은 내게는 잘된 일이다.

"모두에게 일어나고 있는 문제가 개인에게 가려져 다른 사람이 보지 못하게 되는 거야."

그 결과, 이미 그 문제가 충분히 커진 후에야 문제를 보게 된다. 그땐 이미 되돌릴 수 없는 상태일 것이다.

나는 데일리 스크럼에서 모두가 "문제는 없습니다."라고 한 말을 떠올렸다. 정말 아무 문제가 없는 걸까? 평소 대화를 많이 나누지 않기 때문에 상상도 할 수 없었다.

그때였다. 시치리가 대화에 끼어들었다.

"우랏트 씨가 아직 오지 않았습니다."

시계를 본다. 벌써 데일리 스크럼 시작 후 5분이 지났다. 시간에 누구보다 엄격한 우 랏트 씨가 아무 연락도 없이 늦는 일은 있을 수 없었다.

쿠라야시키 씨가 내 눈을 똑바로 쳐다봤다.

"문제는 생각지도 못한 형태로 나타나지. 그 배후에 있는 것을 놓쳐서는 안 돼."

나는 그 기세에 눌려, 우랏트 씨의 휴대 전화번호를 찾았다.

니시가타의 해설 ▶ 파이브 핑거로 위험 신호를 감지하자

▶▶▶ 위험 신호를 캐치하자

'멤버가 갑자기 오지 않는다.'는 것은 뭔가 문제가 일어나고 있다는 신호입니다. 실제 로 멤버가 오지 않는다는 것은 그 문제가 이미 상당히 심각한 상태일 가능성이 높으 므로 이보다 앞서 위험을 감지하는 것이 바람직합니다.

우랏트 씨와 통화를 마치고 나면 에노시마 씨에게는 내가 문제를 감지하는 방법에 대해 이야기해 두겠습니다.

5장의 아침 회의 설명에서 다뤘듯이 데일리 스크럼에서는 다음과 같은 세 가지를 이 야기합니다.

☐ 개발팀이 스프린트 골을 달성하기 위해 내가 어제 한 일은 무엇인가?

☐ 개발팀이 스프린트 골을 달성하기 위해 내가 오늘 할 일은 무엇인가?

☐ 나 또는 개발팀이 스프린트 골을 달성했을 때의 장애물을 목격했는가?

세 번째 질문에는 문제를 직접적으로 발견하려는 의도가 담겨 있지만, 실은 '장애물' 이나 '문제'의 정의가 사람마다 다른 경우가 있기 때문에 문제가 드러나지 않을 수도 있습니다. 좀 더 노력하면 자신이 해결할 수 있는 일이기 때문에 '장애물'이라고까지 는 이야기하지 않아도 된다고 판단하면 거기서 끝입니다.

그렇기 때문에 팀원 각자가 '반드시 문제는 있다.'라는 전제 아래 데일리 스크럼에 참여하는 것이 좋습니다. '문제가 없다.'는 것이 바로 문제라고 말해도 좋을 정도입니다.

모두가 깨닫지 못하는 문제가 어딘가에 묻혀 있을 가능성이 있다는 의미이기 때문입니다.

데일리 스크럼에서 던지는 질문만으로는 충분하지 않습니다. 팀에서 발생하는 문제나 시그널은 다양한 형태로 나타납니다. 이들을 방치하면 멤버의 건강에도 영향을 미칩니다.

정신적인 건강 상태가 신체적인 건강 상태로 이어집니다. 그 반대의 경우도 마찬가지입니다. 그렇기 때문에 표정이나 말투, 지각이나 결근 등의 신호가 나타났을 때 보고 그대로 넘겨서는 안 됩니다.

수용력이 높고 성실하게 행동하는 특성을 가진 멤버일수록 버텨내려는 경향이 있습니다. 그런 멤버야말로 생각을 직접 전달하지 못하곤 합니다.

또한 현장에 마이너스 기운이 발생하는 경우도 있습니다. 아무런 말도 하지 않는 분위기와 평가가 낮아지지는 않을까, 어느 날 갑자기 내 자리가 사라지지 않을까 하는 심리적인 불안감도 이와 마찬가지입니다.

마이너스의 분위기뿐 아니라 좋아질 것이라 생각하고 누군가가 필사적으로 노력하는 경우에도 '아무것도 말하지 않는 문제'가 일어날 수 있습니다. '저 사람도 열심히 하니까 나도 열심히 해야지!'라며 스스로 문제를 억누르게 되는 것입니다.

이건 매우 성가신 문제입니다. 그렇기 때문에 '팀 전체가 함께 문제를 발견하면 좋겠다.'고 말하는 것입니다. 리더 혼자 신경 쓰는 것만으로는 감당하지 못할 가능성이 높습니다.

▶▶▶ 5개의 손가락을 사용합니다

이번에는 파이브 핑거Five Finger를 소개합니다.

파이브 핑거는 개인이 '실제로 어떻게 생각하고 있는지'를 다섯 손가락으로 표현하는 프랙티스입니다. 스프린트나 업무의 현재 상황을 어떻게 생각하는지 표시합니다.

5개: 정말 잘되고 있다

4개: 잘되고 있는 것 같다

3개: 잘되는 것도 그렇지 않은 것도 아니다

2개: 약간 불안하다

1개: 절망적이다

우선 손가락을 펴 보이기 전에 자신에게 질문해 봅니다. 주변 사람의 생각에 좌우되지 않도록 자신에게 솔직해야 합니다. 순간적으로 조건 반사처럼 대답하는 멤버가 있는 반면, 천천히 생각하며 대답하는 멤버가 있을 것입니다. 그런 경우에는 충분히 생각하는 멤버가 답을 결정할 때까지 기다립니다. 압박을 줘서는 안 됩니다.

모두의 의견이 각자 정리되면 전원이 함께 손가락을 사용해 의견을 표시합니다. 누가 얼마만큼의 숫자를 표시했는지 확인해 봅니다. 크게 다른지, 거의 비슷한지도 확인합니다.

그 후에 가장 적은 손가락을 편 멤버의 의견부터 먼저 들어봅니다. 점수가 높은 사람의 의견을 먼저 들으면 부정적인 이야기를 꺼내기 어려워지기 때문입니다.

모두 경청해야 합니다. 만약 의견이 부정당한다면 이후 아무도 속마음을 이야기하지 않을 것입니다. 파이브 핑거의 목적은 문제를 감지하는 것이므로 의견에 대한 판단은 금물입니다.

낮은 점수를 표시한 멤버는 팀의 다른 멤버가 아직 깨닫지 못하고 있는, 걱정되는 점을 먼저 파악하고 있는 것일 수 있습니다. 팀이나 프로젝트를 잘 해나가기 위한 힌트가 바로 여기에 있습니다.

5점을 낸 멤버의 의견은 물론, 1점을 낸 멤버의 의견도 동일하게 중요합니다. 누군가의 불안감을 제거할 아이디어를 갖고 있을 수도 있습니다.

팀 멤버 모두가 파이브 핑거를 표시함으로써 '문제를 가진 멤버를 팀에서 서포트할' 방법을 찾아낼 수 있습니다. 파이프 핑거는 이와 같은 커뮤니케이션 촉진 효과가 있습니다. 발언하는 기회, 경청하는 기회, 정보를 수집하는 기회를 늘릴 수 있습니다.

데일리 스크럼 중 자연스럽게 곤란한 일을 표현할 수 있도록 매일 지속해 봅니다. 질문을 던지는 주제는 다양할수록 좋습니다.

"오늘 팀의 상황을 파이브 핑거로 표현하면?"

"이 프로젝트는 앞으로 잘될까요?"

"우리가 만들고 있는 프로젝트를 사용자가 받아 줄까요?"

주제가 너무 커서 의견을 내기 힘든 경우에는 주제를 바꾸는 것도 좋습니다. 예를 들면 다음과 같이 할 수 있습니다.

"이번 스프린트부터 시작한 페어 프로그래밍은 어떤가요?"

"파이브 핑거로~"

"짠!"

매니저나 리드 엔지니어가 딱딱하거나 성실한 말을 할수록 다른 멤버가 발언하기 어려워집니다. 그러므로 만약 여러분이 높은 위치에 있거나 멤버의 눈에 띄는 존재라면 가벼운 농담을 던져 발언의 벽을 낮추는 것이 좋습니다.

스토리 › 파이브 핑거로 인식의 차이를 알다

난 우랏트 씨가 일에 쫓기고 있다는 것을 전혀 눈치채지 못했다. 나뿐 아니라 다른 멤버도 마찬가지였다. 우랏트 씨는 매일 태스크를 완료해야 한다는 것에 쫓겨 막다른 길에 몰려 있었다.

제품 백로그를 해치우기 위해 세로 분할화가 진행되면서 서로의 상태를 공유하는 일이 적어져 어떤 상황이 발생했는지도 몰랐던 것이다.

다른 사람의 일은 물론이거니와 내가 하고 있는 일에 대해서조차 모르게 됐다고 생각했다. 우랏트 씨는 스스로를 궁지에 몰아넣었다. '더 할 수 있다. 더 해야만 한다.'라면서…. 다른 멤버와 조금이라도 이야기를 나눴다면 이미 자신이 너무 열심히 하고 있다는 것을 알아챘을지도 모른다. 다른 사람이 주는 피드백을 통해 스스로 깨달을 수 있기 때문이다.

우리는 니시가타 씨의 제안으로 데일리 스크럼에서 파이브 핑거를 시작하기로 했다. 매일 스프린트에 대한 자신의 생각을 표시한다. 정말 잘하고 있다면 손가락 5개, 전혀 안 되는 상황이어서 절망적이라면 손가락 1개라는 기준으로 평가했을 때 몇 개의 손가락을 펼 것인가?

이틀 후에 돌아온 우랏트 씨를 반기며 팀에서 곧바로 파이브 핑거를 해본다. 시치리는 4개, 나는 3개, 토바시 씨는 2개. 쿠라야시키 씨는 3개. 우랏트 씨는 1개였다.

"우랏트 씨, 1점 밖에 안 되면서 왜 데일리 스크럼에서 곤란한 일 없다고 했어요?"

시치리가 즉석에서 쿡쿡 찔렀다. 우랏트 씨는 아직 진정되지 않은 상태라 제대로 입을 열지 못했다.

"열심히 하면 할 수 있으니까, 곤란하지 않았죠."

내가 우랏트 씨를 대변했다. 그렇다. 열심히 하면 할 수 있다. 그러니까 곤란한 것이 아니다. 하지만 언제까지고 열심히만 할 수 있는 건 아니다. 우랏트 씨는 작은 목소리로 "맞아요."라고 대답했다.

파이브 핑거로 간단하게 생각을 표현할 수 있고 더욱이 팀 상황의 이상한 변화나 인식의 차이를 파악할 수 있다.

"지금부터는 내가 도울 테니까 혼자 다 끌어안고 가지 말아요!"

손가락 4개를 보여 주면서 시치리가 우랏트 씨에게 말을 걸었다. 우랏트 씨는 조금은 기쁜 듯 미소를 지었다. 기운을 찾은 것 같다.

팀이 일을 너무 많이 해도 문제는 일어난다. 벨로시티가 올라간다고 해서 무작정 좋은 것만은 아니다. 마치 사람의 몸처럼 너무 혹사하면 이런 반응이 온다. 이번에는 빨리 알게 돼 다행이었다. 그대로 됐다면 다음은 시치리가 쓰러져 버릴지도 모른다.

토바시 씨가 손가락 2개를 편 채로 이야기했다.

"자네들, 내 손가락은 이대로 두려는 건가?"

드물게도 쿠라야시키 씨가 토바시 씨를 놀렸다.

"토바시 씨의 경우는 2개가 다른 사람의 3개와 같은 의미잖습니까."

정말 오랫만에 팀에 웃음 소리가 돌아왔음을 느꼈다.

제 **15** 장 ──────────────

팀과 제품 책임자의 경계

[스토리] **혼란한 제품 책임자**

여섯 번째 스프린트의 스프린트 리뷰를 맞이하는 토바시 씨는 다시 패닉에 빠졌다. 토바시 씨의 파이브 핑거는 계속 2개였다. 스프린트 리뷰가 가까워진다는 것은 그다음 스프린트가 보이기 시작한다는 것이고 다음 제품 백로그를 정리해야만 한다는 것이다. 일곱 번째 스프린트에 대한 준비는 전혀 돼 있지 않은 듯했다.

"제품 책임자로서 스프린트 리뷰 준비를 해야만 해. 그리고 다음 스프린트를 위한 제품 백로그를 정리해야만 해."

파이브 핑거에서 2점을 낸 이유를 말하는 도중, 토바시 씨는 계속 같은 내용을 반복했다. 시치리가 '또요?'라는 표정으로 어쩔 수 없이 말을 자른다.

"다음 스프린트 준비에 시간을 할애해 주세요. 데모도, 인수 테스트 시나리오도 개발팀에서 생각하고 있으니 데모에서 하실 일도 그렇게 많지 않잖아요."

토바시 씨가 눈을 크게 치켜뜨면서 시치리의 말을 잘랐다.

"완료 판단은 제품 책임자인 내가 한다고! 당연히 완료됐다고 판단해도 될 것인지, 판단을 내리기 위해 무엇을 확인해야 하는지…."

'너희가 내가 느끼는 압박을 알 리가 있나!'라는 말만 되풀이할 뿐이었다.

큰 인식의 차이가 있다면 문제겠지만, 조정 가능한 레벨이라면 완료라고 판단하고 다른 제품 백로그 아이템으로 조정하거나 피드백에 관한 대응을 해도 될 텐데…. 토바시 씨는 아직도 반복하면서 진행하는 개발에 익숙하지 않은 것 같다.

"알았어요! 그럼 우리가 뭘 할 수 있는 건가요?"

시치리도 질세라 목소리를 높였다. 그 말에 토바시 씨도 할 말이 없는지 입을 닫아 버렸다. 팀을 만들고 3개월이 지난 지금에도 제품 책임자와 개발팀의 이런 대화는 변함이 없다. 앞으로 한 달, 남은 스프린트는 두 번 뿐이다.

다음 스프린트부터 프로젝트 종반을 향하는 시점인지라 남아 있는 제품 백로그 전부를 두 번의 스프린트에 넣지 못하는 것은 확실했다. 이 점에 관해서는 누구도 필요 이상으로 신경 쓰지 않았다. 인셉션 덱의 트레이드 오프 슬라이더 범위는 네 번째 우선 요소였다.

프로젝트 종반이기 때문에 무엇을 해야 하고 무엇을 그만둬야 하는지에 대한 선택은 어려워질 뿐이었다.

쿠라야시키 씨도 이 문제에 대해서는 머리를 쥐어짜고 있는 듯했다. 완성도를 좀 더 올리지 않으면 상부에 보고하는 일이 어려워질 것 같았다. 그런 어려운 국면이니 토바시 씨가 나날이 혼란스러워하는 것도 무리는 아니었다.

토바시 씨는 도와 달라는 듯 니시가타 씨를 바라봤다. 니시가타 씨는 그럴 줄 알았다는 듯했다.

"우선, 스프린트 리뷰의 준비 상태를 점검해 보도록 하지유."

니시가타의 해설 ▶ 스프린트 리뷰

▶▶▶ 가치 있는 것인지 모두가 확인하는 리뷰

스프린트 리뷰란, 스프린트 종료 시점에 개발된 제품을 확인하고 스프린트 성과를 리뷰하는 회의입니다. 가치 있는 것을 전달할 수 있는지 제품 책임자와 개발팀이 모두 함께 제품을 확인합니다. 그리고 가치를 최대화하기 위해 다음에는 무엇을 하면 좋을지에 관해 이야기합니다.

좀 더 구체적으로는 스프린트 플래닝에서 계획한 스프린트 백로그가 완료됐는지, 완료되지 않은 것은 무엇인지를 확인하는 것입니다.

데모를 위한 시나리오를 개발팀 쪽에서 사전에 준비합니다. 인수 조건을 만족시키는지 확인하는 인수 테스트를 데모 시나리오로 사용해도 좋습니다. 그리고 완료 정의를 달성했는지, 누락은 없는지도 빠짐없이 확인합니다.

데모 자체는 개발팀이 수행하고 그 데모 결과를 제품 책임자가 인수할지 판단합니다. 아이템별로 인수 조건을 만족하고 제품에 일관된 완료 정의를 만족해야 완료 상태가 됩니다. '80% 완료됐습니다.', '조금만 더 하면 완료입니다.'는 완료된 것이라고 할 수 없습니다. 인수 조건을 달성하지 못했다면 그건 완료되지 않은 것입니다. 이를 '0-100 규칙'이라고 부릅니다.

산출물에 대한 판단은 0 아니면 100 둘 중 하나입니다. 매우 엄격합니다. 하지만 상태를 판단함에 있어서는 오히려 확실합니다. 더욱이 사용자가 실제로 사용하지 못하면 가치는 생겨나지 않습니다. 이 경우라면 역시 0입니다. 0인 경우, 다음 스프린트에서 지속적으로 해당 아이템을 개발할지, 말지는 제품 책임자가 결정합니다.

그리고 제품 책임자는 스프린트 도중 스프린트를 중지할 권한도 갖고 있다는 것을 기억해 둡니다. 스프린트를 계속해도 해당 스프린트에서 만들어 낼 가치가 0이라고 판단된다면 그 시점에 스프린트를 중지시키는 것이 좋을 수도 있습니다.

▶▶▶ 모두의 머리를 최대한 사용하자

시나리오 대로 일이 진행됐다고 해서 끝은 아닙니다. 우리가 일하는 목적은 사용자에게 가치를 전달하는 것입니다. 가치가 전달되지 않으면 아무리 제품을 만든다 해도 그저 낭비일 뿐입니다.

그러므로 스프린트 리뷰는 지금 우리가 만드는 제품이 충분한 가치를 갖고 있는지, 지금부터 가치를 전달하기 위해서는 무엇을 해야 하는지 함께 멈춰 서서 생각하는 기회이기도 합니다.

개발을 진행하는 동안에도 세상은 움직입니다. 시장은 물론 고객의 상황도 변합니다. 이런 변화에 대한 고객 가치를 최대화할 수 있도록 제품 백로그를 바꿔 나갑니다.

제품 책임자와 개발팀 모두 함께 말입니다.

지금 우리가 만드는 제품은 점점 복잡해지고 있습니다. 또는 무엇을 만들어야 할지 분명하지 않을 때도 있습니다. 오늘날의 프로젝트는 커네빈 프레임워크^{Cynefin Framework}에서 표시한 것처럼 혼란하고 복잡성이 높은 것뿐입니다.

출처: Wikipedia 'Cynefin Framework', https://en.wikipedia.org/wiki/Cynefin_framework

그림 2-9 **커네빈 프레임워크**

☐ 명확^{Obvious}: 문제는 누가 봐도 이해할 수 있으며 기존의 베스트 프랙티스를 적용해 해결할 수 있음

☐ 난해^{Complicated}: 전문 지식이 필요하며 문제의 분석에 따라 계획적으로 프로젝트를 만들 수 있음. 전문가에 따른 굿 프랙티스 적용 가능

☐ 복잡^{Complex}: 문제 분석만으로는 이해할 수 없음. 반복적인 활동을 통해 얻어낸 피드백을 바탕으로 기법이나 절차가 나타남

☐ 혼돈^{Chaotic}: 대상을 이해하는 것조차 불가능함. 항상 인식하면서 진행해야 함. 계획을 세우는 것 자체가 어렵고 프로젝트화가 곤란하므로 새로운 프랙티스를 만들어 나감

혼돈과 복잡함의 세계에서는 그 누구도 '이렇게 하면 성공한다.'라고 확언할 수 없습니다. 이런 환경에서는 피드백 루프를 만들고 각 상황에 따라 가치를 높여 나가야 합니다. 이를 위한 프레임워크 중 하나가 스크럼이며 스프린트 리뷰는 제품의 방향성을 좌우하는 중요한 기회입니다.

최종적으로는 제품 책임자가 책임을 갖고 의사 결정을 해야 하지만 그 결정에 다다르기 위해서는 모두가 지혜를 모아야 합니다. 스프린트 리뷰 시간을 최대한 의미 있게 사용하도록 합니다.

스프린트 리뷰의 목표는 다음 스프린트에서 만들어 나갈 제품 백로그의 수정된 버전이 준비됐는지 확인하는 것입니다.

마지막으로 리뷰 순서는 다음과 같습니다.

① 시나리오에 기반을 둔 데모
② 인수 조건 만족 여부 확인
③ 완료 정의 달성 여부 확인
④ 신규 아이디어 검토, 가치 최대화 논의
⑤ 제품 백로그 수정 버전 완성

위 단계를 확실히 수행합니다. 회고가 프로세스를 개선하는 시간이라면, 스프린트 리뷰는 제품에 관한 개선을 수행하는 시간입니다.

스토리 › 모두 함께 리파인먼트를 하다

"확실히 여섯 번째가 되니 스프린트 리뷰 준비는 이제 문제 없을 듯하구먼유."

니시가타 씨는 그렇게 말하면서 팀원의 얼굴을 바라봤다. "그야 당연하죠"라고 답하듯 우랏트 씨와 시치리는 고개를 끄덕였다.

"다음 번 리파인먼트 방법을 바꿔 볼까유."

시치리가 그의 말을 물고 늘어졌다.

"리파인먼트는 제품 책임자가 제품 백로그 아이템의 내용을 상세화하거나 순위를 검토하는 거잖아요. 개발팀과 어떤 관계가 있나요?"

그렇다. 리파인먼트 활동은 지금까지 토바시 씨를 중심으로 쿠라야시키 씨가 지원하는 형태로 수행해 왔다. 개발팀의 입장에서는 거의 블랙박스였다. 초기에는 시간이 부족해서 굳이 엮이려 하지 않았던 것도 사실이다.

"백로그 아이템의 순위를 결정하는 것은 쿠라야시키 형님이 고민해야 할 부분이지만유."

다른 하나의 과제는 제품 백로그 아이템을 구체화하는 것이었다. 토바시 씨가 가장 시간을 많이 쓰고 있는 활동이다. 구현된 모습을 구성하고 개발 가능한 상태로 만들어 둬야 한다.

제품 백로그 아이템의 목적에 따라 인수 조건도 결정된다. 실현 가능성은 물론 웹 애플리케이션의 동작으로서 근본적인 문제는 없는지 등 여러 관점에서 인수 조건을 결정해야만 한다.

"요구 조건이라면 개발팀도 돕고 있어요."

우랏트 씨는 개발팀도 이미 같이 활동을 하고 있는 걸 잊지 말아 달라고 이야기할 뿐이었다. 니시가타 씨는 그 정도로는 부족하다는 듯 손가락을 흔들어 보였다.

"제품 백로그를 만드는 것부터 개발팀도 함께하는 거예유."

여기에는 우랏트 씨도 시치리도 나도 "네!?"라고 목소리를 높였다.

"그건 제품 책임자의 일이잖아요."

"아직도 그런 말을 하면 안 되유. 벌써 스프린트를 여섯 번이나 했잖아유. 여러분들도 이 제품이 어떻게 만들어져야 하는지에 대해서는 슬슬 이야기할 수 있지 않나유?"

그렇다. 확실히 니시가타 씨의 말이 맞다.

"제품 책임자는 외톨이가 되기 십상이예유. 대답을 찾아내는 역할을 요구받지유. 하지만 이 아저씨와 마찬가지로 제품 책임자라고 늘 정답을 갖고 있는 건 아니쥬. 당연해유~"

토바시 씨는 '누구더러 아저씨래.'라고 말하려는 듯했지만, 그 전에 니시가타 씨가 말을 뱉었다.

"그럼 함께 생각해 볼까유? 그 전에 리파인먼트는 어떻게 하는지 개발팀에게 소개해야겠지유."

니시가타의 해설 ▶ 리파인먼트

제품 백로그를 유지 보수하고 변경하는 작업은 스프린트 리뷰뿐 아니라 언제라도 할 수 있습니다. 추정을 변경하거나, 우선순위를 변경하거나, 새로운 요구사항이나 아이디어를 구체화해 제품 백로그에 쌓아 나갑니다.

제품 백로그 아이템은 나열한 순서가 위쪽에 있을수록 그 내용도 구체적입니다. 다음 스프린트에 구현될 가능성이 높으므로 위쪽에 있는 아이템일수록 개발이 가능하도록 준비해 두는 것이 좋습니다. 리파인먼트에서 나열 순서가 높은 쪽에 있는 아이템부터 준비 완료 상태로 만들어 나갑니다.

제품 백로그는 살아 있는 산출물입니다. 비즈니스, 시장, 기술의 변화와 함께 제품 백로그도 변화돼야만 합니다.

더욱이 개인의 취미나 관심사에 따라 세상의 정보나 뉴스 등의 다양한 입력이 매일 있을 것입니다. 일에 관계없이 말입니다. 여러분이 부모라면 자녀와 관련된 항간의 서비스, 불만 등을 매일 접할 것이고 출퇴근에 많은 시간을 사용하고 있다면 시간 관리에 대한 고민을 매일 하고 있을 것입니다. 멤버가 각자가 지금 만들고 있는 서비스의 사용자가 되는 상황을 최대한 활용합니다.

그렇기 때문에 제품 책임자가 혼자 리파인먼트를 할 필요가 없습니다. 팀원이 모두 함께 생각하는 것이 좋습니다. 아니 오히려 함께 생각해야 합니다.

언제 어떤 식으로 리파인먼트를 할지에 관해서는 팀에서 결정합니다. 개발팀의 스프린트 작업 시간 중 10% 정도의 시간이 적정한 양으로 알려져 있습니다.

리파인먼트에 따라 제품 백로그가 변경되더라도 현재 진행되는 스프린트 목표에는 악영향을 미치지 않도록 해야 합니다.

개발팀이 스프린트 골을 목적으로 전력을 달리고 있는 중에는 이미 합의된 약속 Commitment을 가장 우선시해야 합니다.

리파인먼트에 관한 설명을 마친 니시가타 씨가 말을 이었다.

"그리고 제품 백로그의 분류에 관해 이야기해 둘게유."

니시가타 씨는 화이트보드에 그래프를 그리기 시작했다.

"예전에 쿠라야시키 형님에게는 설명한 적이 있지만, **카노 모델**Kano Model이라는 거예유. 이 팀에게는 처음 설명하네유."

오늘 니시가타 씨의 컨디션은 최고였다.

니시가타의 해설 ⤵ 카노 모델

카노 모델은 여러 가지 품질이 모두 동일한 중요성을 갖지 않으며, 그 모두를 함께 높이는 것도 중요하지 않다고 설명합니다. 다음 그림에 3개의 선이 있습니다. 카노 모델에서 정의하는 세 가지 품질입니다.

☐ **매력적 품질**Attractive Quality: 달성하면 고객의 만족을 얻지만, 달성하지 못해도 불만을 야기하지 않는 요소

☐ **일차원적 품질**One-dimensional Quality: 달성하면 고객의 만족을 얻지만, 달성하지 못하면 불만을 야기하는 요소

☐ **당위적 품질**Must-be Quality: 달성하는 것은 당연한 일이지만, 달성하지 못하면 불만을 야기하는 요소

위 정의를 제품 백로그에 대입해 '이제부터 구현할 것이 어떤 품질에 해당하는지'를 생각해 봅니다. 맹목적으로 '해야 할 일이니까' 제품 백로그를 쌓는 것은 능사가 아닙니다.

제품 상태에 근거해 '매력적 품질'을 높여 사용자의 관심을 끌 것인지, '당위적 품질'을 확보해 기본적인 부분에서 사용자의 불만을 줄일 것인지를 고려한 제품 전략을 제품 백로그에 반영합시다.

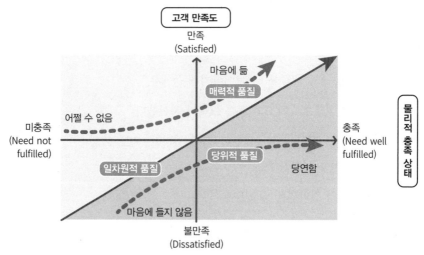

'매력적인 품질과 당연한 품질(Attractive Quality and Must-be Quality)'
(Kano, Noriaki et al. 1984. "Attractive Quality and Must-be Quality" Hinshitsu. Vol. 14, No. 2. JUSE를 참고로 작성)

그림 2-10 **카노 모델**

세 가지 품질에 관해 자세히 살펴봅시다.

'당위적 품질'은 계속 높일 수 있더라도 고객의 만족을 높이는 데는 한계가 있습니다. 고객이 당연하다고 생각하는 기능을 제공하는 것이므로 당연히 달성해야 합니다. 당위적 품질이 낮으면 '이런 것도 서비스가 안 돼나?'라는 좋지 않은 인식이 생겨 서비스 이미지를 떨어뜨리게 됩니다.

한편, '매력적 품질'은 없어도 '뭐 어쩔 수 없지'라고 생각되는 기능입니다. 없는 것 자체에 고객이 불만을 느끼는 일은 없습니다. 일단 기능의 유효성이나 필요성이 인식되면 고객 만족도가 급격히 향상됩니다. 다른 경쟁 제품에는 없는 차별화 요소가 됩니다.

단, 무엇이 매력적인지는 사람이나 상황에 따라 달라지기 때문에 정의하기 어렵습니다. 가치에 대한 가설을 수립하고 검증을 통해 실험 결과로부터 제품 백로그를 정의하는 접근 방식이 필요합니다. 이 부분을 설명하면 그것만으로 책 한권을 쓸 수 있으므로 이 이야기는 여기까지 하겠습니다.

마지막으로 중간의 '일차원적 품질'입니다. 이것은 달성하지 않으면 실망하고 달성할수록 만족감이 높아지는 품질입니다. 일차원적 품질을 달성했다는 이유만으로 고객이 제품을 받아들인다거나 달성하지 못했다는 이유만으로 고객으로부터 혹평을 듣지는 않습니다. 단, 차별점이 있다면 매력적 품질로 전환될 가능성이 있다는 것입니다.

일차원적 품질의 예로는 스마트폰이나 PC의 배터리 용량, 무게 등을 들 수 있습니다. 배터리 용량은 클수록, 무게는 가벼울수록 이 영역의 품질이 높아진다고 볼 수 있습니다.

고객에게 있어 매력이라는 것은 심오한 것입니다. 이 세 가지 품질 중 어느 한쪽으로 치우쳐도 좋은 제품이 되지 않습니다. 균형이 중요합니다. 스마트폰이라면 음성 통화를 제공하는 것이 당연하고(당위적 품질), 배터리 용량은 클수록 좋으며(일차원적 품질), 비서와 같이 인공 지능에 말을 걸어 조작할 수 있는 기능이 있다면 매력적일 것입니다(매력적 품질).

당위적 품질부터 달성할 것인지, 매력적 품질부터 달성할 것인지는 제품 전략에 따라 달라질 것입니다.

'우리가 생각한 차별화 요소가 사용자를 자극하지 못하면 그 후 무엇을 하더라도 낭비다.'라는 것과 같이 사용자에게 새로운 체험을 제공해야 하는 제품이라면 매력적 품질에 해당하는 제품 백로그부터 실험해 봐야 합니다.

이와 반대로 초기 개발에서는 우선 당위적 품질을 달성하도록 제품 백로그를 쌓아가면서 그 구현 과정에서 팀 빌딩을 포함한 기본 기능을 구현한 후 차별화 요소를 만들어 내는 전략을 사용할 수도 있습니다.

여러분이 만드는 제품에는 어떤 작전이 더 적합할까요?

스토리 경계를 넘는 개발팀

순식간에 진행된 니시가타 씨의 강의에 모두가 지쳐 있었다.

"그럼, 이 정도에서 마무리할까유. 오늘은 여기서 마치고 내일부터 스프린트 리뷰 준비를 하지유."

시치리가 니시가타 씨의 말에 찬성했다.

"그렇네요. 이 정도면 충분한 것 같습니다."

그리고 천천히 토바시 씨를 보며 말을 이었다.

"토바시 씨, 제품 책임자가 어떤 일을 하고 있는지, 어떤 관점에서 생각해야 하는지 잘 알았습니다."

"그래유, 어려운 일이에유."

어느새 토바시 씨도 니시가타 씨의 사투리를 따라하고 있었다. 무의식중에 사투리를 따라할 만큼 니시가타 씨의 강의는 길었다.

개발팀이 제품 책임자와의 역할의 경계를 넘으려고 함에 따라 제품 책임자의 활동에 대해 여러 가지를 배울 수 있었다. 개발팀과 제품 책임자에게 요구하는 역할은 다르다. 그리고 하나의 팀으로써 성과를 달성하기 위해서는 서로 협력해야 한다. 성과를 달성하기 위해서는 상대방이 하는 일을 이해해야 한다. 니시가타 씨는 제품 책임자를 이해하기 위해 개발팀에게 경계를 넘을 것을 분명하게 요구한 것이었다.

제품 책임자가 무슨 일을 하는지 이해한 개발팀은 이전보다 훨씬 협력적으로 뭉치게 될 것이다. 제품 책임자도 혼자서만 지고 있던 부담을 조금은 가볍게 느낄 것이다.

프로젝트 종료까지 한 달이 남은 시점에 나는 이 팀의 모든 면이 믿음직스럽다고 생각하게 됐다. 처음에는 뭔가 귀찮아 하고 초조해하는 것이 많았던 시치리, 너무 열심히 해서 스스로의 페이스를 잃어버리는 우랏트 씨, 심술 궂은 토바시 씨, 팀을 통째로 방치하는 쿠라야시키 씨 그리고 의문의 간사이 출신 니시가타 씨…. 순조롭게 진행될 것이라고는 처음부터 생각하지 않았다. 그리고 실제로도 여러 가지 일이 있었지만 말이다. 앞으로 한 달, 우리는 끝까지 달릴 수 있을 것이다.

제 16 장

팀과 리더의 경계

스토리 이래선 안 돼

"이래서는 제품을 완성할 수 없어."

여섯 번째 스프린트를 마치고 회고를 시작할 때 쿠라야시키 씨가 괴로운 듯 이야기를 꺼냈다. 갑작스러운 전개에 팀원의 몸은 하나 같이 굳어 버렸다. 스크럼 마스터인 니시가타 씨에게서도 평소의 장난스러운 느낌을 찾아볼 수 없었다.

난 쿠라야시키 씨의 말을 전혀 이해하지 못하고, 그의 다음 말을 기다렸지만 아무런 말도 하지 않는다. 시치리가 정적을 깼다.

"쿠라야시키 씨, 그건 제품의 만듦새가 형편없다는 겁니까?"

기다리고 있었다는 듯, 쿠라야시키 씨는 즉시 반응했다.

"아. 그 말 그대로야."

난 너무나도 불안해 심장 소리를 억누를 수 없었다. 쿠라야시키 씨가 어서 설명을 해주길 바랐다.

"쿠라야시키 씨, 어디가 안 된다는 겁니까?"

쿠라야시키 씨는 내 말을 기다렸다는 듯, 무엇이 형편 없는지 차근차근 이야기하기 시작했다. 내용인 즉, 기능이 부족하다는 것이었다. 최초에 기획했던 목적을 달성하기 위한 기능이 부족하다는 것이다. 머릿속이 까매졌다.

"그건 아니죠. 지금까지 데모도 충실히 해왔고 개발 범위 판단도 스프린트 플래닝에서 쿠라야시키 씨가 참석한 상태에서 진행해 왔습니다. 합의를 바탕으로 진행했어요. 그런데 이제 와서 기능이 부족하다는 건가요?"

감정이 북받쳐 오르는 것을 억제하지 못했다. 시치리와 우랏트 씨가 나와 쿠라야시키 씨를 걱정스러운 듯 번갈아 가며 바라보고 있다. 토바시 씨는 제품 책임자인 자신을 두고 이야기를 하는 것에 약간 풀이 죽어 있었다. 쿠라야시키 씨는 강했다.

쿠라야시키 씨 역시 내 말에 동의하기는 하지만 만들어진 제품을 본 후 객관적으로 평가한 것이라고 냉정하게 말했다. 쿠라야시키 씨는 필요한 제품 백로그를 뽑기 시작했다. 아주 많은 것은 아니었지만, 스프린트에서 받았던 피드백 레벨을 뛰어넘고 있다. 이전에 빼 뒀던 어려운 제품 백로그 아이템 몇 가지를 개발 범위에 포함시키겠다는 것이다. 아무리 생각해도 남은 한 달 동안 완료할 수 있을 것 같지 않았다.

"트레이드 오프 슬라이더는 왜 만든 건가요?"

난 도저히 납득할 수 없었다.

"그 관점이라면 기준을 변경해야겠어."

"그렇게 간단하게 중요한 걸 바꾸면 곤란합니다!"

내 기세에도 전혀 동요하지 않고 쿠라야시키 씨가 응수했다.

"그 기준은 프로젝트를 막 시작했을 때 결정한 거야. 지금과는 상황이 다르지. 자네들은 지금까지 인셉션 덱을 다시 본 적이 있나?"

없었다. 완성한 뒤로 줄곧 창고에 처박아 놓고 있었다. 인셉션 덱이 현실과 동떨어진 것은 아닌지 때때로 회고해 봐야 한다고 말한 것은 인셉션 덱에 관해 설명을 해줬던 니시가타 씨였다. 니시가타 씨는 "그러게~"라며 쿠라야시키 씨의 말에 동조했다. 여기서는 한 발 물러설 수밖에 없었다.

"쿠라야시키 씨, 지금부터 남은 스프린트에서 어디까지 할 것인지, 작전을 다듬어 가는 것에 합의합니다."

우랏트 씨도, 시치리도 내 말에 불안감이 최대가 됐으리라. 내 이름을 작게 부른다. 그야 불안할 테지. 이제부턴 밤을 새워가면서 개발을 계속해야 할지도 모른다. 두 사람을 뿌리치듯 말을 계속했다.

"하지만 쿠라야시키 씨가 모습을 갖춰 나가고 있는 지금의 제품을 보고 어떤 방향성을 기대하고 있는 것인지 확실히 알려 주셨으면 합니다. 그 결과, 어떤 제품 백로그가 필요한지는 팀에서 결정하고 싶습니다."

바뀌어 버린 목적을 가시화하고 팀 전체가 공통된 인식에서 시작하지 않으면 다시 또 '이 방향이 아니야'라는 상황이 될 것이 분명했다. 전력으로 제품 백로그 개발을 진행한 시점에서 다시 낭비였다는 상황이 되면 이 팀은 그걸로 다시는 일어나지 못할 것이다.

니시가타 씨가 내 의도를 알아챘다. 그는 언제나의 유쾌한 상태로 조금이나마 돌아가 있었다.

"에노시마 씨가 말한 대로유. 서로 다른 것을 보면서 진행했다가 또다시 '이건 아니야'라는 상태가 될 것이 뻔하쥬."

니시가타 씨의 말을 받아 시치리가 서먹서먹한 분위기에서 상황을 확인한다.

"인셉션 덱을 한 번 더 만들까요?"

니시가타 씨는 유쾌한 상태를 회복하고 있었다. 시치리를 보며 빙긋 웃었다.

"이런 때 할 수 있는 방향 바꾸기라는 게 있어유."

"방향 바꾸기?"

"그것도 합숙으로."

합숙? 확실히 시간이 부족할 것 같지만, 이제 와서 합숙이라니…. 내 침울한 표정에서 내가 말하고 싶은 것을 알아챈 것인지, 니시가타 씨는 걱정하지 말라는 이야기만 했다.

"에~ 이번에 하루 정도 합숙한다고 해서 크게 달라지는 건 없어유. 여기서 확실하게 방향을 맞춰 두는 것이 효과가 있어유."

우리는 이번에도 백전노장의 스크럼 마스터를 믿을 수밖에 없었다.

▶▶▶ 미래를 향한 업데이트

자, 드디어 프로젝트 막바지입니다. 여기에서 이해관계자(쿠라야시키 씨)의 생각이 바뀌었습니다. '무슨 말인지는 알겠지만, 쉽사리 받아들일 수는 없다.', '일이니까 합의는 하겠지만, 납득은 할 수 없다.'는 기분일 것입니다.

에노시마 씨가 상황을 더 깊이 이해하기 위해 이제부터의 프로젝트의 방향성을 명확하게 하고 싶다고 주문했습니다.

팀원 모두의 이해도를 더욱 높이고 방향을 정리하는 방법으로 인셉션 덱을 만들 수 있지만, 인셉션 덱은 특정 시점의 스냅샷에 지나지 않는다고 말할 수 있습니다. 장기화된 프로젝트나 환경 변화가 빠른 제품은 사용자나 고객, 제품 책임자나 이해관계자로의 기대가 변하는 경우가 많습니다.

그 결과 프로젝트나 제품의 목적을 조정해야 하기도 합니다. 이를 눈치채지 못하고 이제까지 해온 대로 진행한다면 점점 주위의 기대와 크게 어긋나 심각한 충돌이나 대규모의 재작업이 발생할 것입니다.

방향성의 변화는 이제까지 해오던 것을 고쳐 나가는 '회고'만을 통해서는 쉽게 알아채기 어렵습니다. 팀 안에서는 외부 변화에 대해 눈치채기 어렵거나 제품 책임자나 이해관계자 역시 '방향성을 바꿔야 한다.'라는 확신을 언제나 갖고 있는 것은 아니기 때문입니다.

즉, 아무도 확실하다고 말하지 못하는 순간에 현상을 통해 방향성을 다시 설정하고 인식을 함께하는 기회를 가질 필요가 있습니다. 이를 '방향 바꾸기'라고 부릅니다.

예를 들면 우리 모두가 전파가 닿지 않는 산속에 있다고 가정합시다. 아마도 우리가 어디에 있는지를 알기 위해서는 나침반을 사용해 방향을 확인할 필요가 있지 않을까요? 그것도 자주 말입니다. 이와 동일하게 프로젝트에서도 정기적으로 '방향 바꾸기'를 할 필요가 있습니다.

▶▶ 회고 그리고 방향을 바꾸다

회고는 3장에서 이미 설명했습니다. 회고와 방향 바꾸기는 다음과 같은 차이가 있습니다.

☐ 회고는 과거를 바탕으로 현재를 수정한다.
☐ 방향 바꾸기는 가야 할 곳을 바탕으로 현재를 수정한다.

즉, 현재 시점의 상황을 이상하게 만드는 문제를 해결해 정상적으로 되돌리는 회고의 발상이 아니라 미래를 예측해 반대로 그곳에 다다르기 위한 길을 찾아 지금은 무엇을 해야 하는지를 생각하는 것입니다. 접근 방법이 서로 반대입니다. 그렇습니다. 과거의 특정 시점에 해당하는 것이 아니라 미래와도 시점을 맞추는 것입니다.

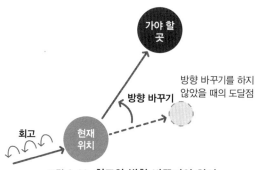

그림 2-11 **회고와 방향 바꾸기의 차이**

▶▶ 방향 바꾸기의 순서

방향 바꾸기 순서로 다음과 같은 단계를 밟아 나갑니다.

① 미션, 비전을 점검한다.
② 평가 기준을 다듬어 현황을 객관적으로 확인한다.
③ 평가 기준을 기반으로 '갖춰야 할 모습'과 '당면 과제'를 도출한다.
④ '과제 해결'을 위해 필요한 단계를 '백로그'에 넣는다.
⑤ '백로그'의 중요도와 가장 효과가 높은 것을 결정한다.
⑥ 시간 축을 명확하게 하고 기간을 확실하게 결정한다.

① 미션, 비전을 점검한다

가장 먼저 미션과 비전을 점검합니다. 우리가 이 프로젝트를 담당하고 있는 목적이나 고객을 포함해 이후 어떤 모습을 달성하고 싶은지를 다시 체크합니다. 애초에 이런 이미지가 없으면 방향을 바꿔야 하는 목적지를 알 수 없게 됩니다. 11장에서 살펴봤던 인셉션 덱의 '우리는 왜 여기에 있는가?'라는 질문으로 확인했을 것입니다. 미션, 비전 레벨의 방향성이 바뀌는 경우 또는 바꾸고 싶은 경우가 있습니다. 차분하게 확실히 확인합니다.

② 평가 기준을 다듬어 현황을 객관적으로 확인한다

두 번째로 상황을 평가하는 관점을 다듬고 현상을 객관적으로 확인합니다. 평가하는 관점은 진행하는 제품이나 프로젝트에 따라 크게 다릅니다. 진행 중인 프로젝트의 인셉션 덱이 있다면 트레이드 오프 슬라이드로 확인한 QCDS^{Quality, Cost, Delivery, Scope} 등입니다. 만약 서비스를 운영하고 있는 팀이라면 평가 기준은 액티브 사용자의 증가나 리텐션 비율과 같이 이 팀에서 추적해야 하는 KPI도 좋습니다. 평가 기준을 결정했다면 현상이 어떤 위치에 있는지 평가합니다.

③ 평가 기준을 기반으로 '갖춰야 할 모습'과 '당면 과제'를 도출한다

세 번째로 평가 기준을 기반으로 '갖춰야 할 모습'과 '당면 과제'를 도출합니다. 우선 '갖춰야 할 모습'은 무엇인지 정합니다. ①의 미션, 비전으로부터 도출해야 합니다. '갖춰야 할 모습'과 '현상황'과의 차이가 줄여 나가야 할 부분, 즉 수행해야 할 과제가 됩니다.

④ '과제 해결'을 위해 필요한 단계를 '백로그'에 넣는다

네 번째로 '과제 해결'을 위해 필요한 단계를 '백로그'에 넣습니다. 과제는 수가 많고 종류도 다양할 것입니다. 만약 과제가 너무 많아진다면 과제 사이의 인과 관계를 정리하는 것도 좋습니다(어떤 과제가 원인이 돼, 어떤 과제가 발생하는가?).

과제를 깊이 고민했다면 해결책도 떠오를 것입니다. 하나의 과제를 해결하기 위한 해결 방법은 여러 가지이며 그 방법도 특정한 순서대로 실시해야 할 수도 있습니다. 이들 해결책을 백로그로 관리하는 것이 좋습니다.

⑤ '백로그'의 중요도와 가장 효과가 높은 것을 결정한다

다섯 번째로 '백로그'의 상대적인 중요도와 가장 효과가 높은 것을 결정합니다. 만약 다음 날 아침에 출근했을 때 신이 대신 해결해 뒀다면 가장 기쁜 것은 어느 백로그일까요? 그렇습니다. 그것이 가장 효과가 높은 백로그로, 무엇보다 우선시해야 할 대상입니다.

그다음으로 해결되면 기쁜 것은 무엇일까요? 한 가지 기준을 정한 후 그 기준과 비교하면 순서를 쉽게 조정할 수 있을 것입니다.

⑥ 시간 기준을 명확하게 하고 기간을 확실하게 결정한다

마지막으로 어떤 시간 기준으로 해결해야 하는지를 명확히 하고 기간까지 분명하게 결정합니다. 백로그 중요도가 변경돼 있으므로 다음은 우선순위를 선정합니다. 내일 당장이라도 해결해야 할 것은 무엇인지, 1년 후에 해결해도 좋은 것인지. 단기, 중기, 장기 등 시간 기준을 명확하게 정합니다. 이 긴급성을 고려해 백로그를 정렬합니다.

그리고 마지막으로 모든 백로그 항목에 대해 실행 시기를 결정합니다. 적어도 단기에 해야 할 일에는 일자까지 넣는 것이 좋습니다. 예정은 바뀔 수 있지만, 일단 결정해 두는 것으로써 목표가 생깁니다. 목표는 사람을 움직이게 합니다.

▶▶▶ 합숙이라는 해결책

부정적인 상황에 프로젝트팀이 갇히거나 방향성을 상실한 경우, 회사나 사무소에 틀어박혀 일한다 하더라도 생산성은 오르지 않습니다. 무겁고 어둡고 딱딱한 분위기에 갇혀 있는데 제품의 미래가 밝을 리 없습니다.

공기를 바꾸고 분위기를 바꾸고 집중할 수 있는 시간과 공간을 만들 필요가 있습니다. 그렇습니다. 합숙입니다!

합숙의 장점

합숙의 장점은 무엇일까요? 크게 세 가지가 있습니다.

① 집중(시간, 장소, 목적)
② 리드 타임 단축(조정과 액션 플랜)
③ 사기 증대

하나씩 살펴보겠습니다. 우선 '집중'에 관해 이야기하겠습니다. 격리된 공간에서 밀도 높은 시간을 함께 보내게 되므로 집중적으로 의논할 수 있습니다. 스케줄이 비어 있는 한 시간, 비좁은 사무실에서 회의를 하는 것보다 훨씬 효과가 높습니다.

더욱이 합숙 체크인과 체크아웃이라는 절대적인 타임 박스(고정된 기간이나 시간 간격을 이르는 말)가 있습니다. 오피스가 아니기 때문에 무한정 잔업을 할 수는 없게 됩니다. 확실한 시간 제한이 있기 때문에 집중할 수 있습니다.

또한 평소와 다른 격리된 공간이기 때문에 동료나 상사, 외부로부터의 방해를 받지 않습니다. 뒤에서 갑자기 말을 걸거나 일이 멈추는 일도 없습니다.

또한 일반적인 회의와 비교해 보면 매우 긴 시간을 사용하기 때문에 합숙의 목적이나 타임 테이블, 안건을 사전에 확실히 준비하는 것이 좋습니다.

다음은 '리드 타임 단축'입니다. 회사에서는 각 멤버가 다른 예정으로 움직이기 때문에 모든 사람이 함께 시간을 확보하기 어렵습니다. 여러 날짜에 걸쳐 여러 번의 회의를 하게 되는 경우도 있습니다. 이런 경우, 회의 일정 조정이나 회의 준비 등의 운영 코스트가 많이 발생합니다. 합숙에서는 이런 준비를 할 필요가 전혀 없습니다. 집중을 통해 효율성을 올리고 의사 결정까지의 시간을 크게 줄일 수 있습니다.

또한 합숙 중에 액션 플랜을 결정하므로 합숙 후에도 무엇을 해야 하는지 명확해집니다. 합숙을 통해 향상된 모티베이션을 갖고 일을 할 수 있으므로 높은 추진력을 유지할 수 있습니다. 결과적으로 고객에게 가치 제공을 할 때까지의 리드 타임도 줄일 수 있게 됩니다.

마지막으로 '사기 증대'입니다. 사무실이 아닌 전혀 다른 장소에서 동료와 긴 시간을 함께한다는 평상시와 다른 상황은 감정 면에서도 긍정적인 작용을 합니다. 함께 만든다는 즐거움을 얻을 수 있습니다. 그 결과, 팀의 역량이 길러지고 팀을 100%, 200% 성장시킬 수 있습니다. 팀원 모두가 다음 단계로 올라가 앞으로의 일에 탄력을 주게 되는 것입니다.

피해야 할 합숙의 예
아래와 같은 합숙은 피하는 것이 좋습니다.

① 늘 같은 장소

② 목적이나 목표가 모호함

③ 쉴 틈없이 꽉 찬 안건

④ 액션 플랜을 설정하지 않음

⑤ 필요한 사람이 없음

⑥ 맛없는 식사

첫째, 언제나 볼 수 있는 사무실 회의실에서 합숙과 똑같은 정도의 시간 동안 미팅한다고 하더라도 합숙만큼의 효과는 얻기 어렵습니다. 휴일이라 다른 부서의 직원이 출근하지 않는다거나 전화가 오지 않는다고 해도 역시 일상과 다른 기분을 연출하기 어렵습니다.

둘째, 목적과 목표를 명확하게 하지 않은 상태로 합숙을 시작해서는 안 됩니다. 뭔가 과제가 있기 때문에 합숙을 하는 것이지만, 확실히 언어로 표현해 둬야 합니다. 달성 기준 등도 정해 두는 것이 좋습니다.

셋째, 주입된 안건입니다. 시간 배분을 1박 2일로 한 경우, 전체 시간을 8시간 정도로 해서 약간 여유 있는 일정으로 정합니다. 이것저것 안건을 추가하고 싶겠지만, 휴식이 조금 많은 정도의 느낌으로 설정하는 것이 좋습니다. 긴장감이 올라가면서 저도 모르게 물고 늘어져 버리는 경우가 있습니다. 융통성이 중요합니다. 융통성이 있으면 감정에도, 사고에도 여유가 생겨 결과적으로 충실한 논의를 할 수 있게 됩니다.

넷째, 액션 플랜 설정입니다. 액션 플랜은 논의의 맨 마지막에 말하는 경우가 많을 것입니다. 쉴 틈 없이 꽉 찬 안건과 관련이 있습니다만, 시간적인 융통성이 있어야만 이 안건까지 도달할 수 있고 각 안건에 대한 멤버의 약속이나 기일 등의 계획까지 수립할 수 있습니다.

다섯째, 필요한 사람이 없는 것은 매우 큰 문제입니다. 있어야 할 사람이 없으면 정보가 부족해집니다. 추측을 바탕으로 회의를 진행한다고 하더라도 시간 낭비이고 논의는 허공을 맴돌 뿐입니다. 나중에 공유하면 된다는 생각을 갖고 있어서는 안 됩니다. 프로젝트 관계자 모두가 반드시 함께하는 것이 중요합니다. 나중에 공유한다고 하더라도 언어로 표현할 수 없는 행간은 반드시 생깁니다. 밀도 있는 분위기나 공기는 전달할 수 있는 대상이 아닙니다.

마지막은 식사입니다. 합숙의 유일한 즐거움이라고 해도 좋을 것입니다. 언제나처럼 먹는 음식들만으로는 분위기가 올라가지 않습니다.

좋은 합숙을 통해 높은 성과를 얻기 위해서는 이 여섯 가지 항목은 반드시 피해야 합니다.

스토리 방향 바꾸기, 우리는 돌진한다

우리는 이제부터 제품을 어떻게 만들고 싶은지, 방향 바꾸기를 통해 그 인식을 맞춘 후 바로 리파인먼트와 스프린트 플래닝을 시작했다.

새롭게 설정한 목표를 달성하기 위해 반드시 필요한 제품 백로그 아이템은 무엇인가? 그리고 그 인수 조건은 무엇인지까지 결정했다. 지금까지 몇 번이나 반복해 온 플래닝 태스크인지라 팀에게는 완전히 습관이 됐다.

니시가타 씨가 말한 대로라고 생각했다. 방향성을 정하면 이를 실현하기 위해 어떻게 움직이는 것이 좋은지 우리는 이미 알고 있다. 하지만 그대로 납득하지 않은 채, 무리하게 제품 백로그 아이템을 만들었다면 이렇게 되지는 못했을 것이다. 분명 시키니까 어쩔 수 없이 한다는 느낌만 생겼을 것이다.

멀리 돌아왔다고 생각했지만, 방향 바꾸기를 한 덕분에 쿠라야시키 씨에게만 보였다는 목표를 팀 전체의 목표로 다시 정할 수 있었다.

1박 2일의 합숙은 1일째를 마치면서 남은 두 번의 스프린트에서 쳐낼 모든 제품 백로그 아이템을 정리할 수 있었다. 식상하기 짝이 없는 회사의 회의실이 아닌, 외부 숙박 시설에서 일상으로부터 멀리 떨어진 덕분에 집중력도 향상된 것 같았다.

이상한 느낌이었다. 늘 같이 있는 멤버와 있는 건 변함이 없는데 장소와 시간이 변한 것만으로도 신선한 기분이 든다. 우랏트 씨와 시치리는 서로 입고 온 옷이 이상하다 며 장난을 친다. 토바시 씨도 언제나 성실하고 고지식한 면이 있었지만, 오늘은 '휴일의 아버지' 같이 누그러진 느낌이다. 우랏트 씨와 시치리가 장난 삼아 "아빠~아빠~"

라고 불러도 "오~ 그래, 아가들아~"라고 대답할 만큼 토바시 씨도 이 상황을 즐기고 있다.

하룻동안 집중한 수고에 보답하는 듯 쿠라야시키 씨가 회식을 준비해 줬다. 호화로운 식사에 우랏트 씨도 시치리도 감정이 고조돼 이 합숙에 오게 되기까지의 우여곡절은 완전히 잊어버린 것 같았다.

술이 들어가니 니시가타 씨의 간사이 사투리가 드디어 튀어나왔다. 말이 너무 빨라 무슨 말인지 알아들을 수 없었다. 우랏트 씨에게 '뭐에~유~'의 억양을 열심히 가르쳤다. "이번 합숙으로, 쿠라야시키와 콤비가 되는 거야~" 우랏트 씨와 니시가타가 나눈 대화의 주인공이 된 쿠라야시키 씨도 천진난만한 미소를 짓는다.

이런 모습을 보고 있으면 쿠라야시키 씨가 일부러 이 풍파를 만들어 낸 것은 아닌가 싶다. 결과적으로 제품 백로그의 정리가 한 번에 진행돼, 앞으로 남은 스프린트를 적용할 수 있는 현실적인 계획이 만들어졌다. 조금은 매너리즘에 빠져 있던 팀이 이번 사고를 통해 자극을 받고 다시 공통의 목표를 확실하게 함으로써 사기를 되찾은 것 같다.

이번 뿐 아니라 실은 언제나 쿠라야시키 씨와 스크럼 마스터가 손발을 맞추고 우리는 그저 따라가고 있는 것만 같다는 느낌이 들었다. 쿠라야시키 씨에게 물어볼까 생각했지만, 그만두기로 했다. 이제 두 번의 스프린트다. 지금은 어쨌든 달려갈 뿐이다. 그 후 팀의 모두와 함께 쿠라야시키 씨에게 물어보자. 조금은 이상한 즐거움에 내 기분도 달아올랐다.

팀과 새로운 멤버의 경계

스토리 **초대받지 않은 손님**

제품 출시를 앞두고 '자! 마지막 100미터!'라는 느낌으로 일곱 번째 스프린트를 시작할 때 생각지도 못한 일이 생겼다.

"네? 새로운 멤버가 들어온다고요?"

놀라움을 감추지 못하는 내 목소리에 쿠라야시키 씨는 겸연쩍은 듯 아무런 반응도 하지 않았다. 이 팀에서 지금까지 거둔 성과가 나름대로 사내에서 좋은 평을 받고 있는 듯하다. 그 소식을 들은 다른 부서의 상급자가 "신입을 보낼 테니 꼭 스크럼을 가르쳐 주게."라고 말한 것이었다. 쿠라야시키 씨도 예상치 못했던 것이 틀림없다.

말할 필요도 없이, 스프린트가 이제 두 번 밖에 남지 않은 시점에 새로운 멤버를 늘린다고 하더라도 제품 백로그를 더 많이 처리할 수 있을 리가 없다. 오히려 새로운 멤버를 방치해 둘 수 없으니 그 멤버와 협업해야 한다. 결과적으로 벨로시티를 떨어뜨리는 원인이 될 것이다.

"거절하고 오십시오."

이전 목표 재설정 건도 있었기 때문에 이 건에 관해서는 쿠라야시키 씨에게 강하게 나가기로 했다.

"미안, 에노시마. 어쩔 수 없었어."

당연히 쿠라야시키 씨도 거절했을 것이다. 할 수 있는 건 모두 했겠지만, "그래도 말이지."라는 상급자의 말에는 당할 수 없었던 것이리라. 한편, 시치리와 우랏트 씨는 그다지 싫어하지 않는 듯했다.

"뭐 괜찮지 않을까요. 한 명이라도 아쉬운 상황이니까요."

"맞아요. 시치리 씨의 업무를 보조하기 딱 좋을 것 같아요."

두 사람은 프로젝트 진행 중에 인원이 늘어나는 상황을 아직 경험해 보지 못한 것이다. 동료가 늘어난다고 기뻐하고 있다.

새로운 멤버인 하마스카는 우랏트 씨보다 한 해 먼저 입사한 2년차 직원이다. 경험은 아직 부족하다. 분명 아직 회사에서 키우는 직원이다. 이제까지 3개월에 걸쳐 팀이 학습한 내용을 궁지에 몰린 지금 상황에서 하나하나 가르쳐 줄 수 있을 리 없다.

난 니시가타 씨에게 도움을 구했다. 니시가타 씨도 예상 밖의 전개에 위험하다고 느낀 것 같다. 약간 고민을 한 끝에 작전을 이야기했다.

"이제 와서 새삼스럽긴 하지만 스킬 맵을 만들어 볼까유?"

스킬 맵은 처음 들어보는 용어였다. 니시가타 씨는 말을 이었다.

"이 새로운 멤버는 어떤 일이 가능할 것인지를 가시화하는 목적이긴 하지만유. 남은 스프린트를 진행하는 데 누가 어떤 일을 할 수 있는지. 또 누가 어떤 시점에 누구를 지원해야 할지에 대한 작전을 세우는 것이기도 해유."

난 곧바로 모두를 모아 스킬 맵을 만드는 방법을 배우기로 했다.

니시가타의 해설 ▸ 교육 비용은 비싼가?

프로젝트 막바지 시점에 멤버의 추가? 프로젝트 상황에 따라 고양이 손이라도 빌려 도움을 받고 싶은 경우도 있겠지만, 솔직히 말해 지금 에노시마의 팀에 있어서는 짐이 늘어날 뿐입니다.

애초에 프로젝트 목적을 달성하기 위한 계획에 경험이 적은 멤버를 육성하는 시간이 얼마나 고려돼 있을까요? 예를 들어 자신의 역량에 기초해 '0.5명 정도의 전력으로 수행하자'는 계획은 포함돼 있을지 모르지만, 그 멤버를 육성하기 위한 공수는 거의 포함돼 있지 않을 것입니다. 더욱이 도중에 갑자기 참가하는 멤버를 위해 사용할 시간 따위는 아예 존재하지 않으므로 팀에서 시간을 만들어 낼 수밖에 없습니다.

만들어 내야 하는 것은 시간만이 아닙니다. 프로젝트가 진행되는 도중에 참가하게 되는 멤버에게 알려 줘야 할 사항들 또한 프로젝트의 문맥이나 배경에 따라 다르기 때문에 각 현장의 정보 또한 정리해 둬야 합니다. "이 문서 읽어 두세요."라는 말로 끝낼 수 있을 만큼 철저하게 준비하는 팀은 거의 없을 것입니다.

즉, 교육에 필요한 시간은 어떻게든 오버헤드라고 느끼게 되는 것입니다. 멤버가 개발에 사용할 시간을 빼앗기므로 프로젝트에 미치는 시간적인 영향은 무시할 수 없습니다.

여기서 새로운 멤버를 맞이할 때 사용할 수 있는 작전을 두 가지 소개합니다. 스킬맵Skill Map과 몹 프로그래밍Mob Programming입니다. 스킬 맵을 통해 프로젝트를 지원하기 위한 작전과 멤버 개성에 적합한 학습 방침을 수립합니다. 몹 프로그래밍을 통해 학습과 개발을 동시에 진행할 수 있습니다. 두 가지 모두 강력한 프랙티스가 될 것입니다.

▶▶▶ 스킬 맵

프로젝트팀이 이미 구성된 상태에서 새로운 멤버가 들어오는 경우, 다음과 같은 점이 걱정될 것입니다.

- 누구   누가 어떤 스킬을 갖고 있는가?
- 무엇   무엇을 누구에게 얼마나 맡길 수 있는가?
- 지원   어떤 작업에 누구의 지원이 필요한가?
- 리스크   팀으로서 부족한 요소는 무엇인가?
- 성장   팀에서 현재 부족해 강화하고 싶은 스킬은 무엇인가?
- 육성   개인으로서 장기적으로 성장시키고 싶은 스킬은 무엇인가?

이런 경우에 활용할 수 있는 스킬 맵입니다.

	스크럼	설계	Git	AWS	RSpec*	Ruby	Rails	Node.js	HTML5
에노시마	△	↑	○	△	↑	○	○		
우랏트			○	↑	○	☆	△	○	○
토바시		○	△						↑
시치리		↑	○	△	○	○	☆	↑	○
쿠라야시키	☆	☆	☆	○	○	☆	☆		○
하마스카			△	↑	○	○	△	↑	△

* Ruby의 행동 기반 테스트 코드를 작성하는 프레임워크(https://rspec.info/) — 옮긴이

그림 2-12 **스킬 맵**

스킬 맵이란?

스킬 맵이란 팀 멤버가 어떤 스킬을 갖고 있는지 가시화함으로써 한눈에 보기 위한 도구입니다.

각 열에는 프로젝트에 필요한 스킬을 나열하고 각 행에 멤버의 이름을 적습니다. 열과 행이 만나는 셀에 숙련도를 다음과 같이 다섯 단계로 구분해 기입합니다.

☆: 에이스급

○: 한 사람 몫은 함

△: 도움이 필요함

↑: 습득 희망

–: 할 수 없음

스킬 맵을 작성할 때는 프로젝트에 필요한 엔지니어링 스킬과 업무 지식 항목으로 구성합니다. 인셉션 덱에서 A팀('무엇이 얼마나 필요한가?'의 덱에서 작성한 최고의 팀을 편성하기 위한 조건을 의미함. 1980년대 미국 NBC TV 드라마 'A 특공대'에서 유래)은 만들었습니까? 각 역할에 대한 기대를 정했을 것입니다. 맵을 구성하는 항목에 참고하면 좋습니다.

항목 선정이나 숙련도는 팀 멤버와 상의하면서 작성해야만 합니다. 다른 프로젝트 표준 등을 그대로 복사해 붙여 넣어서는 안 됩니다. 각 프로젝트별로 필요한 스킬과 업무 지식은 다를 수밖에 없습니다.

항목을 선정하는 과정에서 자신이 맡은 프로젝트에 대한 이해가 깊어집니다. 이들 항목에 멤버의 스킬이나 숙련도를 표시해 보면 인원이 많은 영역 또는 인원이 부족한 공백 지대가 나타납니다. 팀의 강한 부분과 약한 부분이 드러납니다. 프로젝트 성공을 위해 누가 어떤 스킬을 향상시켜야 할지, 누가 지원 역할을 할지 한눈에 알 수 있기 때문에 의사 결정을 할 때 도움이 됩니다.

또한 프로젝트를 진행하면서 동시에 스킬 향상을 위해 교육과 육성을 동시에 하지 않으면 안 될 것입니다. 팀이 가진 공백 지역의 약한 부분을 보완하기 위한 육성 계획을 수립할 때 스킬 맵의 의도가 분명해집니다. 스킬 맵이 있기 때문에 팀 멤버 모두가 그 의도에 동의할 수 있게 됩니다.

프로젝트로 실시하는 교육 및 육성과 멤버의 스킬 업의 벡터를 맞춤으로써 학습 의욕은 물론, 책임감 고취에도 좋은 영향을 미치게 됩니다.

회사에서의 표준으로 프로젝트와 직접적인 관련 없이 만들어진 스킬 맵은 프로젝트의 성과와도 직접 연결되지 않을 것입니다. 스킬 맵의 항목이 프로젝트에 필요한 항목인지가 중요합니다.

또한 스킬이나 숙련도를 알 수 있기 때문에 '누구에게 물어보는 것이 좋은가?'에 관해서도 알 수 있게 됩니다. 곤란한 경우 가볍게 질문할 수 있게 되며 작업 산출물에 대한 리뷰를 누구에게 의뢰하는 것이 좋은지도 알 수 있게 됩니다. 지금까지 혼자서는 해결하지 못해 고민하던 시간이나 결과가 나오지 않는 반복으로 낭비하던 시간도 단번에 줄일 수 있습니다.

또한 리스크도 드러납니다. 중요한 업무 지식을 특정 개인만 갖고 있는 경우, 해당 멤버의 부서 이동이나 퇴직은 팀에게 있어 매우 큰 리스크라고 할 수 있습니다. 프로젝트 진행의 근간과 관련된 중요 항목은 여러 멤버가 담당하도록 함으로써 리스크를 분산시키는 것이 좋습니다.

구체적으로 트레이닝 시간의 확보나 채용을 통해 부족을 보완해 나가야 합니다. 단기적인 프로젝트 성과의 시점에서뿐 아니라 장기적인 성장이나 팀의 역량 강화 계획을 세우는 것이 좋습니다.

단, 주의할 점이 있습니다. 스킬 맵은 절대로 인사 평가에 사용해서는 안 됩니다. 심리적 안정성이 사라져 사실을 솔직히 말하기 어려워집니다. 본래의 의미인 '팀의 역량 가시화'가 아닌 다른 목적이 나타나는 순간, 미션 달성을 위해 스스로 최선의 방법을 생각해 실행하는 자기조직화 팀의 길은 막혀 버릴 것입니다.

스킬 맵을 작성하는 타이밍

팀이나 프로젝트가 시작되는 팀 빌딩 초기 단계에서 스킬 맵을 작성하는 것이 좋습니다. 지금까지 소개한 세 가지 프랙티스를 통해 프로젝트, 팀 멤버, 스킬을 한 번에 공유할 수 있습니다. 팀 빌딩을 위한 3종 필살기입니다!

〈 팀 빌딩을 위한 3종 필살기 〉

□ 인셉션 덱: 프로젝트나 제품의 목적이나 방법론

□ 드러커 엑서사이즈: 팀 멤버의 가치관

□ 스킬 맵: 목적을 달성하는 데 필요한 스킬

스킬 맵은 정기적으로 팀에서 확인합니다. 스킬 맵의 변화를 통해 팀의 성장 정도를 측정할 수 있습니다. 성과가 생각만큼 여의치 않은 항목의 경우, 무엇이 필요한지에 관해 새롭게 작전을 세울 수 있는 기회입니다.

'아직 스킬 맵이 없는데 이번 기회에 작성해 보는 것이 좋을까'라고요? 필요하다고 깨달은 시점이 여러분이나 팀에게 가장 빠를 때입니다. 늦고 빠름에 신경 쓰지 말고 지금 바로 만들면 됩니다.

팀원 모두의 스킬과 숙련도를 표시하고 모두 함께 볼 수 있도록 만드는 것이 압권입니다. 팀 멤버 모두가 '이 좋은 것을 왜 지금까지 만들지 않았나'라고 생각할 것입니다.

스토리 팀 멤버 모두가 함께 코드를 작성하다

스킬 맵을 작성함으로써 하마스카가 어떤 일을 잘하고, 어떤 일에 자신이 없는지 확실하게 알 수 있었다. 자신 있는 부분은 부분을 활용할 수 있도록 하마스카가 담당할 제품 백로그 아이템을 조정했다.

하마스카가 합류한 지 3일이 지났다. 난 시치리에게 하마스카의 상태가 어떤지 물어보기로 했다. 시치리는 입을 열기 무섭게 불만을 늘어 놓았다.

"역시, 업무 차원에서 왔다 갔다 하는 경우가 늘어났어요."

새 멤버가 온다고 그렇게 좋아해 놓고는….

"가르쳐야 할 게 너무 많습니다. 하마스카가 만든 코드는 거의 다 빼내고 있습니다. 우랏트 씨는 뭔가 코드 리뷰에 시간을 다 빼앗기는 것 같아요. 전혀 진행되지 않고 있습니다."

뭐, 그렇겠지. 이미 알고 있던 일이지만 일이 이렇게 늦어지는 것은 역시 고통스럽다.

"그렇다고 해도 하마스카에게 잡일만 맡길 수는 없겠죠. 본인은 정말 열심히, 성실히 하고 있으니 말이에요."

시치리도 두 손을 드는 분위기였다.

"페어 프로그래밍은 어때?"

"아, 그건…. 우리가 하면 너무 손이 많이 가요."

확실히, 우랏트 씨나 시치리 그리고 내가 하마스카와 페어 프로그래밍을 하고 있을 때가 아니다.

"이쪽은 쿠라야시키 씨에게 맡기기로 하죠."

손이 부족해진 상황에 도움을 요청할 수 있는 건 역시 쿠라야시키 씨 뿐이었다.

"그거 좋네요! 근데 코드 리뷰는 어떻게 할까요? 아직 쿠라야시키 씨가 상당 부분 해주고 계시기는 하지만…."

코드 리뷰 자체를 없앨 수는 없을까? 하지만 새로운 기능과 관련해서는 여전히 코드 리뷰의 지적이 많다. 쿠라야시키 씨의 코드 리뷰 자체를 없애는 것은 불가능했다.

"풀 리퀘스트 기준으로 코드 리뷰 지적의 대응을 하는 게 때로는 시간 낭비라고 느껴질 때가 있어요."

"그러게, 그냥 말로 하는 게 빠르지 않을까 싶을 때가 있어."

"아예 코드를 작성할 때부터 쿠라야시키 씨를 초대해 볼까?"

"아, 페어 프로그래밍인가요? 그거라면 지적 내용을 다른 멤버와 공유하기 어렵잖아요."

시치리의 말에는 일리가 있다. 나는 시험해 보고 싶은 것이 있었다.

"그렇다면 모두 함께 코드를 작성하는 거야."

"모두 함께?"

"그래. 새로운 기능 개발에 대해서는 시치리, 우랏트 씨, 나, 쿠라야시키 씨 전부 모여 코드를 작성하자. 아, 하마스카도 함께하지."

그 후에 니시가타 씨에게 물어보니 해외에서는 이를 몹 프로그래밍이라고 하는 것 같았다.

"그렇게 하면 개발 속도가 확실히 떨어진다고요!"

"그럴까? 제품 백로그 전체에 대해 그렇게 하는 건 아냐. 모두가 익숙한 부분은 이전과 같이 하면 돼. 새로운 기능 부분은 다른 기능의 동작을 전제로 해 만들어야 하니 모두의 지식을 모을 필요가 있어. 모두 모여 코드를 작성하는 것보다 누군가 작성한 것을 함께 리뷰하는 것이 의외로 빠르지 않을까?"

시치리는 내 말을 듣고는 그 타당성을 나름대로 생각하기 시작했다. 잘되기만 한다면 하마스카와의 커뮤니케이션 비용 문제는 물론, 동시에 비효율적인 코드 리뷰 문제도 해소할 수 있다. 시험해 볼 가치는 있다고 생각하지만 시치리의 평가도 듣고 싶었다. 짧은 기간이기는 했지만 함께 좋은 일도, 나쁜 일도 해온 동료다. 내가 생각하지 못한 것을 짚어 줄 것이다. 나는 시치리의 대답을 기다렸다.

"될지도 모르겠는데요?"

난 시치리를 향해 고개를 끄덕인 후, 바로 아이디어를 시험해 보기 위해 함께 자리로 돌아갔다.

니시가타의 해설 ▶ 몹 프로그래밍

팀이 무엇을 학습해야 할지 방침을 수립했다면 다음은 학습을 시작할 차례입니다. 여기서는 몹 프로그래밍^{Mob Programming}을 소개합니다. 제품의 성공, 팀과 개인의 성장을 한 번에 달성할 수 있는 강력한 액티비티입니다. 몹 프로그래밍이란, 전원이 하나의 화면을 함께 보면서 프로그래밍하는 것입니다. 몹은 집단이라고 이해하면 쉽게 상상할 수 있을 것입니다.

그림 2-13 **몹 프로그래밍**

〈 방법 〉

☐ 팀 전원이 한 장소에 모여, 같은 화면을 보면서 하나의 PC로 작업합니다.

☐ PC를 조작할 수 있는 드라이버^{Driver}는 1명, 다른 사람은 모두 내비게이터^{Navigator} 역할을 합니다.

☐ 내비게이터는 드라이버에게 지시합니다.

☐ 드라이버의 역할은 10분 정도 수행합니다(시간이 돼도 교대하지 않고 흐름에 맡겨도 좋습니다).

☐ 테이블 하나에 5명 전후의 인원이 적당합니다.

몹 프로그래밍의 장점

몹 프로그래밍은 크게 네 가지 장점을 제공합니다.

① 프로세스 흐름의 효율성
② 커뮤니케이션 개선
③ 학습 효과
④ 달성감

위 장점을 하나씩 살펴보겠습니다. 먼저 프로세스 흐름의 효율성입니다.

우선 전원이 하나의 작업을 하기 때문에 작업 분담이 발생하지 않습니다. 분담이 없기 때문에 동기화, 승인, 재작업, 리뷰가 사라집니다. 사전 또는 사후 정보 공유 시간이 필요하지 않으므로 흐름이 부드러워져 효율성이 극적으로 향상됩니다. 풀 리퀘스트를 낼 필요도, 다시 병합할 필요도 없습니다. 풀 리퀘스트를 만들 사람과 승인할 사람이 한 자리에 있기 때문입니다.

또한 문제 해결이나 기술적으로 고민할 시간 역시 최소한으로 줄일 수 있습니다. 긴급 문제에 대응하면서 정신적인 스트레스를 받아 가며 혼자 대응하는 것은 마음을 졸이는 일입니다. 동료 멤버와 함께 대처할 수 있다면 무형의 용기를 얻을 수 있음은 물론 여러 사람이 함께 확인함으로써 안심할 수 있기도 합니다. 여러 사람의 뇌를 한 번에 사용함으로써 중복 체크, 삼차 체크가 순식간에 일어납니다. 모두 함께 봄으로써 품질은 높아지고 효율 역시 좋아집니다. 지금까지의 승인 대기 시간이 거의 0에 가까워지기 때문입니다.

15장에서 소개했던 커네빈 프레임워크에서의 명확한Obvious 영역에 해당하는 문제와 같이, 사람을 늘림으로써 많은 문제를 해결할 수 있는 경우라면 사람의 시간을 100% 사용하는 방법에 초점을 둘 것입니다.

그러나 복잡한Complex 문제를 해결하는 데는 작업을 분할하고 계획하는 것 자체가 어렵습니다. 그렇다면 사람의 가동률에 초점을 맞추는 것이 아니라 문제에 초점을 맞추고 어떻게 빠르게 정리해 나갈 것인지에 힘을 쏟는 것이 낫다고 생각할 수 있습니다.

즉, 가치가 고객에게 전달될 때까지의 리드 타임을 짧게 하는 것에 집중하는 것입니다. 심지어 여러 사람이 동시에 하나의 일을 해서 얻어내는 성과가 하나뿐이라고 해도 말입니다. 결과적으로 조정이나 계획과 같은 매니지먼트의 오버헤드가 매우 감소하고 흐름을 부드럽게 함으로써 고객에게 가치를 빠르게 전달할 수 있게 됩니다.

그리고 책임 역시 모두 함께 지게 됩니다. 만약 버그가 유입된다면 그것은 모두의 책임입니다. 모두의 눈으로 보고 있었는 데도 발견하지 못한 것입니다. 단념할 수밖에 없습니다. 누구 한 사람의 책임으로 돌릴 수 없습니다. 실수를 한 사람이나 범인을 찾는 일은 아무런 의미가 없습니다. 모두가 범인이며 동시에 모두가 영웅입니다.

두 번째는 커뮤니케이션!

항상 대화가 이뤄지지 않으면 몹 프로그래밍은 성립하지 않고 일도 진행되지 않습니다. 누군가가 항상 이야기하지 않으면 드라이버는 아무런 일도 할 수 없기 때문입니다. 잘못된 커뮤니케이션이 발생하더라도 순식간에 해결할 수 있습니다. 전원이 머릿속을 드러내고 이런저런 이야기를 꺼내고 경청하고 덧붙이고 거센 파도와 같은 속도로 작업을 진행해 나갑니다.

그리고 중심에 있는 것은 상사의 명령도 리더도 아닙니다. 드라이버도 아닙니다. 모두의 중심에 있는 것은 언제나 화면입니다. 즉, 우리가 구현하는 제품인 것입니다. '너대 나'가 아니라 '문제 대 우리'의 구도가 되기 때문에 팀워크가 살아나는 것 또한 큰 콘셉트 중 하나임을 알게 되면 좋겠습니다.

또한 순간순간 방향성의 조정이 발생하더라도 방침 변경의 배경을 그 자리에서 이해할 수 있으므로 쓸데 없는 분쟁이 사라집니다. 과정이나 결과의 공유가 '항상' 일어나는 것에 따른 효과입니다.

세 번째는 학습 효과!

서로의 배경이 다르면 갖고 있는 경험이나 정보가 다른 것이 당연합니다. 자신 있는 분야를 팀에서 보완하고 제품을 구현해 나갑니다. 팀으로의 활동이란, 자신이 모르는 것을 학습할 수 있는 기회의 연속입니다.

혼자서 해결책을 생각하면 자기가 가진 지식을 총동원해 스스로 묻고 대답할 뿐이므로 편견을 갖기 쉽고 검토가 타당하게 이뤄졌는지 확인하기 어렵습니다. 대화하는 상대가 있는 것만으로도 보다 깊은 사고를 할 수 있는 기회가 생깁니다.

그 상태로부터 다른 사고방식 또는 질문을 받으면 대답하는 자신의 사고가 촉진됩니다. 이런 상호 작용을 통해 새로운 사고가 계속 생겨 납니다. 이를 건설적 상호 작용이라고 합니다. 이는 7장의 칼럼에서 소개한 개념입니다.

그리고 다른 사람의 행동을 눈앞에서 볼 수 있기 때문에 라이프 핵Life Hack과 같은 학습도 할 수 있게 됩니다. 단축키 바인딩이나 편집 도구의 사용 방법, 코드를 작성하는 순서 문제 해결을 위한 사고방식 등 개인이 갖고 있던 다양한 기술이 팀원 모두에게 공개됩니다. 선배가 압도적인 속도로 문제를 해결하는 것을 눈앞에서 보는 것은 경험이 적은 멤버에게는 성장의 기회가 됩니다. 이와 반대로 최신 클라우드 서비스의 트렌드나 도구의 신규 서비스 등은 젊은 멤버 쪽이 더 잘 알고 있기도 합니다. 서로 배울 수 있는 것이 많습니다.

마지막으로 달성감입니다.

이것이 몹 프로그램이 가진 최대의 효과라고 할 수 있습니다. 혼자 일을 할 때와 비교해봤을 때, 함께 일하면서 얻어지는 달성감에는 현격한 차이가 있습니다. 함께 협력하고 대화하며 문제를 정리해 나갑니다.

한편, 항상 누군가의 이야기를 들어야만 하기 때문에 집중력을 유지해야 합니다. 혼자서 프로그래밍할 때보다 훨씬 지칩니다. 이 피로감이 점점 달성감을 높이는 것이라고 생각합니다. '우리는 해냈다!'라는 느낌입니다.

달성감과 성과를 모두 함께 순간순간 나누기 때문에 프로그래밍을 더욱 재미있게 만들어 줍니다. 야근이라고요? 제대로 하면 체력이 부족할 것입니다. 야근 같은 건 필요 없습니다. 분명 충분한 성과를 얻을 수 있기 때문입니다.

몹 프로그래밍을 실천하기 위한 운영 포인트도 확인해봅시다.

☐ 최소한의 그라운드 룰을 만든다.

☐ 부정하지 않고 제안한다.

☐ 그날 가장 먼저, 작업 흐름을 적는 것부터 몹으로 한다.

☐ 멈춰 서서 생각하는 시간을 일정 간격으로 넣는다.

☐ 매일 회고한다.

몹 프로그래밍은 문제나 결함을 찾아내는 속도도 빠릅니다. 문제를 빠르게 알 수 있기 때문에 대처하기도 쉽습니다. 그렇기 때문에 해결도 빠릅니다. 그 결과를 받아, 팀으로 인식하는 규칙도 점점 변화해 나갑니다.

▶▶ 몹 워크: 몹 프로그래밍의 비결을 응용

이미 조금은 눈치챘을 수도 있지만, 몹 프로그래밍의 개념은 다른 업무에도 응용할 수 있습니다. 몹 프로그래밍은 아니므로 '몹 워크Mob Work'라고 부르겠습니다.

새로운 멤버에게 일하는 방법이나 필수적인 포인트를 알려 줄 때, 인프라와 관련된 긴급 문제로 1초라도 빨리 복구해야 할 때, 시간적으로 부족해 혼자 작업하는 것에 아직 익숙하지 않을 때, 경력 채용 스카우트 메일을 인사 부서와 엔지니어가 함께 작성해야 할 때 등에 활용할 수 있습니다.

그렇게 생각하면 몹 프로그래밍이나 몹 워크는 일하는 방식의 하나라고도 볼 수 있습니다. 여러분도 현장에서 새롭게 일하는 방법의 개혁을 시작해 보지 않으시겠습니까?

몹 프로그래밍을 할 때 혼자만 알고 있는 지식이나 스킬을 참가한 멤버에게 설명하는 기회가 많을 것입니다. 화면을 보면서 조작함과 동시에 말로 설명할 필요성이 있습니다. '저건', '이건'과 같은 지시대명사로는 전달할 수 없는 것도 있을 것입니다. 오퍼레이션 순서나 조작 방법, 코딩 방법론 공유만으로는 문맥까지 전달할 수 없습니다. 목적이나 이유가 누락되기 쉽기 때문입니다. 과거의 실패나 배경을 함께 설명하면서 정중하고 공손하게 가르친다면, 보다 깊이 이해하고 학습할 수 있을 것입니다.

하지만 현장에서는 교육을 위한 시간을 확보하기 쉽지 않은 것이 현실이며 '일을 생각하는 방법'을 체계적으로 배운 사람도 거의 없을 것입니다.

TWI를 사용해 생각하는 방법을 배울 수 있습니다. TWI란, 'Training Within Industry'의 앞 글자를 따서 만든 직장 내 교육 방법입니다. 이 내용 중에 JI(Job Instruction)라는 '일에 관한 사고법'도 포함돼 있습니다.

JI의 순서

① 학습할 준비를 시킨다
  1. 편안하게 한다.
  2. 어떤 작업을 할지 설명한다.
  3. 그 작업에 관해 무엇을 알고 있는지를 확인한다.
  4. 작업에 관해 배우고 싶은 기분을 갖게 한다.
  5. 올바른 장소에 있게 한다.

② 작업에 관해 설명한다
  1. 주요한 단계를 하나씩 들려주고 보여주고 적어 준다.
  2. 한 번 더 반복하면서 핵심적인 부분을 강조한다.

③ 시켜 본다
  1. 시켜 보고 잘못된 점을 바로 잡는다.
  2. 한 번 더 시키면서 하나씩 주요한 단계를 설명하게 한다.
  3. 한 번 더 시키면서 하나씩 핵심을 말하게 한다.

④ 가르친 후를 관찰한다
  1. 일을 시킨다.
  2. 모를 때 물어볼 사람을 정해 준다.
  3. 때때로 조사한다.
  4. 질문할 수 있는 장치를 고안한다.
  5. 점점 지도를 줄여 나간다.

시범을 보이는 것, 설명해 주는 것만으로는 기억하지 못하는 것이 현실입니다. 본질적인 이해가 결부되고 단지 흉내내는 정도에 그치게 됩니다. 일이나 작업 순서를 가르칠 기회는 언제나 있습니다. 그 작업의 배경이나 차이 또는 중요한 포인트를 설명하면서 여러분 스스로도 육성하는 역량을 향상시키도록 합시다.

— 'JI의 순서'는 https://www.amazon.co.jp/dp/4526071595/ref=cm_sw_em_r_mt_dp_U_VXY5Cb50KT6NR 에서 인용

몹 프로그래밍으로 달라진 팀

우리는 처음으로 몹 프로그래밍을 시도했다. 시치리나 우랏트 씨는 학습 속도가 빨라 드라이버도, 내비게이터도 어려움 없이 해낸다. 토바시 씨도 함께하기 때문에 사양의 문제가 있다 하더라도 1분도 걸리지 않아 그 자리에서 해소된다. '제품 책임자가 코드를 작성하는 프로그래머와 함께 있는 것이 이렇게 기분 좋은 일이구나.' 나도 우랏트 씨도 시치리도 모두 약간 감동했다.

평소였다면 사양에 관한 의문은 채팅으로 이렇게 저렇게 이야기하는 경우가 많지만, 토바시 씨는 때때로 채팅을 켜 두지 않는 경우가 있으므로 대개 반응이 늦다. 하지만 당사자가 눈앞에 있으므로 즉시 대화를 통해 의문을 해소하면서 코드를 작성하는 일이 꽤 만족스럽게 진행되고 있다.

하지만 정작 하마스카가 이 환경에 그렇게 녹아들지 못하고 있었다. 시치리가 말한 대로 꽤 꼼꼼하게 메모를 하는 것에만 집중하고 있어서 좀처럼 말을 하지 않는다. 나는 그를 끌어들이기 위해 말을 걸었다.

"그럼, 다음은 하마스카에게 드라이버를 맡겨 볼까?"

하마스카는 '네? 저는 아직…'이라며 드라이버를 하기보다는 옆에서 보고 싶다고 극구 사양했다. 하지만 우랏트 씨와 시치리가 가만둘 리 없다.

"하마스카, 드라이버는 돌아가면서 모두가 함께하는 거야."

"맞아요. 코드를 전혀 작성할 줄 모르는 '아버지'도 하실 거예요."

"누가 아버지야?"라며 토바시 씨가 그 자리에서 반문했지만, 아무도 이에 반응하지는 않았다. 하마스카는 포기한 듯, 우랏트 씨와 교대해 드라이버가 돼 PC가 있는 자리에 앉았다. 긴장감이 나에게까지 전해진다.

하마스카가 PC 키보드에 양손을 올린 순간, 예상치도 못한 일이 일어났다.

"그럼 내비게이터 여러분은 제게 무엇을 해야 하는지 말씀해 주십시오."

"아, 다음은 뭐였지?"

시치리가 잠시 당황하자, 하마스카가 날카롭게 말했다.

"제 드라이버 시간이 점점 줄어들고 있습니다! 어서요!"

방금 전까지 그렇게 얌전했던 분위기의 반전. 마치 사람이 바뀐 것처럼 바쁘게 움직이기 시작했다.

"우랏트 씨! 뭡니까, 이 코드는? 들여쓰기에 더 신경 써 주셔야죠!"

나와 시치리는 서로의 얼굴을 바라봤다. 그리고 웃음이 터져 나왔다. 아무래도 하마스카는 코드를 작성할 때는 완전히 다른 사람이 돼 버리는 것 같다.

"에노시마 씨, 제가 드라이버를 좀 더 할 수 있도록 해주세요. 이대로는 안 되겠습니다."

나까지 끌어들였다. 그 모습을 보고 난 안심했다. 이거라면 하마스카도 틀림없이 이 팀에서 함께 해 나갈 수 있다. 자, 드디어 남은 스프린트 2번이다. 이 팀으로 마지막까지 즐기자!

팀이 일하는 방법을 바꾸다

스토리 **스크럼을 그만두겠다고?**

"여덟 번째 스프린트에서는 스프린트 플래닝도, 스프린트 리뷰도 하고 싶지 않아."

일곱 번째 스프린트의 회고에서 쿠라야시키 씨는 마치 유언이라도 하는 듯한 분위기로 입을 열었다. 쿠라야시키 씨의 갑작스런 발언에 팀 멤버 모두는 당혹함을 감추지 못했다. 나조차도 내가 들은 말을 이해할 수 없었다.

언제나 그랬듯이 시치리가 말을 꺼냈다. 도무지 겁이 없는 그의 태도에 난 또 한 번 감동했다.

"어떻게 된 겁니까, 쿠라야시키 씨. 이제 와서 스크럼을 그만두겠다는 겁니까?"

"그래."

시원스러운 대답. 도무지 영문을 알 수가 없는 난, 프로젝트를 때려치고 싶어졌다. 당연히 시치리도, 우랏트 씨도, 토바시 씨도 어이가 없는 듯했다. 니시가타 씨도 이번에는 질렸는지, 쿠라야시키 씨에게 묻는다.

"여기까지 와서 무슨 소릴 하는 거여."

"느리다고."

조금의 망설임도 없이 곧바로 대답한다. 남은 스프린트에서 해야 할 일은 아직도 많다. 하지만 제품 백로그 아이템의 단위가 매우 작았다. 출시 시점까지 플래닝조차 할수 없는 태스크도 튀어나올 것이다. 작은 태스크를 다음으로 넘기지 않으면 안 되는 상황이 머릿속에 그려진다.

확실히 이런 상황이라면 한 번의 스프린트 플래닝이나 데모로는 끝까지 마치지 못할 가능성이 있다. 데모를 마친 후에도 아직 할 일이 남아 있는 상황이 되는 것이 출시에 맞출 수 없게 된, 쿠라야시키 씨가 말한 '느리다.'라는 의미일 것이다.

"데일리 스크럼에서 추가하면 되잖아."

니시가타 씨와 쿠라야시키 씨의 대결이 벌어졌다.

"작은 태스크를 추적하는 데는 데일리 스크럼도 너무 느려."

쿠라야시키 씨는 니시가타 씨의 말을 강경하게 뿌리쳤다. 결국 니시가타 씨가 손을 들었다.

"뭐여! 그럼 어떤 식으로 하고 싶은 거여!"

"그러니까 스크럼을 그만두겠다고 했잖아."

니시가타 씨는 자리에서 일어나 버렸다. 아무런 말도 없이 사무실에서 나가려고 한다.

"그라믄, 스크럼 마스터도 이제 필요 없는 거네."

그야말로 토사구팽이다. 쿠라야시키 씨는 한 번도 니시가타 씨를 돌아보지 않았다. 그게 스크럼 마스터와의 작별이었다. 내가 니시가타 씨와 다시 만난 것은 그 후 한참이 지나서다. 하지만 그건 별개의 이야기이고 당시에는 정말이지 니시가타 씨와 다시 만나지 못할 것이라고는 생각도 하지 못했다.

무거운 분위기가 팀을 압도했다. 그 누구도 말을 꺼낼 수 없었다. 쿠라야시키 씨가 정적을 깼다.

"에노시마, 지금부터 어떻게 할지 생각해 봐."

"예."라고도, "아니요."라고도 대답할 수 없었다.

세세하게 각 태스크를 관리하는 방법! 가장 먼저 이전에 혼자 운영해 봤던 태스크 보드가 떠올랐다. 당시에는 내 태스크 상황이나 내 손을 떠난 태스크를 추적하기 위해 사용했다. 스크럼을 간단히 태스크 보드로 바꾸는 것만으로도 가능한 것일까?

대기(TODO), 진행 중(DOING), 완료(DONE)만으로 이제까지 제품 백로그를 통해 관리하던 것을 대신할 수 있을 것 같지 않았다. 하나의 제품 백로그 아이템이 배포될 때까지 통과해야 할 단계가 몇 단계나 남아 있다.

프로젝트 종반이라 하더라도 인수 조건을 일일이 고려해야 한다는 것에는 변함이 없다. 그러려면 제품 책임자와 팀의 대화가 필요하다. 또한 우선순위를 선정하면서 제품 백로그 아이템을 구현할 방법을 검토한다. 즉, 설계다. 그 사이에 필요하다면 팀 멤버나 리더와 함께 구현 방법에 관한 논의도 수행해야 한다. 물론, 코드도 작성해야 한다.

코드를 작성하고 풀 리퀘스트 기반으로 코드 리뷰를 수행하고, 리뷰가 끝나면 개발자 테스트를 수행하고, 테스트가 끝나면 종합한 내용을 스프린트 리뷰에서 데모를 수행한다. 아, 이제 스프린트 리뷰는 없는 거였나. 머릿속이 온통 뒤죽박죽이다. 무엇을 없애고 어떤 일을 해야 하는가?

우선 침착하게 우리가 어떤 단계를 따라 일을 하고 있는지 정리해 보기로 했다. 흐름을 그려 보고 무엇을 없애야 하는지, 어떤 일을 해야 하는지 생각해 보기로 했다.

니시가타의 해설 ▶ **스크럼 마스터의 철수와 가치 흐름 매핑**

일이 이렇게 됐으므로 전 여기까지만 함께 합니다. 에노시마 씨의 팀은 새로운 걸음을 내딛게 됐습니다. 마지막으로 스크럼 마스터가 무엇인지와 가치 흐름 매핑Value Stream Mapping에 관해 설명하겠습니다. 분명 에노시마 씨와 멤버도 자신이 일하는 방법을 개선하기 위한 수단으로 가치 흐름 매핑 방법을 알면 좋을 것입니다. 제가 드리는 마지막 선물이기도 합니다.

▸▸▸ 스크럼 마스터는 역할

스크럼 마스터는 직책이나 전담이 아닌, 단지 하나의 역할에 지나지 않습니다. 스크럼 마스터의 역할을 다시 한번 확인해봅시다.

- ☐ 팀이 스크럼 이론, 프랙티스, 규칙을 준수할 수 있도록 한다.
- ☐ 스크럼팀 외부 사람에게 제품이나 팀에 관해 설명한다.
- ☐ 제품 책임자나 개발팀의 활동을 지원하고 코칭한다.
- ☐ 제품 백로그의 가치를 최대화할 수 있는 커뮤니케이션 방법, 효과적인 제품 백로그 관리 방법을 전파한다.
- ☐ 팀을 관찰하고 팀이 자기조직화할 수 있도록 후방을 지원한다.
- ☐ 프로젝트 진척의 방해 요소를 제거하면서 스크럼팀이 생산하는 가치를 최대화한다.
- ☐ 팀에게 기운을 불어넣는다.
- ☐ 봉사나 지원을 통해 팀 멤버가 주체적으로 행동할 수 있도록 서번트 리더십 Servant Leadership을 발휘한다.

어떻습니까? 팀에서 '절대 할 수 없을 것 같은' 것이 있습니까? 팀이 막 구성되기 시작했을 때는 스크럼 마스터가 담당해야 할 부분이 많을 것입니다. 그러나 팀으로서 성장하면 반드시 스크럼 마스터가 필요 없게 될 때가 올 것입니다. 아니, 스크럼 마스터가 필요 없어지도록 해야만 합니다. 그렇게 되기까지 얼마만큼의 시간이 필요할지는 팀이나 개발하는 제품에 따라 다르지만, 팀의 성장과 함께 스크럼 마스터의 역할을 각 멤버가 모두 할 수 있게 되는 것이 바람직합니다.

에노시마 씨의 팀 역시 지금까지 스프린트를 진행하면서 스크럼 마스터가 어떤 일을 하는지 학습했을 것입니다. 스크럼 마스터의 서번트 리더십에 계속 의지해서는 안 됩니다. 스크럼에는 한 명의 영웅이 필요하지 않습니다. 팀원 모두가 영웅입니다.

▶▶▶ 가치 흐름 매핑

마지막으로 가치 흐름 매핑에 대해 설명하겠습니다. 가치 흐름 매핑이란, 제품의 가치가 고객의 손에 전해질 때까지 필요한 일의 흐름을 가시화하는 액티비티입니다. 업무 흐름 내에서 부가 가치가 발생하고 제품이 지체 없이 구현을 향해 움직이는지를 확인합니다. 지체되는 단계를 발견했다면 개선을 통해 흐름을 원활하게 만듭니다.

가치 흐름 매핑은 프로세스를 개선하기 위한 것일 뿐 아니라 실질적인 커뮤니케이션 도구이기도 합니다. 매핑 과정을 통해 개발 대상과 정보의 흐름을 이해하고 팀이 수행하는 일의 상황을 제품 개발 프로세스와 연결해 공유하며 문제 해결을 위한 논의를 수행합니다. 제품의 완성에 이르기까지의 흐름 속에서 낭비나 재작업을 발견하고 개선안을 도출하고 대기 시간을 줄이고 효율을 향상시킴으로써 업무가 보다 효과적으로 수행되도록 함을 목적으로 합니다.

리드 타임과 프로세스 타임의 차이

가치 흐름 매핑을 할 때는 국소적인 최적화에만 그치지 않도록 주의해야 합니다. '프로세스 타임Process Time'을 줄이는 데만 집중하는 경우, 가치를 생성하는 전체 흐름인 '리드 타임Lead Time'을 감소시키는 효과가 적은 경우가 있습니다.

☐ 프로세스 타임Process Time: 특정한 프로세스를 실행하는 데 실제로 소요되는 시간
☐ 리드 타임Lead Time: 한 프로세스가 다음 프로세스로 바뀔 때까지 소요되는 시간

개별 담당자의 입장에서 어떤 특정한 프로세스를 개선하는 것이 아니라 팀 활동 전체를 바라보고 전체를 관통하는 업무 흐름을 개선하기 위해 노력할 수 있는 것이 가치 흐름 매핑의 강점입니다.

리드 타임과 프로세스 타임의 차이를 좀 더 이해해 둡니다. 병원을 예로 들어 설명하면 좀 더 쉽게 이해될 것입니다.

예를 들어 아침 진료 개시 시간(8시 30분)에 맞춰 접수처에 진료권을 제출하려는 상황을 가정해 봅시다. 다른 환자가 이미 기다리고 있었기 때문에 여러분이 진료를 받는 시간은 1시간 30분 후인 10시가 됐습니다. 진료를 받고 진료실에서 온 시간은 10시 05분으로, 실제 진료를 받은 시간은 단 5분입니다. 진료비를 지불하고 처방전을 받아 병원에서 나온 시간은 10시 32분. 이 병원의 진료 프로세스에서 리드 타임과 프로세스 타임을 정리하면 다음과 같습니다.

① 병원 내 리드 타임: 2시간 2분(진료권을 제출한 시점부터 진료비를 계산하고 처방전을 받은 시점까지의 시간)

② 병원 내 프로세스 타임: 8분(접수처에 진료권을 제출한 시간 + 진료를 받은 시간 + 진료 시 정산 및 처방전 수령에 걸린 시간)

③ 병원 내 대기 시간: 1분 54초(병원 내 리드 타임 – 병원 내 프로세스 타임)

④ 병원 진료 시간: 5분

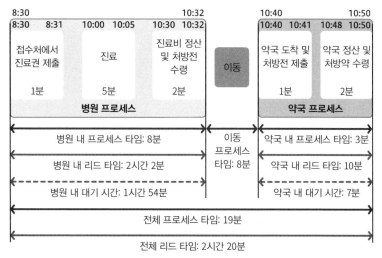

그림 2-14 **통원 진료 시 프로세스 타임과 리드 타임의 예**

위와 같은 프로세스에서 진료 시간 자체에만 초점을 맞춰 시간을 줄이는 데는 한계가 있습니다. 잘 줄인다고 하더라도 5분인 진료 시간을 고작 4분으로 줄이는 정도입니다. 그보다는 대기 시간을 줄이는 편이 고객의 만족도를 높일 수 있습니다. 즉, 병원 내 전체 리드 타임인 2시간 2분을 조정해야 줄이는 효과가 크다는 것입니다.

진료를 담당하는 의사 한 사람의 힘만으로는 진료 흐름 전체의 리드 타임을 줄이는 '전체 최적화'를 달성하기 어렵습니다. 병원 전체의 워크플로를 바꿔야 하기 때문입니다. 접수, 진료실 수, 예약 시스템 등 병원 전체를 보면서 해결책을 제시해야 고객이 체감할 수 있는 병원 내 대기 시간을 줄일 수 있습니다.

가치 스트림 매핑 작성법
가치 흐름 매핑 작성법은 다음과 같습니다.

□ 프로세스명: 프로세스의 이름

□ 아키텍처: 해당 프로세스의 기술적인 구조

□ 담당자 또는 역할자와 그 숫자: 여러 사람인 경우에는 그 사람의 숫자. 명확한 담당이 있는 경우에는 담당자 이름

□ 리드 타임: 프로세스가 다음 프로세스로 이동할 때까지 소요되는 시간

□ 프로세스 타임: 실질적으로 그 프로세스를 실행하는 데 소요되는 시간

□ 대기 시간: 리드 타임 – 프로세스 타임 = 대기 시간(계산할 수 있으므로 기록하지 않아도 됨)

□ 핸즈 오프Hands-off: 다음 프로세스가 같은 담당자인지, 다른 담당자인지에 따라 손을 실선 또는 점선으로 구분

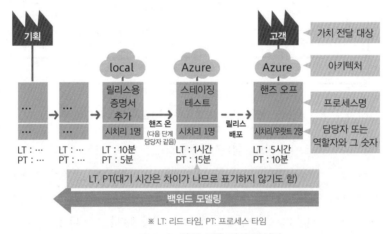

※ LT: 리드 타임, PT: 프로세스 타임

그림 2-15 **가치 흐름 매핑 작성법**

작성 순서는 고객을 기점으로 현재 상태의 프로세스를 백워드Backward(정상 흐름과 반대 방향)로 기재합니다. 뒤에서부터 거슬러 올라가며 작성하는 이유는 무엇일까요? 우리가 해야 하는 일은 고객에게 가치를 전달하는 것입니다. 고객이 가치를 느낄 수 있는 최종 산출물을 전달하는 것일 뿐, 중간 산출물을 만들어 내는 것이 아닙니다. 그렇기 때문에 고객부터 시작해 프로세스를 정리합니다. 이와 반대로, 프로세스의 시작 지점부터 기재하면 고정관념의 영향으로 불필요한 내용까지 포함한 흐름이 될 수밖에 없습니다.

가치 흐름 매핑 작성 순서

가치 흐름 매핑을 다음과 같은 순서대로 작성합니다.

① 프로세스의 대략적 작성 및 논의

② 아키텍처의 대략적 작성 및 논의

③ 가치 흐름 매핑 기술(백워드)

④ 재작업 프로세스와 발생 비율 기술

⑤ 전체 리드 타임과 프로세스 타임 계산

⑥ 누락된 프로세스 확인

⑦ 낭비나 병목 단계 표시

⑧ 실시할 개선안 검토

⑨ 개선안의 우선순위 선정

⑩ 개선안 액션 플랜 결정

⑪ 개선안 수행

⑫ 개선안 검증, 감소한 리드 타임 계산

갑자기 가치 흐름 매핑을 작성하려고 하면 잘 되지 않습니다. 머릿속의 내용을 정리하기 위해 제품 책임자나 개발을 담당하는 현장의 멤버와 함께 ① 프로세스나 ② 아키텍처의 개략적인 다이어그램을 작성하면서 흐름을 파악합니다.

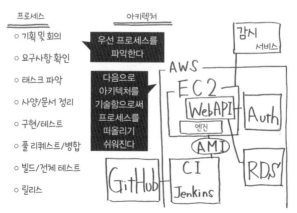

그림 2-16 ① 프로세스 다이어그램, ② 아키텍처 다이어그램의 예

①과 ②에서 파악한 것은 단순한 메모에 지나지 않습니다. 메모를 활용해 ③ 가치 흐름 매핑을 백워드 방식으로 적어 나갑니다. ④ 재작업이 발생하는 곳에 발생 비율을 기재합니다. 예를 들어 어떤 프로세스 사이에 평균적으로 10번 중 3번 재작업이 발생한다면 재작업율은 30%가 됩니다. 다음으로 ⑤ 큰 공정으로 나눠, 각 단계의 프로세스 타임과 리드 타임을 계산합니다. 이 결과를 바탕으로 전체 프로세스 타임과 리드 타임을 계산합니다.

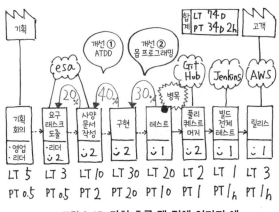

그림 2-17 **가치 흐름 맵 전체 이미지 예**

다음으로 ⑥ 프로세스에 누락된 것이 없는지 확인합니다. 다른 사람의 시선을 빌려 누락된 프로세스를 찾는 것입니다.

이후 ⑦ 전체를 보면서 리드 타임 개선에 큰 효과를 얻을 수 있는 프로세스에 표시합니다. 백워드로 작성하는 장점이 이 단계에서 발휘됩니다. 만약 뭔가 문제가 있는 경우에는 백워드로 작성하는 도중 위화감을 느낄 것입니다. 프로세스의 앞쪽부터 진행하면 프로세스를 덧붙이게 되므로 모든 단계가 당연하게 여겨져 알아챌 수 있는 것이 줄어듭니다. 역산을 통해 계산의 실수를 찾아내는 것과 같습니다. 뒤쪽부터 기재하면서 발견되는 위화감은 개선의 단초가 되기 때문에 매우 중요합니다.

이를 반복해 ⑧ 개선안을 생각합니다. 그리고 ⑨ 도출한 개선안의 우선순위를 정한 후 ⑩ 개선안을 실행할 액션 플랜을 수립하고 ⑪ 개선안을 매일 실시합니다. 일정 기간이 경과한 후 ⑫ 개선안이 리드 타임 감소에 효과적이었는지 확인합니다.

또한 리드 타임이라는 정량 지표가 아니라 보다 쉽고 안전한 정성 지표도 사용할 수 있습니다. 개선이 부담이 되면 지속 가능한 페이스에서의 개선 마인드가 생기지 않습니다.

단기적인 일회성 개선은 오래지 않아 이전 상황으로 되돌아가 버립니다. 장기적인 시점도 함께 가져야 합니다.

▶▶ 낭비를 발견해 개선

리드 타임을 줄이는 포인트

가치 흐름 매핑으로 전체적인 프로세스를 볼 수 있게 됐다 하더라도 어느 부분을 개선하는 것이 좋을지 고민될 것입니다. 리드 타임을 줄이기 위한 포인트는 다음과 같습니다.

포인트 ①: 대기 시간이 길어, 병목이 되는 프로세스 부근

대기 시간 단위가 '분'인 지점을 개선하는 것보다. '주' 또는 '일'인 지점에 착안하면 리드 타임을 한순간에 단축할 수 있습니다.

포인트 ②: 재작업이 발생하고 발생 비율이 높은 프로세스 부근

재작업을 0에 가깝게 만들어 나갑니다. 좀 더 강하게 표현하면 재작업이 완전히 발생하지 않는 대책을 만듭니다. 즉, 업무가 일직선으로 진행될 수 있도록 진행도를 높이는 작전으로 프로세스 전체를 바꾸는 것입니다.

예를 들어 프로세스 마지막 단계에 테스트를 하면 결함이 발생했을 때 그 사이의 모든 프로세스에 재작업이 발행합니다. 당연히 중간 프로세스도 모두 다시 시행해야 합니다. 귀찮을 뿐 아니라 프로세스의 낭비입니다.

이를 해결하는 방법 중 하나가 TDD^{Test Driven Development}(테스트 주도 개발)입니다. 테스트 코드를 먼저 작성하기 때문에 프로세스의 재작업이 사라집니다. 재작업이 사라지면 프로세스가 일직선으로 부드럽게 흐르므로 낭비를 줄일 수 있습니다.

포인트 ③: 불안한 작업 또는 늘 걱정되는 작업이 존재하는 프로세스 부근

매일 불안함을 느끼는 작업에 착안합니다. 개선을 실시하면서 작은 성공의 체험을 쌓아 나가는 것은 개선 마인드를 내재화하는 데 도움이 됩니다. 작은 성공 체험이 정신적인 여유를 만들어 주기 때문입니다. 개선 결과, 정신적인 부담이 줄어들면 생산성에도 좋은 영향을 미칩니다. 집중할 수 있는 시간이 늘어나기 때문입니다. 팀의 분위기도 점점 좋아질 것이 확실합니다.

문제를 발견하기 어렵다고 느껴지는 경우에는 먼저 사실을 파악할 목적으로 프로세스 타임과 리드 타임, 재작업 빈도를 측정해 통계 데이터를 모으는 것부터 시작해도 좋습니다.

마지막으로 성실한 사람일수록 빠져들기 쉬운 주의점도 알아 두는 것이 좋습니다.

가치 흐름 매핑을 처음 할 때 범하기 쉬운 실수는 이 문서를 누군가에게 일을 알려 주기 위한 '절차 문서'처럼 작성하려 한다는 것입니다. 가치 흐름 맵은 절차 문서와는 개념이 완전히 다릅니다. 절차를 가시화하기 위해 작성하는 것이 아니라 개선점을 발견하기 위해 작성하는 것입니다. 몇 개월에 걸쳐 절차 문서처럼 작성하는 것이 아니라 대략적이라도 좋으니 짧은 시간에 전체적인 이미지를 그려 리드 타임 감소를 위한 개선을 실시해야 합니다.

가치 흐름 맵을 작성하는 것 자체를 너무 즐기는 것도 위험합니다. 즐기는 것은 나쁘지 않지만, 완벽한 흐름을 표현하고자 하는 유혹에 빠져서는 안 됩니다. 완벽한 것을 기재하면 사람은 그것을 바꾸고 싶어하지 않는 마음을 갖게 됩니다. 즉, 개선에 손을 대기 어려워집니다.

그리고 개선이 진행되면 가치 흐름 맵상의 병목은 지금까지 문제였던 곳에서 다른 곳으로 이동하기 시작합니다. 다른 부분이 병목이 되는 것입니다.

병목이 바뀌고 개선을 반복하면 프로세스 내부 또는 프로세스 사이에서 간과되고 있던 낭비 요소가 드러나기 시작합니다. 프로세스 내부 낭비를 검토하는 과정에서 프로세스를 분석하고 상세화해야만 하는 시기가 올 것입니다. 가치 흐름 맵은 점점 변하므로 표현의 완벽함에 집중하기보다 개선을 통해 대기 시간과 리드 타임이 줄어드는 것을 즐기십시오.

그럼 이야기를 마무리할까 합니다. 이젠 에노시마 씨의 팀이 자신이 옳다고 생각하는 방향으로 시행착오를 거치면 될 것 같습니다. 그럼 여기서 이만!

칼럼 ┃ ECRS

가치 흐름 매핑을 통해 낭비되는 프로세스를 개선해 나갈 때 어디에서부터 손을 대는 것이 좋을지 망설여지는 경우가 있을 것입니다. IT 업계뿐 아니라 다양한 업종/업계에서 널리 활용되는 업무 개선 방법론인 ECRS는 이럴 때 많은 도움이 됩니다. ECRS는 Eliminate(제거), Combine(결합), Rearrange(재배치), Simplify(단순화)의 앞 글자를 따서 만든 용어입니다.

① **Eliminate(제거)**: 업무 또는 프로세스가 단지 형식적으로 수행되고 있지는 않는가?
② **Combine(결합)**: 대기 시간의 낭비 또는 과도한 작업 분담이 낭비를 발생시키지는 않는가?
③ **Rearrange(재배치)**: 순서를 변경해 중간 산출물이나 조정 작업을 없앨 수 있는가?
④ **Simplify(단순화)**: 복잡한 태스크가 정말 가치를 생성하는가? 간단하게 할 수 있는가?

① 효율성 향상을 위한 노력을 기울이기 전에 프로세스 자체를 줄일 수 있다면 매우 효과가 큰 개선을 할 수 있습니다. ② 비슷한 작업이 있는 경우에는 업무를 집중시키거나 결합시켜 전체 대기 시간을 줄일 수 있습니다. ③ 순서를 바꿔도 문제가 없는 프로세스가 존재할 수 있습니다. 작업 담당자를 바꾸는 방법도 고려해 봅니다. ④ 너무 복잡한 프로세스나 태스크가 있다면 그 프로세스가 가치를 전달하기 위해 꼭 필요한 것인지, 단지 형식화된 것은 아닌지 검토합니다. 모두의 지혜를 총동원해 프로세스를 점검하고 사용자의 손에 가치가 전달될 때까지의 시간을 줄이도록 합니다.

ECRS를 활용해 부가 가치를 만들기 쉬운, 부드러운 프로세스의 흐름을 만들어 낼 수 있습니다.

— 아라이 타케시

스토리 ⟩ 우리가 생각한 최강의 칸반

팀에서 가치 흐름 맵을 만든 것은 처음이었다. 맵을 작성하고 보니 상당히 많은 단계가 존재했다. 낭비할 의도는 아니었지만, 하나의 제품 백로그 아이템이 생성된 후 배포될 때까지 상당한 시간이 걸린다는 것은 명백했다.

이제까지는 벨로시티만 살펴봤기 때문에 어느 누구도 제품 백로그 아이템이 얼마나 많은 시간에 걸쳐 구현되는지 실질적으로는 느끼지 못했던 것이다. 각 제품 백로그 아이템이 완성되는 데 얼마만큼의 시간이 걸리는지를 계산해 보면 어떤 병목이 있는지 알 수 있게 될지도 모른다.

쿠라야시키 씨의 '늦다.'라는 말은 이걸 염두에 둔 것이었다. 이미 쿠라야시키 씨는 제품 백로그 아이템의 리드 타임을 측정하고 오래전부터 신경 쓰고 있었는지도 모른다.

각 제품 백로그 아이템의 리드 타임을 측정하기 위해서는 제품 백로그 아이템이 워크플로상에서 어디에 존재하는지를 파악해 완료에 도달할 때까지 추적해야 한다. 이를 위해서는 태스크 보드의 단계를 좀 더 세밀하게 수정해 워크플로의 프로세스 단위로 단계를 표시해야 했다.

우리가 일하는 워크플로를 표현한 보드가 있다면 어떤 제품 백로그 아이템이 현재 어느 단계에 있는지, 멈춰 있는지를 파악할 수 있게 된다.

우리는 칸반에 다다른 것이다. 칸반이라는 방법이 있다는 것은 알았지만, 실제로 수행해 본 적은 없다. 바로 시치리에게 내 생각을 전하고 피드백을 받았다.

"그렇게 하면 보드 자체가 엄청 크고 길어질 거예요. 운용할 수 있으려나…"

그야 그럴 것이다. 태스크 보드와 달리, 단계의 숫자가 몇 배는 된다. 프로젝트 마무리 시점에 처음으로 시도하는 것이기 때문에 나도, 시치리도 가능성에 대한 자신이 없다.

뭐라 표현할 수 없는 분위기에서 시치리가 새로운 질문을 던진다.

"그런데 스크럼 이벤트에는 어떤 것을 남기나요?"

"실은 전부 남는 거 아닌가 생각하고 있어."

"네?"

시치리는 이해하지 못하는 듯했다. 그렇지만 생각해 보면 칸반을 사용한다 하더라도 처리해야 하는 제품 백로그를 정리하기 위한 스프린트 플래닝은 필요하다. 남은 2주 동안 이 팀에서 무엇을 해결해야만 하는지 정리해야 한다. 그리고 매일 수행할 새로운 일을 칸반 위에 일시적으로 놓아 두기 위한 단계로 선정한다. 이 단계에 무엇이 선정됐는지를 매일 팀에서 동기화한다. 즉, 데일리 스크럼을 없앨 필요가 없다.

"개발이 끝난 제품 백로그 아이템은 제품 책임자가 인수하는 '인수' 단계로 옮겨 적절하게 확인받으면 스프린트 리뷰는 없어도 되지 않을까요?"

"음. 그렇긴 하지만 제품 책임자만 확인해야 하는 것은 아니니까. 프로그래머가 함께 하는 경우도 있어. 그렇다면 결국, 어느 정도는 모이게 되리라고 생각해. 단, 격주에 한 번이라면 지금과 크게 달라지지 않으니 더 빈번하게 데모를 실시하는 게 좋을지도 모르겠어."

시치리도 납득한 것 같았다.

에노시마의 해설 ▶ 태스크 보드에서 칸반으로

니시가타 씨는 이미 안 계시기 때문에 이제부터의 해설은 저 에노시마가 진행하게 됐습니다. 이번엔 칸반에 대해 설명합니다.

우리는 우리가 일하는 워크플로를 표시하는 보드를 만들었습니다. 각 제품 백로그 아이템이 현재 어느 프로세스에서 작업 중이고 어떻게 흘러가고 있는지를 표현합니다.

릴리스가 된 이후 운영과 기능 개발이 동시에 진행되는 상황에서는 칸반이 큰 힘을 발휘합니다. 생성부터 완료까지 그 기간이 매우 짧은 운용 과제나 기능 개선 과제가 많아지기 때문입니다(운용상 즉시 대응하지 않으면 안 되는 것이 늘어납니다). 또한 이런 작은 업무들이 많아 각 업무의 상황을 관리해야 할 때 유용합니다.

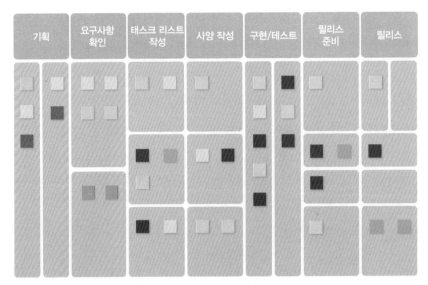

그림 2-18 **칸반의 예**

칸반에서 각 단계를 만들 때는 현재 하고 있는 업무 단계를 눈에 보이도록 하는 것에서 시작합니다. 이때는 앞에서 이야기했던 가치 흐름 맵이 도움이 됩니다. 가치 흐름 맵의 프로세스를 칸반의 단계로 활용할 수 있습니다.

칸반은 업무의 흐름에 주목합니다. 개발해야 할 많은 기능이 어떤 단계에 갇혀 있어 흐름이 막히거나 잊어버리거나 재작업이 발생하는 곳은 병목이 발생한다는 신호입니다.

스크럼에서 벨로시티를 측정한 것처럼 칸반에서도 측정이 중요합니다. 다음 두 가지 지표를 측정합니다.

① 칸반에서 착수 준비 상황에 있는 제품 백로그가 완성될 때까지의 기간
② 정기적으로 완성한 제품 백로그의 아이템 수

칸반 위에서 흐르는 제품 백로그 아이템을 항상 파악하고 시작부터 완료될 때까지 얼마만큼의 시간이 소요됐는지, 얼마나 많은 백로그 아이템이 완료됐는지를 기록해 둡니다.

칸반을 사용하면 스스로의 업무 속도를 가시화하고 체감할 수 있게 됩니다. 개발 및 운용 작업이 부드럽게 진행되는지, 어딘가 막혀 있는지를 일목요연하게 알 수 있습니다.

또한 이 지표를 측정해 낭비를 발견하고 흐름을 개선하기 위한 자료로 활용할 수 있습니다.

가치 흐름 맵과 칸반 모두 프로세스 전체를 볼 수 있기 때문에 개선이 가능해집니다. 이전 단계와 다음 단계에 있는 사람과 작업을 주고받는 것뿐 아니라 전체적인 일을 파악해 사용자에게 조금이라도 바르게 가치를 전달하기 위해 무엇을 하면 좋을지에 관심을 기울일 수 있습니다.

스토리 ⟩ 릴리스!

칸반으로 옮기는 작업은 생각보다 순조롭게 진행됐다. 우랏트 씨나 토바시 씨는 처음에는 내키지 않는 분위기였지만, "어쨌든 시작해 보자."라는 쿠라야시키 씨의 말과 지원 덕분에 혼란을 최소한으로 억제할 수 있었다. 릴리스까지의 마지막 기간은 그야말로 무아지경이었다. 솔직히 칸반이 이렇다 저렇다 말하기 전에 릴리스를 위한 '마지막 100m'에 모두 집중한 결과, 릴리스에 성공했다고 생각한다.

4개월 동안 정말 많은 일이 있었다. 그리고 드디어 출시일을 맞이했다. 우랏트 씨가 준비해 뒀던 작은 쿠스다마(くす玉, 조화(造花) 등을 공처럼 엮고 장식실을 늘어뜨린 것(개점 축하나 진수식(進水式) 따위에 장식으로 씀 — 옮긴이)를 사무실 천장부터 늘어뜨렸다. 정말 작았지만 그 이상의 것은 없을 만큼 우리는 스스로를 자랑스러워했다.

"쿠라야시키 씨, 당겨 보세요."

시치리가 쿠라야시키 씨에게 말을 걸자, 쿠라야시키 씨는 살짝 웃으며 대답했다.

"몇 번이나 말하게 하지 말라니까? 이 팀의 리더는 에노시마다. 에노시마가 당기는 게 맞아."

쿠라야시키 씨에게 떠밀려 쿠스다마 아래에 섰다. 주위를 둘러보니 언제나 함께했던 동료가 보였다. 시치리, 우랏트 씨, 토바시 씨, 하마스카. 그리고 쿠라야시키 씨….

나는 쿠스다마 끝을 잡고, 있는 힘껏 당겼다. 사무실이 있는 층에 울려퍼지는 폭발음…. 같은 층에 있던 다른 사람도 조금씩 이쪽의 상황을 궁금해하기 시작한다.

쿠스다마에서 나온 종이 장식을 머리부터 뒤집어 써서 얼굴조차 보이지 않게 된 나.

"우랏트 씨, 종이를 너무 많이 넣었어요."

모두가 웃는다. 나도 그 모습을 보면서 웃음을 터뜨렸다.

사실, 칸반은 릴리스 이후부터 그 위력을 발휘했다. 프로젝트로서는 완료됐지만, 릴리스했다고 해서 끝이 아니다. 오히려 제품으로서는 이제부터가 시작이고 릴리스 이후 운용이나 기능 개발도 계속된다.

릴리스 직후에는 제품이 안정돼 있지 않기 때문에 할 일이나 우선순위가 빈번하게 바뀐다. 타임 박스를 중심으로 진행하는 것보다 칸반으로 각 제품 백로그 아이템을 관리하는 편이 현실적이었다.

제품 백로그 아이템의 리드 타임을 측정할 수 있게 돼, 회고에서 개선을 생각하는 관점도 증가했다. 쿠라야시키 씨가 걱정했던 대로 제품 백로그 아이템 단위로 보니 상당히 긴 시간이 소요되는 것이 있었다. 예를 들어 제품 책임자인 토바시 씨가 판단할 수 없는 사양 책정과 같은 내용은 품질 관리부에 문의하고 질문의 대답을 받는 데 꽤 많은 시간이 걸렸다. 일단 외부로 공이 던져진 케이스는 그 이후 추적을 덜 하게 돼 방치되는 경우도 있다.

이런 제품 백로그 아이템의 리드 타임을 개선하기 위해 토바시 씨가 움직이거나 쿠라야시키 씨가 움직인다. 그렇다. 대부분의 경우 손을 쓸 방도가 있기 때문에 이처럼 제품 백로그의 아이템의 상황을 가시화하지 않은 것이 문제라고 할 수 있었다. 쿠라야시키 씨도 칸반의 효과에 만족하는 듯했다.

릴리스 직후 팀이 해산되는 건 아닌가 하는 기분이 들기도 했지만, 운용 유지 보수를 위해 당분간 팀을 유지하기로 결정됐다. 이번에 적용한 새로운 개발 프로세스의 시도를 회사에서 꽤 좋은 평가를 내리고 있는 듯하다. 하마스카를 도중에 받아들였던 것도 사내에서는 나름의 의미가 있었을 것이다.

이후 약 2개월가량 유지 보수한 후 드디어 해산하게 됐다. 팀을 구성한 시점에서 반년이 지났다. 우리는 마지막 팀 회의를 하기로 했다.

제 19 장

팀 해산

스토리 ⟩ **프로젝트 종료**

프로젝트 전체를 뒤돌아보면서 달성한 것과 배운 것을 정리하고 팀은 해산하게 됐다. 제품 운용과 유지 보수는 품질 관리부로 이관했다. 토바시 씨 역시 제품과 함께 품질 관리부로 돌아가게 됐다.

우랏트 씨도 품질 관리 부서로 돌아갔다. 우랏트 씨는 이 프로젝트 기간 중에 경력 2년차가 됐지만, 다른 2년차 직원들에 비해 확실히 의지할 수 있을 만한 프로그래머로 성장해 있었다.

당연하다. 시치리와 나 쿠라야시키 씨라는 전혀 다른 사람에게 둘러싸여, 매일 스크럼과 칸반을 해왔던 것이다. 사내에서 일반적인 프로젝트를 해온 사람과 비교하면 스스로 생각해서 일하는 태도가 몸에 밴 것부터 확연히 차이가 난다.

토바시 씨와 우랏트 씨는 그 뒤로 품질 관리부에서 이 프로젝트를 확장하는 업무를 계속하게 된다.

한편, 시치리는 이번 개발을 마친 후 다른 회사로 이직했다. 프로젝트 관리 도구를 개발하고 판매하는 회사였다. 스크럼 방식으로 제품을 만들어 보고는 그 방향에서 일을 이어 나가겠다고 생각한 듯했다.

처음엔 시치리의 제멋대로인 태도를 견디지 못해 말다툼을 하기도 했지만, 프로젝트 막바지에는 생각지도 못한 피드백을 주는 서브 리더격의 존재가 돼 있었다. 시치리와 헤어지면서 일말의 외로움을 느꼈지만, 이 분야에 있는 한 언젠가는 다시 만나게 될 것이다. 사실 시치리와는 바로 사외 이벤트에서 얼굴을 마주하게 됐다.

나와 쿠라야시키 씨는 우리가 처음 만났던 SI 사업부로 돌아오게 됐다. 사내 제품 개발에서 경험한 스크럼이나 칸반 프랙티스를 SI 사업부에도 적용하고 싶다는 것이었다. 하마스카 역시 소속돼 있던 부서로 돌아갔다.

이 팀의 마지막 회의에서 니시가타 씨의 이야기는 거의 입에 오르지 않았다. 모두 니시가타 씨와 쿠라야시키 씨가 격하게 다투었던 사건을 굳이 말하고 싶어하지 않았다. 난 그 다툼도 연극이 아니었을까 생각하고 있지만….

오히려 그러한 국면에서 어떤 방향으로 갈지를 검증하고자 하는 것이 쿠라야시키 씨의 목적은 아니었을까? 충분히 숙련도가 오른 팀이 있고 출시를 앞둔 프로젝트가 있다. 이때 개발 방식으로 스크럼을 사용할 것인가, 칸반을 사용할 것인가, 그것도 아니면 제3의 무엇을 사용할 것인가? 어떤 것이 좋은 선택인가? 쿠라야시키 씨가 지시했기 때문에 하는 것이 아니라 필연적으로 어디에 이르게 되는지를 찾는 과정이었다는 생각이 든다.

내 선택이 쿠라야시키 씨의 가설과 맞아떨어졌는지는 모르지만, 나에겐 어느 쪽이든 좋았다. 내가 스스로 생각해 결정했으니 말이다.

에노시마의 해설 ▶ 포스트모템

팀 해산에 맞춰 우리는 '포스트모템Postmortem'을 했습니다. 포스트모템이란, 프로젝트를 종료한 후 프로젝트를 돌아보며 수행하는 '사후 검증'입니다. 포스트모템의 목적은 검증 결과에서 얻은 학습을 다른 프로젝트에도 활용할 수 있도록 하는 것입니다.

포스트모템을 수행하는 장소가 마치 범인을 찾는 듯한 무거운 분위기여서, 가벼운 기분으로 이야기를 나눌 수 없다면 당연히 적당하게 입에 발린 이야기만을 나열하는 수준에 그칠 것이므로 시간 낭비가 될 것입니다.

포스트모템을 하는 방법은 다음과 같습니다.

〈 장소 설정에 관한 포인트 〉

☐ 시간 엄수, 타임 박스 엄수

☐ 융통성 있는 진행 시간(가장 짧게 하더라도 1시간)

☐ 전원 참가

☐ 시간을 내준 것에 대한 감사

☐ 모인 목적 공유

☐ 당일 목표를 명확화함

☐ 마지막으로 모두 함께 사진 촬영(마지막 모습 기념 촬영!)

〈 규칙에 관한 포인트 〉

☐ 인사 평가와는 아무런 관계가 없음을 선언

☐ 가볍게 자유로이 발언할 수 있는 분위기

☐ 가장 먼저 모인 사람이 함께 그라운드 룰을 3개 정도 만듦

〈 논의에 관한 포인트 〉

☐ 추상적인 경우, 구체적인 내용을 말할 것

☐ 각자의 시각이 다르므로 사실에 기반해 해결할 과제를 찾아낼 것

☐ 사실인지, 의견이나 해석인지를 밝힐 것

☐ 긍정적인 문제 해결로 이끌 것

☐ 리더의 의견이나 퍼실리테이터의 의견이 아니라 모두 함께 결정한 것에 의미가
　 있음

☐ 다음 프로젝트의 밑거름으로 삼음. 멤버 각자가 시도해 볼 것을 만듦

〈 퍼실리테이터가 주의해야 할 포인트 〉

☐ 개인적인 공격이나 비방이 나타나는 듯하면 개인이 아닌 문제를 대상으로 논의
　 하도록 지원

☐ 생각을 대변하지 말고 멤버가 발언을 위해 충분히 생각할 시간을 줄 것

▶▶ 타임라인 회고

운영과 관련된 사고나 규칙은 이 정도로 충분한 듯하니 구체적으로 어떻게 진행하는 것이 좋을까요? 가장 먼저, '타임라인 회고'를 추천합니다.

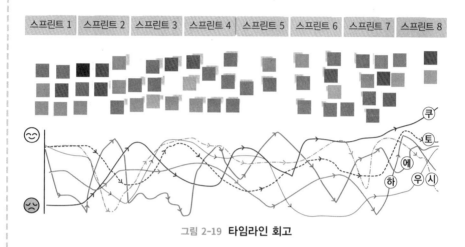

그림 2-19 **타임라인 회고**

위 그림과 같은 시간표를 모두 함께 작성하는 활동을 합니다. 화이트보드나 모조지에 프로젝트 시작 시점부터 완료 시점까지 일어난 일을 시간 축상에 나열합니다.

우선, 화이트보드 상단에 하나의 선을 가로로 길게 그어 스프린트 번호나 날짜를 적습니다. 다음으로 멤버끼리 생각하면서 그때 발생한 사건이나 문제 등의 사실을 포스트잇에 써서 붙여 나갑니다. 팀에게 있어 중요한 것이 아닌, 각자에게 있어 의미가 있었던 일을 찾아냅니다.

이후 모두가 그린 모드의 아래쪽에 각자의 감정이나 모티베이션의 기복을 그래프로 표시합니다. 문제나 사건, 이벤트, 각자의 감정, 모티베이션 기복의 인과 관계를 통해 프로젝트에 발동이 걸린 순간이나 터닝 포인트가 언제였는지 발견하게 됩니다.

마지막으로 다음 프로젝트에서 이 경험을 어떻게 활용할 것인지 멤버 각자가 생각해봅니다. 적어도 15분 이상 충분히 생각하는 시간을 갖길 바랍니다. 초초해하면 안 됩니다. 그리고 각자의 다짐을 포스트잇에 써서 붙입니다. 생각을 정리해 말하고, 글로 쓰고, 표현하는 것이 중요합니다. 이제까지 살펴본 여러 프랙티스와 마찬가지로 가시화가 개선을 위한 첫걸음이기 때문입니다.

감사 액티비티

프로젝트의 끝에는 포스트모템과 별도로 멤버끼리 감사를 전하는 이벤트를 계획합니다. 이를 감사 액티비티라고 부르겠습니다.

여유가 없던 시기에는 특히 팀 내에서 의견이 대립하고 부딪히는 경우가 많습니다. 하지만 그건 멤버 각자가 어떻게 하면 더 좋은 제품이 될 것인가? 어떻게 하면 프로젝트가 잘될 것인가를 진지하게 생각하고 있기 때문에 발생하는 것입니다. 끝으로, 함께해온 서로에게 마음을 담은 메모와 함께 말로 감사를 전하도록 합시다.

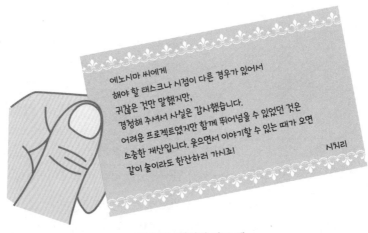

에노시마 씨에게
해야 할 태스크나 시점이 다른 경우가 있어서
귀찮은 것만 말했지만,
경청해 주셔서 사실은 감사했습니다.
어려운 프로젝트였지만 함께 뛰어넘을 수 있었던 것은
소중한 재산입니다. 웃으면서 이야기할 수 있는 때가 오면
같이 술이라도 한잔하러 가시죠!

시치리

그림 2-20 **메시지 카드 예**

〈 **운영 포인트** 〉

☐ 충분한 시간을 가진다(1시간 이상).

☐ 포스트잇이나 메모지가 아닌, 엽서 1/2 정도 크기의 메시지 카드를 사용한다.

☐ 글자를 잘 쓰고 못 쓰고는 중요하지 않지만, 깔끔하게 쓰도록 노력한다.

☐ 감정적이거나 추상적인 메시지도 좋다.

☐ 구체적인 칭찬이 있다면 그것을 적는다.

〈 순서 〉

① 액티비티의 목적을 전달한다.

② A 씨에게 감사한 것을 적어보는 시간

  B 씨에게 감사한 것을 적어보는 시간

    …

    …

  N 씨에게 감사한 것을 적어보는 시간

  (이때 글로 적는 것은 가능한 말로 하지 않는다.)

  (다른 사람의 의견에 좌우되지 않도록 한다.)

③ 모두가 A 씨에게 감사의 카드를 전달한다.

  모두가 B 씨에게 감사의 카드를 전달한다.

    …

    …

  모두가 N 씨에게 감사의 카드를 전달한다.

  (이때 한 사람씩 카드를 직접 읽으면서 전달한다.)

④ 받은 카드를 각자 조용히 읽어 본다.

⑤ 받은 카드에 대한 느낌을 한 사람씩 짧게 대답한다.

얼굴을 보며 감사를 전하는 것이 조금 부끄러울 수도 있지만, 커뮤니케이션이 중요하다는 것은 모두 알고 있을 것입니다. 확실히 속마음과 마주합니다. 그리고 마지막은 모두 함께 하이파이브를 하는 것입니다. 분명 기분이 좋아질 것입니다.

칼럼 **타쿠만 모델**

팀의 혼란이나 문제를 넘어 다양한 변천을 통해 팀도 개인도 크게 성장합니다. 조직 만들기나 팀 빌딩을 할 때 팀의 성장 과정에 관해 알고 있으면 리더로서 행동하는 방법을 생각하는 계기가 될 만한 개념을 소개합니다. 그것은 바로 타쿠만 모델(Tuckman's model)*입니다.

타쿠만 모델은 심리학자인 브루스 타쿠만(Bruce Tuckman)이 제창한 조직 개발에 관한 발전 단계를 설명하는 모델로, 총 4단계로 구성됩니다. 단지 사람이 모인다고 해서 즉시 성과를 올리는 팀이 되지는 않습니다. 또한 자신의 의견을 말하는 것이 어리석다고 여기는 팀에서는 팀으로서 의 기능을 하도록 만드는 것만으로도 먼 여행입니다. 팀 빌딩을 통해 신뢰 관계를 쌓고 혼란과 의견의 대립을 넘어 협동하는 팀으로 성장시켜 나가야 합니다.

① **형성기**(Forming): 조직으로서 멤버가 모여 목표 등을 모색하면서 관계를 형성하는 시기
② **혼란기**(Storming): '조직의 목표나 방향'과 '멤버의 사고방식의 형태나 감정'이 부딪히는 시기
③ **통일기**(Norming): 목적이나 기대가 일치해 공동의 규범이나 역할 분담에 의한 협조가 나타 나는 시기
④ **기능기**(Performing): 팀으로서 완전히 성숙해져 일체감이 생기고 팀으로서 기능해 성과를 내는 시기

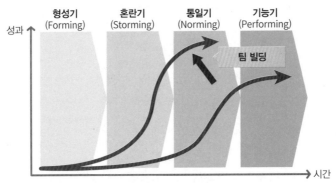

출처: 《팀 빌딩 — 사람과 사람을 '연결하는' 기술 (퍼실리테이션 스킬)》
(堀公俊/加藤彰/加留部貴 저, 日本経済新聞出版社, p. 25)

그림 2-21 **타쿠만 모델**

스토리 **다음 여행으로**

모두가 전해 준 감사 카드를 읽는 동안, 수많은 일이 주마등처럼 스쳐갔다. 그러던 중 쿠라야시키 씨가 이전에 전해 준 말이 떠올랐다.

쿠라야시키 씨와 다시 만났을 때 '이런 걸론 안 된다고'라고 했던 말이었다. 사내 스터 디 이벤트를 성공시킨 후 구름 위에 떠 있던 나를 한순간에 얼려 버렸던 그 말….

한 가지 일을 마쳤으니 마침 좋은 타이밍이라고 생각해 쿠라야시키 씨에게 물어보기 로 했다.

"쿠라야시키 씨, 그때 그 말씀은 사내 스터디를 하고 열의가 올랐지만, 팀으로 개발한다는 것에서는 전혀 진전이 없었기 때문에 '이런 걸론 안 된다.'라고 말씀을 하셨던 거죠?"

쿠라야시키 씨는 아무런 대답도 하지 않았다. 누가 봐도 "맞아."라는 표정을 지으면서도 대답은 그저 "글쎄."였다. 어려운 리더다.

쿠라야시키 씨와 다음에 할 일을 생각하니 가슴이 두근거린다. 이번엔 어떤 도전일까? 분명, 이번 도전도 쉽게 넘어가진 못하겠지만….

제 3 부

모두를 끌어들이다

제 3 부 **등장인물 소개**

에노시마 이야기의 주인공. 3부의 개발 시점에서는 30대를 코앞에 두고 있다. 쿠라야시키 대신 리더 대리를 맡고 있다. 1, 2부를 거치면서 침착한 성격을 갖게 됐다. 하지만 개발에 관한 열정은 누구에게도 뒤지지 않는다. 2부에서 제품 출시까지 갖고 있던 자신감이 떨어지기 시작한다. AnP SI 부문 소속이다.

유 비 에노시마 보다 10살가량 연상. AnP에는 경력으로 입사했다. 경험이 풍부한 아키텍트로, 요구사항 정의나 모델링에 뛰어나다. 살짝 처진 눈매 때문에 부드러워 보이지만, 말투는 엄하다. AnP 소속이다.

만후쿠지 베테랑 프로그래머. 언제나 냉정하고 신사적이다. 예의가 바르지만 완고한 면도 있다. 삭발 머리에 거구다. 스님으로 불리기도 한다. 프리랜서로 에노시마의 팀에 합류한다.

마이/히사카 20대 후반의 여성 프로그래머. 어렸을 때 미국으로 건너갔다가 몇 년만에 귀국했다. 조그만 체구에 밝은 성격의 소유자로, 오버 액션이 특기다. 만후쿠지 씨와 콤비로 일하는 경우가 많은 프리랜서다. 만쿠후지와 함께 에노시마의 팀에 합류한다.

하마스카 이제 막 달려 나가기 시작한 프로그래머다. 코드에 영향이 있는 일에 매우 민감하다. 상당히 꼼꼼하며 얼굴이 금방 파래진다. AnP 소속으로, 에노시마의 팀에 합류한다.

나가타니 테스트에 관한 지식이 깊으며 끈기 있는 성격이다. 턱수염을 깔끔하게 기르고 있다. 에노시마를 조금 얕본다. AnP 소속이지만, MIH에 상주한다. 재고 관리팀의 리더다.

이나무라 고압적이며 자신만만하다. MIH를 주로 담당한다. 햇빛에 그을린 피부로 휴일에 즐기는 서핑이 둘도 없는 취미다. 개발자에게 심하게 데인 과거의 일로, 개발자를 적으로 여긴다. AnP 영업 부문 소속이다.

스나코 에노시마에게는 형과 같은 존재다. MIH의 신규 프로젝트에서 EC 측 제품 책임자를 맡는다. 밝은 성격의 소유자로, 타인을 움직여 일을 달성하는 타입이지만, 말투는 꽤 난폭하다. MIH 소속이다.

마자와 ▸ 정년이 코앞이지만, 아직 열의가 넘친다. MIH에 대한 업무 지식이 풍부하고 본질을 꿰뚫어보는 안목이 있다. 에노시마도 신입 시절 함께 일한 경험이 있다. MIH 소속이며 재고 관리 측 제품 책임자다.

소데가우라 ▸ 우수하지만 절대 웃지 않는다. 목적을 위해서라면 사람을 부정하는 일도 불사한다. 다수의 시스템 제품 책임자를 겸임하게 된다. MIH 소속이다.

오토나시 ▸ 에노시마와 비슷한 나이의 여성 디자이너. 정보 설계가 전문이며 디자인에 대한 고집이 있어 절대 타협하지 않는다. 하지만 개발팀과 일하는 방식에서는 시행착오를 거치고 있다. 디자인 제작 회사 소속이다.

타니토 ▸ 신입 사원 육성을 목적으로 하는 프로젝트에 전전긍긍하고 있는 1년차 프로그래머. 과거의 에노시마처럼 선배 직원에게도 거리낌 없이 대하는 성격의 소유자다. AnP 소속이다.

코마치 ▸ 다양한 스터디에 자주 얼굴을 비추며 학습에 열심이다. 극단적으로 겸손한 성격. 모 소프트웨어 개발 회사의 개발 부장이다.

주식회사 AnP ▸ 에노시마가 소속돼 있는 기업. 제조 기업을 대상으로 하는 SI(System Integration) 사업이 중심이었지만, 최근 3년 전(제1화가 시작되는 3년 전 시점)부터 자사 서비스 개발 및 서비스 제공 분야로 사업 방향을 바꿨다. 직원 수는 약 500명. 상시 채용도 많고 매력적인 문화를 가진 기업으로 알려져 있지만 현실은 폭풍 야근이다.

주식회사 MIH ▸ 인테리어를 주요 사업으로 하는 제조 기업. 국내 시장 점유율 3위. AnP에게 업무 기간계 시스템 개발을 맡겼다. 판매 증대를 위해 3부에서는 B2B였던 EC 사이트 구축 프로젝트를 시작한다. AnP에게는 중요한 클라이언트다.

새로운 리더 그리고
기대 매니지먼트

새로운 리더가 왔다

쿠라야시키 씨와 SI 부문으로 돌아오니 다음 일이 기다리고 있었다. 이전에 내가 운용 유지 보수를 담당했던 클라이언트인 MIH와의 새로운 프로젝트가 이제 막 시작되는 시점이었다. MIH는 개인 주택 인테리어(실내 조명이나 가구 등)을 취급하는 종합 메이커로, 국내 점유율은 업계 3위다. 우리 회사 클라이언트 중에서도 규모가 꽤 큰 편이다.

프로젝트 내용은 흔한 B2B의 EC 사이트 구축이다. 대형 인테리어가 아닌 조명이나 커튼과 같은 작은 일용품, 소모품을 다룬다. 그동안 메이커로서 좋은 제품 만들기에만 전념하고 판매는 대리점에 위탁했던 MIH로서는 인터넷으로 자신의 상품을 판매하는 것이 획기적인 시도라고 했다. 대리점을 경유하지 않고 직접 개인 인테리어 사무소나 내장재 사업자 등에게 판매한다.

당연히 주문이나 재고를 관리하는 기간 시스템과 연결될 것이므로 시스템 규모는 꽤 크리라 예상한다. "(자사 제품 개발에서 SI로 돌아가는) 재활 프로그램인가?"라는 쿠라야시키 씨의 말과 달리, 난 그리 기운이 떨어지는 프로젝트가 아니라고 느끼고 있었다.

말이 끝나기 무섭게 팀이 움직이기 시작해 반 개월도 채 지나지 않았을 때 사건이 터졌다. 리더를 맡고 있던 쿠라야시키 씨가 다른 프로젝트로 차출돼 버린 것이다. 회사에서 전력을 다해 수주한 대규모 개발 프로젝트에 큰 문제가 발생한 듯했다. 이런 상황에 빠르게 대처하는 건 이 회사의 장점이라고 생각되기도 하지만 제품 개발에선 리더 부재의 영향이 매우 크다.

쿠라야시키 씨도 뭔가 조금은 할 말이 있지 않을까 생각했지만, 아무런 말도 하지 않았다.

"에노시마, 그럼 뒤를 부탁한다."

던지듯이 말하고 가 버렸지만, 분명 나를 신뢰하고 있는 것이라 생각하고 싶다. 쿠라야시키 씨가 금방 돌아오지는 않겠지만, 언제라도 돌아올 수 있도록 이쪽 제품 개발을 잘 진행해 둬야겠다고 새롭게 마음먹는다.

쿠라야시키 씨가 사라지고 내가 당분간 팀 리더 역할을 하게 됐다. 회사로서는 아직 나이가 어린 나에게 대규모 프로젝트를 맡기기는 어려운 것 같았다. 단, 리더가 없는 상황을 만들면 안 되기 때문에 어쨌거나 눈에 띄는 활동을 하고 있는 내게 당분간 리더를 맡겼다. 아마도 쿠라야시키 씨도 상부에 추천한 것 같았다.

리더가 바뀌었다고 하더라도 일은 크게 변하지 않았다. 데일리 스크럼으로 하루를 시작한다. 한 주의 스프린트는 스프린트 플래닝으로 계획한다. 스프린트 종료 시점에 팀과 관계자를 모아 스프린트 리뷰에서 데모를 실시한다. 데모에는 클라이언트도 참가한다. 데모의 피드백을 받아, 다음 스프린트를 위한 제품 백로그를 정리한다. 그리고 스프린트 마지막 단계에는 회고를 실시한다.

퍼실리테이션에는 이미 익숙하다. 사내에서 사용하는 테스트 도구를 개발할 때나 이번 프로젝트에서도 쿠라야시키 씨가 팀 이벤트 퍼실리테이션을 맡겼기 때문이다. 팀은 이미 리듬을 타고 있으므로 이를 잘 활용하도록 하기만 하면 된다.

쿠라야시키 씨를 대신해 리더로 일하기 시작해 네 번째 회고를 마쳤다. 모두 새로운 체제에 익숙해졌을 즈음, 또 다른 변화가 일어났다. 돌연 새로운 리더가 합류한 것이다.

새로운 리더로 합류한 유비 씨는 경력자로, 입사한 지 이제 막 한 달 정도 됐다. 유비 씨는 이직 전 1만 명가량의 직원이 있는 SI 회사에서 일했으며 주로 아키텍처를 담당했던 것 같았다. 나보다 10살가량 연상으로 풍부한 경험을 갖고 있다. 이쪽으로 이직하기 전까지는 모 은행의 핀테크Fintech 서비스의 개발 시스템 설계에 참여한 듯했다. 난 경험이 풍부한 아키텍트와 함께 일할 수 있다는 사실에 큰 기대를 했다.

임시 리더로서 유비 씨에게 이 팀이 현재 일하고 있는 방식을 공유했을 때 눈살을 찌푸릴 수밖에 없었다.

"에노시마 씨, 이 팀은 아직 제품에 대한 요구사항 정의를 끝내지 못한 것 아닙니까? 물론 설계도 포함해서요. 현재 상태를 보면 일단 알고 있는 부분부터 코드를 작성하기 시작하는 것 같습니다. 이래서는 안 됩니다."

유비 씨는 눈매가 살짝 처져 있어 부드럽게 보이지만, 말투는 꽤 엄격했다. 말투에서 강압적인 분위기가 느껴졌다. 난 평소와 다름 없는 태도로 유비 씨에게 말했다

"이 팀은 스크럼 방식으로 업무를 진행하고 있습니다. 요구사항은 제품 백로그로서 우선 최초 출시에 필요한 것 그리고 그다음 차례에 필요한 것을 선정하고 있습니다. 설계는 전체 아키텍처를 프로젝트 개시 시점에서 결정하고 이후 스프린트별로 제품 백로그 아이템을 개발하면서 함께 검토합니다."

유비 씨의 미간에 깊은 주름이 새겨졌다.

"필요한 것이라…. 꽤 여유 있는 것 같습니다. 이대로라면 현재 알지 못하는 요구사항이 뒤에 나타나 설계 변경을 해야 할 가능성이 있습니다. 상당한 재작업이 예상되는군요."

유비 씨는 내 말을 이미 무시하고 팀에게 선언했다.

"여러분이 일하는 방법을 부정하려는 의도는 아닙니다. 다만, 먼저 요구사항을 확실하게 정의하는 편이 좋겠습니다. 그 이후에 코드를 작성하는 것이 보다 효율적일 것입니다. 다음 스프린트에서는 요구사항을 정의하겠습니다."

그렇게 말한 후 유비 씨는 요구사항 정의 산출물에 관해 말하기 시작했다. 유스 케이스 다이어그램, 유스 케이스 시나리오, 클래스 다이어그램, 액티비티 다이어그램, ER 다이어그램, 로버스트니스 다이어그램….

"로버스트니스 다이어그램이 뭡니까?"

"작성할 때 알려드리겠습니다."

그는 더이상 우리와 눈을 마주치지 않았다.

팀은 요구사항을 명확하게 정의하기 위해 코드 작성을 중단했다. 지금까지 수많은 프로젝트를 수행해 온 유비 씨는 요구사항 정의에 관한 강의를 해줬다. 처음 듣는 내용도 많았기 때문에 많은 것을 배울 수 있었다. 나를 포함해 팀 멤버는 이제까지 각자가 필요할 때만, 어깨너머로 보는 듯이 학습했기 때문에 체계적인 지식을 습득하는 것 자체가 신선했다.

단, 그만큼 유비 씨가 생각한 이상으로 팀의 움직임은 늦었고 요구사항 정의는 한 번의 스프린트만으로는 끝나지 않았다. 다음 스프린트, 또 다음 스프린트…. 실제로 3주가 지났음에도 유비 씨가 정의한 산출물들을 완성할 수 없었다. 오히려 범위를 가능한 넓게 잡고 요구사항을 다듬은 것이기 때문에 가능성을 생각한다면 '이것도 필요하고 저것도 필요해!'와 같이 됨으로써 요구사항 정의가 끝날 기미조차 보이지 않게 됐다.

제품 책임자를 담당하고 있는 클라이언트 측 담당자인 스나코 씨도 걱정하는 듯했다.

"에노시마 씨, 코드를 작성하지 않은 스프린트가 벌써 네 번입니다. 한 달이라구요."

스나코 씨와는 다른 시스템의 유지 보수를 1년가량 함께 해오고 있다. 이번 프로젝트에는 제품 책임자로 참여하고 있다. 스나코 씨와는 숨김 없이 이야기할 수 있었다.

"그렇네요. 멤버들의 걱정도 조금씩 늘어나고 있는 것 같습니다."

"필요하다고 하면 제품 백로그야 얼마든지 만들 수 있어요. 하지만 이런 일만 하고 있어서 괜찮은 걸까요?"

나도, 스나코 씨도 동감이었다.

사건은 유비 씨가 합류한 후 다섯 번째 스프린트에 돌입했을 때 일어났다. 클라이언트와의 정기 회의에서 관계자 중 한 명이 전날 클라이언트 측의 사업 검토 회의에서 있었던 내용을 공유했는데 그 내용 때문에 참가자들 사이에 충돌이 일어났다.

판매 대상을 사업자가 아닌 일반 가정으로 바꾼다. 즉, B2B가 B2C로 전환된다는 것이었다. 청구서를 기본으로 하는 외상 판매에서 신용 카드를 사용해 즉시 결제하는 방법으로 변경해야 하고 마이 페이지My Page등 개인 고객을 타깃으로 하는 기능도 구현해야만 한다.

아무래도 EC를 시작하는 것과 관련해 대리점과의 타협이 이뤄지지 않아 경영층에서 사업 기획 자체를 변경한 듯하다. EC 개발 자체는 변하지 않으므로, 기능 사양이 대대적으로 변경되지는 않을 것이다. 하지만 프로젝트를 개시하고 2개월이 지난 시점이므로 크게 방침을 변경할 수 있다면 지금이 적기라고 생각한 듯했다. 하지만 실질적으로는 이 결정에 따라 지금까지 검토해 온 제품 백로그 중 절반 정도를 버려야 할 수도 있다는 의미였다.

유비 씨 역시 아무런 말도 하지 못했다. 팀은 지금부터 어떻게 하는 것이 좋을까? 그렇지 않아도 진척이 되지 않고 있는데 이번 방침 변경으로 인해 더욱 느려질 것이다. 제품 책임자인 스나코 씨의 걱정은 정점에 다다른 듯했다.

이럴 때 쿠라야시키 씨라면 대체 어떻게 했을까? 니시가타 씨는 나에게 어떤 힌트를 줬을까? 난 쿠라야시키 씨와 대결했던 사건을 떠올렸다. 이것은 변화하는 프로젝트의 방향성을 다시 파악하지 않았기 때문에 벌어진 사태였다.

다시 한번 기억을 더듬었다. 사내 제품 개발에서 제품 책임자였던 토바시 씨, 역할에 대한 인식이나 행동에 대한 기대가 어긋났기 때문에 일어났던 충돌들…. 지금의 유비 씨와 프로젝트팀의 관계도 그때와 똑같은 것은 아닐까?

난 '지금 무엇을 할 것인가?'라고 스스로 던진 질문에 대답했다. 인셉션 덱과 드러커 엑서사이즈다.

에노시마의 해설 ▶ 기대 매니지먼트 업데이트와 리더스 인테그레이션

3부의 해설은 저 에노시마가 하겠습니다. 이시가미 씨도 쿠라야시키 씨도 니시가타 씨도 이제는 없습니다. 저와 팀은 이 상황을 어떻게든 헤쳐 나가야 합니다.

13장에서 소개했던 드러커 엑서사이즈, 11장에서 소개했던 인셉션 덱은 한 번 만들었다고 해서 끝나는 것이 아닙니다. 정기적으로 바꿔 줘야 합니다.

특히, 새로운 멤버가 합류하거나 프로젝트의 상황이 변했을 경우에는 즉시 실시해야 합니다. 기존 멤버든, 새로운 멤버든 '내가 이 프로젝트와 어떻게 연관돼 있는가?'

라는 의문을 가진 채로 내버려 두는 상황은 반드시 피해야 합니다.

프로젝트 범위가 변경된 경우, 이번처럼 인원의 변경이 있는 경우, 시장의 변화나 경쟁 상황에 따라 마일스톤이나 출시일이 변경된 경우에는 반드시 멈춰 서서 방향을 바꿔야 합니다. 큰 릴리스가 있어 프로젝트 진행 도중 잠깐의 여유가 생긴 시점이 좋은 타이밍이라고 생각합니다.

또한 이런 상황 변화가 없다 하더라도 3개월 또는 반 년에 한 번 정도는 수정하는 것이 좋습니다. 개발 멤버 자신의 스킬이나 전제가 변화하거나 해석의 차이로 인해 기대가 어긋나 시간이 흐름에 따라 그 차이가 확대되는 경우도 있기 때문입니다.

우선, 내부의 기대와 외부의 기대를 맞추는 두 차례의 프랙티스를 어떻게 갱신하는지 살펴보겠습니다.

① 내부 기대: 팀의 기대(드러커 엑서사이즈)
② 외부 기대: 프로젝트 관계자의 기대(인셉션 덱)

▶▶▶ 드러커 엑서사이즈 업데이트

우선, 내부의 기대 조정은 드러커 엑서사이즈를 통해 수행합니다. 새로운 멤버가 합류하더라도 짧은 시간 안에 다시 팀 빌딩을 할 수 있습니다.

13장에서 소개했던 네 가지 질문과 1개의 추가 질문을 사용합니다.

① 나는 무엇을 잘하는가?
② 나는 어떻게 공헌할 것인가?
③ 내가 중요하게 생각하는 가치는 무엇인가?
④ 팀 멤버는 나에게 어떤 성과를 기대하고 있다고 생각하는가?
⑤ 그 기대는 맞는가?

④와 ⑤의 질문이 특히 중요합니다. 새로운 멤버뿐 아니라 다른 멤버와도 자주 수정하면서 기대의 어긋남을 맞춰 나가야 합니다. 한 번 맞췄던 기대는 그대로 있는 것이 아니라 팀이나 프로젝트 상황에 따라 변하기 때문입니다. 결혼이나 아이의 성장, 가족의 질병 등 멤버의 개인적인 이벤트에 따라 크게 달라지기도 합니다.

또한 '지난 번 기대를 조율한 결과, 성과를 냈는가?', '현재의 팀이나 프로젝트 상황에 따른 새로운 기대는 무엇인가?'라는 주제에 관해서도 이야기를 나눠야 합니다.

이전의 기대와 변함이 없다는 생각으로 진행하면 기대가 어긋난 상태로 프로젝트를 진행하게 됨으로써 팀이 성과를 내지 못하게 되고 프로젝트 상황이 위험에 처하게 됩니다.

▶▶ 인셉션 덱 업데이트

다음으로 외부 기대를 조율하기 위한 인셉션 덱입니다.

이 또한 드러커 엑서사이즈와 동일한 타이밍이나 빈도로 업데이트합니다. 소프트웨어 개발 프로젝트는 시장의 변화에 영향을 받으며 불확실한 요소가 많으므로 그 방향을 쉽게 볼 수 없는 경우가 종종 있습니다.

방향을 보지 못한 채로 프로젝트를 진행하는 것은 업무의 낭비를 낳고 멤버의 모티베이션에도 악영향을 미칩니다. 그렇게 되지 않기 위해서라도 프로젝트의 방향성을 확인하는 인셉션 덱은 관계자 사이에서 정기적으로 업데이트하는 것이 중요합니다.

업데이트할 범위 역시 상황에 따라 다양합니다. 매번 새로 만들어야 할 필요는 없지만, 최소한 다음 사항에 관해서는 수정을 검토하기 바랍니다.

☐ 우리는 왜 여기에 있는가?

'아무것도 변하지 않았는가?'라고 다시 질문합니다. 이 항목이 바뀐 경우에는 그 프로젝트의 근간이 변합니다.

☐ 하지 않을 일 리스트

범위의 변화(증가 및 감소)를 확인하고 '나중에 결정할' 항목도 시간이 지남에 따라 함께 업데이트합니다.

☐ '근처에 있는 사람' 찾기

프로젝트 방향성에 큰 영향을 미치는 발언권을 가진 새로운 이해관계자가 나타나는 경우가 있을 것입니다. 상황을 업데이트합니다.

□ 밤에도 잠들지 못하는 문제

프로젝트 시간이 지남에 따라 불확실한 요소가 줄어들거나 병목이 이동하는 경우가 있습니다. 리스크를 확실히 파악해 통제합니다.

□ 트레이드 오프 슬라이더

상황이 변하고 우선순위가 변하지 않았는가? 범위의 변경이나 기간의 변경 등 이해관계자의 압력에 의해 실제 상황에 맞지 않는 경우도 많습니다. 확실하게 확인한 후 업데이트합니다.

▶▶▶ 리더스 인테그레이션

여러분은 리더스 인테그레이션Leaders Integration을 알고 계십니까? 리더스 인테그레이션이란, 리더와 멤버 사이의 신뢰감을 양성하기 위한 워크숍입니다. 신임 리더가 오는 경우나 팀으로서의 일체감이 결부돼 있는 경우 등에 실시하는 것이 좋습니다.

워크숍 내용은 매우 간단합니다. 리더에 관해 알고 있는 것이나 리더를 위해 할 수 있는 일 등 리더가 참석하지 않은 상황에서 멤버가 의견을 냅니다. 순서는 다음과 같습니다. 시간은 리더와 팀의 거리감이나 관계성에 따라 적절하게 정합니다.

〈 진행 순서 〉
① 리더, 멤버, 퍼실리테이터가 회의실에 모입니다.
② 리더는 자기 소개, 포부, 가치관 등을 발표합니다(5분).
③ 리더는 회의실에서 나갑니다.
④ 멤버끼리만 다음 항목을 이야기하면서 포스트잇에 자신의 의견을 적어 화이트보드에 붙이고 공유합니다.
    ④-1 리더에 관해 '알고 있는 것'(10분)
    ④-2 리더에 관해 '알고 싶은 것'(10분)
    ④-3 리더에게 '알려 주고 싶은 것'(10분)
    ④-4 리더를 위해 '모두가 할 수 있는 것'(10분)
⑤ 멤버가 회의실에서 나간 후 리더가 들어옵니다.

⑥ 퍼실리테이터가 의논의 흐름이나 행간을 리더에게 설명합니다(10분).

⑦ 리더는 포스트잇의 의견을 보면서 대답을 생각합니다(10분).

⑧ 멤버는 회의실로 들어옵니다. 리더는 멤버에게 대답합니다(25분).

⑨ 환영회나 자유 주제 등으로 간단하게 이야기를 나눕니다.

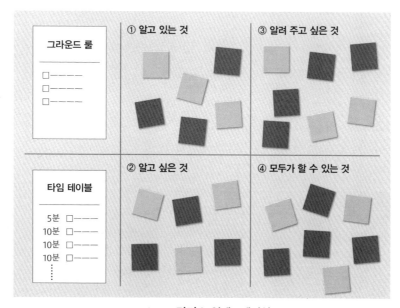

그림 3-1 **리더스 인테그레이션**

이 워크숍을 통해 리더와 멤버의 심리적 거리를 줄일 수 있습니다. 이것이 신뢰감, 일체감의 육성으로 이어집니다. 또한 리더가 생각하고 있는 가치관 등도 언어화할 수 있기 때문에 생각의 차이를 줄일 수 있게 됩니다.

퍼실리테이터는 팀과 관계 없는 제삼자가 담당하는 것이 좋습니다. 직책이나 포지션과 관련이 있으면 평가나 상하 관계 등을 멤버가 신경 쓰게 돼 적극적으로 발언하기 어려워지기 때문입니다. 멤버가 발언을 가리게 하는 요소는 가급적 없애야 합니다.

또한 퍼실리테이션의 핵심은 '얼마나 편안한 기분으로 이야기할 수 있도록 하는가?', '얼마나 자기 의견을 제시하도록 하는가?', '얼마나 심리적으로 안전한 장소를 만들어 내는가?'입니다.

포스트잇에 의견을 적는 것이 잘 진행되지 않을 수도 있습니다. 이 경우에는 무엇이든 적을 수 있도록 허들을 낮춰야 합니다. 예를 들어 자신이 일에서 느끼고 있는 것이나 자신이 잘하는 활동, 태스크를 적게 할 수도 있습니다. 리더에게 무엇을 전하기 이전에 스스로의 기대나 생각을 꺼내 보게 합니다. 자신이 주어라면 분명 무엇인가를 끌어낼 수 있을 것입니다. 그 내용을 바탕으로 리더에게 전하고 싶은 것을 종합하도록 합니다.

드러커 엑서사이즈, 인셉션 덱, 리더스 인테그레이션 등을 실행과 업데이트를 통해 팀의 상황을 정기적으로 반영해 나가도록 합니다.

스스로의 상황은 자신이 관리하고 싶을 것입니다. 단지 사람이 모여 있기만 해서는 그룹에 지나지 않습니다. 팀이 되기 위해서는 서로의 기대를 맞추고 신뢰감을 만들며 심리적으로 안전한 상황을 만들어야만 합니다.

칼럼 **모던 애자일(심리적으로 안전한 장소)**

모던 애자일(Modern Agile)이란 조슈아 케리에프스키(Joshua Kerievsky)가 제창한 개념으로, 4개의 기본 원칙으로 구성돼 있습니다. 2001년 애자일 매니페스토가 탄생한 이후 17년이 지난 지금, IT 업계는 크게 변화하고 있습니다. 이들 4개 기본 원칙이 현재의 새로운 기준이 될 것을 시사하고 있습니다.

모던 애자일 기본 원칙

① 사람이 최고를 발휘하게 한다.
② 안전은 필수 조건이다.
③ 빠르게 실험하고 학습한다.
④ 지속적으로 가치를 전달한다.

기본 원칙 중 '안전은 필수 조건이다.'가 있습니다. 프로젝트나 팀의 상태, 사람을 비난하지 않는 멤버 간의 관계성, 코드 수정 시 지속적인 통합(Continuous Integration, CI)이나 테스트를 통한 보장 등 안전이 기본 원칙의 한 꼭지를 담당하고 있습니다.

팀의 상황이 '안전'하다는 것 역시 가치를 최대화하기 위한 요소입니다. 팀에서 반대 의견을 이야기하거나 실수를 했다 하더라도 그로 인해 비난을 받거나 좋지 않은 평가를 받지 않도록 만드는 것이 중요합니다. 서로를 존중하고 신뢰할 수 있다는 확신이 보다 강한 팀을 만들고 결과적으로 높은 생산성으로 이어집니다.

안전하고 사람의 능력을 최대한 발휘하게 하고 빠르게 실험하고 학습하고, 가치를 지속적으로 제공할 수 있다면 여러분에게도 일하는 보람이 있을 것입니다.

사람, 팀, 장소, 구조, 일하는 방법, 문화 중 무엇이 먼저라도 좋습니다만, 모든 것이 서로 의존하는 가운데 순환하고 있다고 생각합니다. 자율적이고 모티베이션이 높은 팀이 곳곳에 생겨나길 기대합니다.

— 아라이 타케시

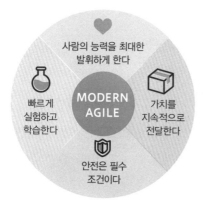

1. 사람의 능력을 최대한 발휘하게 한다
2. 안전은 필수 조건이다
3. 빠르게 실험하고 학습한다
4. 가치를 지속적으로 전달한다

출처: Modern agile practices ©Joshua Keriesky(http://modernagile.org/~mediaKit)

그림 3-2 모던 애자일 기본 원칙

스토리 서로의 기대를 명확하게 한다

인셉션 덱을 통해 이 프로젝트 개발의 목적과 방향을 새롭게 다듬었다. 무엇보다 B2B였던 EC 사이트를 B2C로 바꾸는 것이다. 개발팀뿐 아니라 클라이언트도 참가하도록 한다. 그리고 유비 씨에게 일하는 방법을 받아들이게 하기 위해서는 클라이언트를 포함해 합의 및 의사 결정을 해야 한다고 생각했다.

'우리는 왜 여기에 있는가?'에서 시작해 '트레이드 오브 슬라이더'나 '하지 않을 일 리스트'를 선정해 나간다. 하지 않을 일 리스트에는 청구서와 관련된 기능이 가장 먼저 뽑혔다.

난 제품 백로그상에서 하지 않을 일뿐 아니라 '이 팀에서 하지 말아야 할 일하는 방법' 그리고 '시도하고 싶은 일하는 방법'을 뽑기로 했다. '하지 않는 방법'에는 '상상만으로 모든 제품 백로그를 넣지 않도록 한다.'가 개발팀 멤버로부터 선정됐다.

유비 씨는 눈을 약간 가늘게 뜨는 듯 보였지만, 아무런 말도 하지 않았다. 이렇게 우린 다시 스스로의 일하는 방법을 되찾았다.

또한 클라이언트 측에서는 내가 개발 리더를 맡았으면 좋겠다는 요청이 있었던 듯하다. 드러커 엑서사이즈를 할 때 참가했던 매니저가 먼저 이야기를 꺼냈다.

"이후 개발팀 리더는 에노시마 씨에게 맡기겠습니다."

스나코 씨가 곧바로 뒤를 이었다.

"에노시마 씨라면 안심이예요. 이전에 함께 일했던 경험이 있으니까요."

아무래도 스나코 씨가 뒤에서 손을 쓴 것 같았다. 난 스나코 씨를 쳐다봤지만, 그녀는 눈치채지 못한 듯했다. 리더 교체는 나에게도 불 속의 밤을 줍는 것 같은 느낌이면서도 이 상황에서는 받아들이지 않을 이유가 없었다.

"알겠습니다. 그 대신, 한 가지 부탁이 있습니다."

매니저는 내 이야기에 조금 놀란 듯했다. 교환 조건이라고 생각했는지도 모른다. 난 말을 이었다.

"제가 리더 업무에 전념하는 대신, 서비스 설계나 아키텍처의 검토 리드는 경험이 풍부한 유비 씨에게 부탁드리고자 합니다."

지금까지 팔짱을 끼고 조용히 있던 유비 씨는 자기도 모르게 팔짱을 풀고 나를 쳐다봤다. 유비 씨는 프라이드가 높은 사람이다. 다른 사람이 말한 것을 곧이곧대로 받아들일 리가 없다고 생각했다. 유비 씨가 사양을 하기 전에 말을 이었다.

"그렇지 않으면 저는 리더를 맡을 수 없습니다."

스나코 씨는 '그건 안 된다.'는 표정으로 매니저의 얼굴을 쳐다본다. 이렇게 되면 곤란한 것은 매니저다. 매니저가 유비 씨를 열심히 설득했다. 유비 씨도 다 큰 어른이니 상황이 이렇게 된 이상 받아들일 수밖에 없다. 어쩔 수 없다는 듯 입을 열었다.

"이 서비스 아키텍처는 아직 검토할 것이 많이 남아 있습니다. 제가 이 관점에서의 논의는 리드해 나가도록 하겠습니다."

난 비로소 안도의 숨을 내쉬었다. 아수라장이 될 것 같은 분위기 속에서 긴장하고 있던 다른 팀 멤버와 관계자도 가슴을 쓸어내렸다. 이렇게 우리는 팀 내 역할에 관한 기대를 이야기함으로써 누가 무엇에 책임을 지고 있는지 명확히 하게 됐다. 분명, 우리는 전진하고 있다.

외부에서 온 멤버와
계획을 세우다

스토리 ▷ 회사 밖에서 온 2인조

쿠라야시키 씨가 차출돼 간 프로젝트는 그야말로 뜨겁게 달아오르고 있는 것 같다. 이번엔 우리 팀의 멤버 절반이 차출됐다. 나와 유비 씨 그리고 5명의 멤버로 구성됐던 팀에서 3명이 차출돼 4명만 남게 됐다.

유비 씨도 질려 버린 것 같다.

"중요 고객인 MIH의 신규 사업으로, 회사 전체가 주력해야 하는 프로젝트였던 것 아니었나요?"

어쩔 수 없다. 이 프로젝트보다 회사가 사활을 걸어야 하는 훨씬 중요한 프로젝트가 생긴 것이다. 불행 중 다행이라고 해야 할까. 클라이언트인 스나코 씨와는 빈번하게 커뮤니케이션을 해왔기 때문에 팀 멤버가 교체된다고 하더라도 큰 클레임은 없을 것이다.

단, 팀의 큰 공백을 어떻게 채워야 할지에 관해서는 나에게는 물론, 남은 멤버에게도 '밤에도 잠들지 못하는 문제'였다. 그럭저럭 3개월 가까이 함께한 멤버가 하룻밤 새 줄어들었기 때문이다. 새로운 멤버를 영입해도 캐치업을 하는 데만 상당한 오버헤드이리라. 단지 구멍을 메우기 위한 목적이 아니라 실력을 가진 멤버가 필요하다고는 하지만 사내에서 실력이 있다는 멤버는 모두 문제가 발생한 프로젝트에 참여하고 있기 때문에 이쪽으로 배정받는다는 것은 생각할 수도 없었다.

"외부에서 업무 위탁을 하고 있는 프로그래머를 데려올 수밖에 없겠어요."

유비 씨의 조언에 나는 뭐라할 수 없는 이상한 기분이 들었다. 실은 지금까지 업무 위탁을 하는 사람과 함께 일을 해왔던 적이 없는 데다 외부 사람이기 때문에 어디까지 헌신해 줄지도 불안했다.

하지만 다리를 꼬고 앉아 고민만 할 수도 없었다. 나는 메신저를 켜고 회사 밖의 한 인물에게 연락하기로 했다.

"여전히 큰 일에 휘말리고 계시군요."

메신저의 상대는 시치리였다. 퇴직은 했지만 사외 스터디에서 가끔 만나고 있으며 근황에 관한 이야기도 나누고 있다.

"하지만 쿠라야시키 씨도 팀에서 없어져 에노시마 씨가 진짜 리더가 되셨네요."

"아, 하지만 이쪽 프로젝트는 언제 폭발할지 모르는 불안한 것들뿐이야. 뭐라도 생기면 맨 먼저 목이 날아갈 포지션이지."

나는 시치리에게 업무 위탁을 해줄 프리랜서를 소개받을 생각이었다.

"시치리는 이번 회사에서 일하면서 프리랜서 프로그래머들을 많이 알게 됐지?"

시치리가 이직한 사업 회사에서는 업무 위탁을 적극적으로 활용하고 있어서 시치리는 여러 프리랜서와 관계를 맺고 있었다. 스터디에 빈번하게 참석하는 이유 역시 업무 위탁으로 함께 일하는 프로그래머와 만날 기회를 늘리기 위한 것이라고 한다.

"물론입니다. 실력도 꽤 괜찮은 멤버를 몇 명 알고 있어요."

"꽤 터프한 프로젝트가 될 것 같으니 괜찮은 사람으로 부탁해."

시치리는 OK 스탬프로 답장했다. 그리고 3일 후 기묘한 모습의 두 사람이 내가 있는 곳에 쳐들어왔다.

두 사람은 서로 프리랜서로 일하고 있지만, 손발이 잘 맞아 함께 다양한 현장을 돌아다니고 있다고 한다.

"처음 뵙겠습니다. 만후쿠지라고 합니다. 루비Ruby로 10년째 프로그래밍하고 있습니다."

그 예의 바른 남성은 꽤 거구였다. 위아래로는 물론 옆으로도 크다. 나도 그를 올려다 봐야만 했다. 무엇보다 특별한 것은 삭발한 머리다. 나이는 벌써 40을 넘은 것 같지만, 삭발한 머리 덕분에 나이보다는 젊어 보였다. 건네준 명함을 보니 동료 사이에서는 '스님'이라고 불리고 있는 것 같다. 만후쿠지 씨의 용모에서 눈을 떼지 못하고 있는데 옆에서 밝은 하이톤의 목소리가 들렸다.

"마이 네임 이즈 마이 히사카. 안녕하세요, 미스터 에노시마!"

다른 사람은 나보다 어려 보이는 여성 프로그래머인 마이 히사카 씨였다. 일본인이지만 어렸을 때 미국으로 이주해 해외에서 생활해 온 듯하다. 최근 몇 년간 일본에 돌아와 일을 하고 있지만, 긴 해외 생활 때문에 말투가 독특했다. 유럽인이 무리해서 일본어를 말하는 듯한 느낌이랄까?

두 사람의 신장 차이가 가장 눈에 띄었다. 금방 익숙해지지 못할 것 같은 느낌이었지만 엄청난 코드를 만드는 실력자인 것만은 분명해 보였다. 마침 이번에 프로젝트를 마치고 다음 일을 찾고 있던 중이라 두 사람을 소개시켜 줬다고 한다.

두 사람과 함께 일을 해온 시치리의 눈매는 믿을 수 있었다. 시치리를 믿고 바로 팀에 합류시키기로 했다. 우선 설계를 수정해야 한다.

"이런 추정으로는 계획에 맞출 수 없어요."

말투는 공손했지만, 유비 씨는 애써 말을 참고 있는 게 확실했다. 두 사람에게는 즉시 제품 백로그를 기초로 제품 전체 개발 규모를 추정해 달라고 했는데, 추정 결과 필요한 스프린트를 추정해 보니 출시 일정을 훌쩍 뛰어넘었다. 일정 차이가 너무 커서 현재까지 추정의 두 배에 가깝다.

"왜 이렇게 오래 걸리는 건가요?"

유비 씨의 말투가 점점 시비조로 바뀌어 간다. 미간의 주름이 깊어지고 있다. 이야기를 하는 스님과 마이 씨는 차가운 얼굴을 하고 있다.

"이번 제품 백로그의 내용을 기본으로 하면 이 정도 걸립니다. 모르는 것이나 결정되지 않는 것이 꽤 많아요."

"맞습니다! 세부 사항을 모르는 아이템을 추정하려면 버퍼를 넣는 수밖에 없습니다!"

두 사람이 대강 추정을 하는 것이 아니라는 것도 명백했다. '끝나지 않는 요구사항 정의 사건'을 통해 주변의 의견을 의식적으로 받아들이기로 한 유비 씨는 두 사람에게 더 이상 따지는 것을 멈췄다.

"추정 내용을 한 가지씩 정리해 보지요."

유비 씨의 모습에 오히려 마이 씨 쪽에서 난색을 표했다.

"정리! 추정은 단지 재검토하는 것만으로 내려가지 않습니다!"

스님도 마이 씨를 응원하기 시작했다. 이 두 사람, 정말 손발이 잘 맞는다.

"오히려 이 정도의 규모로 수습하는 것만으로도 다행이라고 생각합니다. 더 오래 걸릴 가능성도 있습니다. 지금부터라도 일정 조정을 하는 해야 하는 건 아닐까요?"

'그게 프로젝트 매니저가 할 일이라고'

라고 말하듯 스님과 마이 씨는 유비 씨를 바라봤다. 슬슬 인내심에 한계를 넘은 유비 씨가 크게 한숨을 내쉬고 다음 말을 토하기 전에 내가 끼어들었다.

"다시 한번 추정해 보도록 합시다."

내가 기대를 벗어났다고 생각했는지, 마이 씨가 눈썹을 치켜올리고는 무엇인가 말하려고 한다. 난 그것을 무시하고 아이디어를 냈다. 이전 니시가타 씨에게 배운 추정 방법이다.

"다같이 추정합시다. 플래닝 포커로요."

난 일부러 여유 있게 말하며 모두가 필요 이상으로 과열되는 것을 막았다.

시간이나 노력, 자금이 충분하다면 프로젝트의 최후까지 변경이 없는 정확한 계획을 세울 수 있을까요? 전 그렇게 하지 못합니다. 그런 계획을 세울 수 있는 사람은 거의 없을 것입니다. 초기 단계에 긴 시간을 투입해 사용할 수 없는 세밀한 계획을 작성하는 것보다는 현장에서 활용할 수 있는 사용 가능한 계획을 지속적으로 만드는 것이 중요합니다.

프로젝트가 진행되면서 정보량이 늘어납니다. 제품이 준비해야 할 높은 가치의 요구나 개발팀의 과거 경험을 얼마나 활용할 수 있는지 등 다양한 정보를 발견하게 됩니다. 일반적으로 제품이 성장해 나가는 시간의 흐름과 함께 고객으로부터의 희망 사항도 증가합니다. 항상 프로젝트 기간보다 할 일이 많아지게 됩니다.

결과적으로 멀티태스크가 돼, 전환(스위칭) 비용이 증가하고 지연이 서서히 늘어나고 체력이 소모되고 실패가 늘어나며 재작업이 발생하는 악순환이 발생합니다.

프로젝트가 진행되면서 당초 계획의 윤곽과 달라지는 경우, 실행 불가능한 계획에 집착하는 것보다 새로운 학습에서 획득한 지식을 계획에 적용해 가치 제공에 주력합시다. 초기 릴리스 계획을 작성했다고 해서 완성되는 것이 아닙니다. 스프린트별로, 매번 릴리스 계획을 수정한다 해도 과언이 아닙니다. 오히려 적극적으로 변경하기 위해 노력해야 합니다.

▶▶▶ 추정을 통한 계획 만들기의 기본적인 흐름

우선, 기본적인 흐름을 설명하겠습니다.

〈 기본적인 흐름 〉

① 규모 추정

② 추정한 스토리 포인트 합계 계산

③ 기간으로 변환

④ 스케줄링

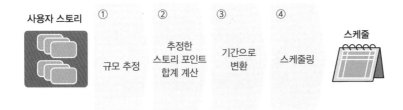

그림 3-3 **추정을 통한 계획 만들기의 기본적인 흐름**

위 순서로 추정, 계획 만들기를 수행합니다. 규모와 기간을 구분하는 것이 포인트입니다. 우선 규모에 관해 생각해 봅니다. 사용자 스토리로서 정리된 요구사항은 범위가 정해지면 필요한 작업은 누가 하더라도 거의 동일해집니다. 한편, 기간은 팀 스킬이나 과거 경험, 사람 수 등의 배경에 따라 달라집니다. 그렇기 때문에 이 두 가지를 동시에 생각하는 것이 아니라 나눠 생각해야 합니다.

사용자 스토리의 규모를 나타내는 단위를 스토리 포인트Story Point라 부르며 규모를 추정할 때는 절대적인 공수나 시간이 아닌 상대적인 값을 사용합니다. 절대적인 공수나 시간을 적용하는 것은 어려울 뿐 아니라 시간도 많이 걸립니다. 하지만 크고 작음의 상대적인 관계나 2배 또는 몇 배 정도의 감각적인 파악은 대부분의 사람이 잘하는 영역입니다.

전체 사용자 스토리를 스토리 포인트로 추정한 후 포인트 전체를 더합니다. 이어서 첫 번째 스프린트에서 개발할 수 있는 속도인 벨로시티를 사용합니다. 개발이 시작되지 않는 경우에는 팀의 규모를 기준으로 벨로시티를 예상하고 개발이 진행된 경우에는 과거의 벨로시티 평균값을 이용합니다. 그리고 사용자 스토리 포인트의 합계를 벨로시티로 나눕니다. 이것으로 전체 개발에 필요한 스프린트 숫자를 계산할 수 있습니다.

필요한 스프린트 수 = 스토리 포인트 합계/팀 벨로시티

가장 마지막에 이 스프린트 수를 캘린더에 넣으면 스케줄링이 가능한 흐름이 됩니다.

▶▶ 플래닝 포커

다음으로 추정 기법을 살펴보겠습니다. 추정은 상사나 외부 컨설턴트, 상위 단계의 SE가 하는 것이 아니라 개발 멤버 스스로가 해야 합니다. 실제 자신이 개발을 수행하므로 이보다 현장감을 잘 반영하는 값은 없을 것입니다.

프로젝트 초기에 도입해, 간단하게 추정할 수 있는 프랙티스인 플래닝 포커^{Planning Poker}입니다.

〈 플래닝 포커를 사용해 추정하는 순서 〉

① 전원에게 한 덱의 카드를 나눠 줍니다(이 카드에는 1, 2, 3, 5, 8, 13, 무한대의 피보나치 수열의 숫자가 쓰여 있습니다).

② 제품 책임자가 대상의 사용자 스토리를 읽습니다.

③ 제품 책임자는 개발팀의 질문에 답합니다.

④ 개발팀 멤버는 각자 카드를 선택합니다.

⑤ 선택한 카드를 동시에 뒤집어 보여 줍니다.

⑥ 전원이 낸 카드의 추정 값을 확인합니다.

⑦ 전원이 같은 수치를 냈다면 그 값을 추정 결과로 하고, 다음 사용자 스토리로 이동해 ②단계부터 반복합니다.

⑧ 수치가 다르다면 가장 높은 숫자를 낸 사람과 가장 낮은 숫자를 낸 사람의 견해와 근거를 듣습니다.

⑨ 근거나 우려되는 점 등에 관한 이야기를 나눕니다.

⑩ 다시 개발팀 멤버 전원이 카드를 선택합니다.

⑪ ⑤단계로 돌아갑니다.

그림 3-4 **플래닝 포커**

위 순서에 따른 추정은 거대한 연구나 오랜 경험이 없어도 누구나 간단하게 도입할 수 있으며 추정 작업을 원활하게 진행할 수 있습니다. 전원의 추정이 달라도 관계 없습니다. 경험이 적은 팀원이 걱정하는 점을 공유할 수 있으므로 팀 내에서 높은 스킬을 가진 멤버나 데이터베이스, UX 등을 잘하는 멤버의 경험담이나 우려되는 점을 학습할 수도 있습니다. 견해의 차이가 있는 것이 오히려 긍정적입니다.

완벽하게 정밀한 추정을 하는 것이 목적이 아닙니다. 낮은 비용으로 빠르게, 현장에서 가치 있는 추정을 하는 것이 중요합니다.

규모를 추정하는 것이라는 점도 잊어서는 안 됩니다. 종종 자신의 스킬에 맞춰 기간을 추정하려고 하는 경우가 있습니다. 스크럼 마스터가 주의를 충분히 주면서 퍼실리테이션하도록 합니다.

추정을 반복한다고 하더라도 시간에는 한계가 있습니다. 세 번가량 반복하면 값이 거의 일치하지만 의견이 모아지지 않는 경우도 있을 것입니다. '2, 2, 2, 5'와 같이 대다수가 같은 값을 내거나 '3, 3, 3, 5'와 같이 비슷한 이웃 숫자가 있는 경우에는 대다수의 의견을 합의로 결정하고 다음 스토리 포인트 추정을 진행하는 것도 한 가지 방법입니다.

▶▶ 플래닝 포커가 효과적인 이유

플래닝 포커가 효과적인 이유는 무엇일까요? 바로 참가자가 각자의 의견을 갖고 활발한 의논을 진행하기 때문입니다. 실제 개발하는 사람이 추정을 하기 위해 각각의 의견을 갖고 와서 서로 확인합니다. 결과가 제각각이라는 것은 그만큼 다른 의견이 존재한다는 의미입니다.

선택한 카드의 숫자가 서로 다르다면 설명을 해야만 합니다. 설명 과정에서 걱정하는 사항이나 과거의 실패담을 공유할 수 있습니다. 이때 팀 내의 태스크 난이도나 스킬의 차이가 줄어들게 됩니다. 전원이 추정하는 것에 훈련돼, 성장으로 이어지고 팀 레벨이 한층 올라갈 것입니다.

그리고 무엇보다 즐거운 분위기를 낼 수 있습니다. 카드 게임과 같은 형태를 가진 점, 포커라는 카드 게임의 메타포가 큰 영향을 미치는지도 모르겠습니다.

▶▶ 릴리스 플래닝

추정으로부터 계획을 수립하는 기본적인 흐름 속에서 제품 백로그와 그 추정 그리고 팀 벨로시티로 스케줄링이 가능하다는 것을 확인했습니다.

경영층이나 이해관계자가 프로젝트를 수행하는 과정에서 늘 신경 쓰는 것은 '정해진 일정에 릴리스할 수 있는가?', '비용은 얼마나 드는가?' 등일 것입니다.

스케줄링의 경우, 이와 같은 점을 고려하면서 마일스톤 계획을 수립해 나갑니다. 이를 릴리스 플래닝Release Planning이라 부릅니다. 릴리스 플래닝을 할 때는 기일, 범위, 예산, 품질 등의 균형을 고려한 상태에서 미래를 전망해야 합니다.

시장 상황이나 제품의 경영 전략 등을 감안해 제품 백로그에 릴리스 기준선을 그립니다. 하나의 릴리스는 일반적으로 여러 스프린트로 구성됩니다.

릴리스 플래닝에서는 먼 미래까지 상세하게 고려한, 치밀한 계획이 아니라 적당한 정도의 정확성을 중요시합니다. 경험주의를 기반으로 스프린트별 검증에 의한 학습을 활용해 증가한 정보량을 반영해 나가기 때문에 릴리스 기준선은 늘어나거나 줄어들 수 있습니다. 계획은 단 한 번의 수립한 것으로 끝나지 않습니다.

그림 3-5 **릴리스 플래닝과 제품 백로그**

▶▶▶ '계획'이 아니라 '계획 만들기' 활동을 하자

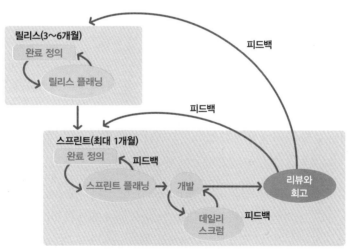

《アジャイルな見積りと計画づくり~価値あるソフトウェアを育てる概念と技法》
(Mike-Cohn 著, 安井力/角谷信太郎 翻訳, 毎日コミュニケーションズ, 2009)
《불확실성과 화해하는 프로젝트 추정과 계획》(인사이트)를 참고로 작성

그림 3-6 **릴리스 플래닝, 스플니트 플래닝, 데일리 스크럼**

초기 계획을 변경하지 않고 종료되는 프로젝트는 없습니다. 계획이란 그 시점에서 알고 있는 것을 기초로 만든 스냅샷에 지나지 않습니다. '계획'이 아니라 '계획 만들기'를 합시다. 활동 그 자체, 과정 그 자체에 가치가 있습니다. 변경은 무엇인가를 학습한 증거입니다. 당초 계획을 고집하지 않고 학습한 증거를 계획에 반영해야 합니다.

소프트웨어 서비스 개발 프로젝트는 매번 주문 기반의 색깔이 강하고 개발팀의 배경이나 멤버 등도 다양합니다. 제품의 초기 단계에는 알 수 없는 것 투성이입니다. 고객 측은 물론 개발 측에게도 마찬가지입니다. 고객이 기뻐하는 것을 만들어야 할 때 아직 판명되지 않은 요소나 알지 못하는 요소, 즉 불확실성을 무시해서는 안 됩니다. 불확실성을 해소하기 위해서는 15장에서 설명한 커네빈 프레임워크에서 말했듯이 먼저 탐색하거나 행동해 볼 수밖에 없습니다. 그 실행을 통해 얻은 경험적인 학습의 피드백을 활용하면 지식을 바꿀 때 비로소 불확실성을 해소할 수 있습니다.

계획 변경을 후퇴라고 생각하면 안 됩니다. 짧은 간격으로 반복하고, 부족한 태스크는 계획에 추가하고, 잘못된 추정은 즉시 수정하면서 진행해야 합니다. 지속적인 학습을 지식으로 바꿔 프로젝트에 계속 적용하는 것이 중요합니다.

스토리 ⌐ 버퍼는 어디로 사라졌는가?

플래닝 포커를 사용해 모두 함께 추정한다. 의문점이나 전제가 어떻게 돼 있는지를 명확히 하고 해결책에 동의할 때까지 그 자리에서 이야기하면서 추정한다. 만약 추정에 차이가 있다면 그 차이가 무엇인지를 명확히 하면서 플래닝 포커를 반복한다. 상대적인 추정이므로 짧은 시간 내에 추정이 마무리된다. 솔직히 유비 씨는 이런 추정 방법에 익숙하지 않은 것 같지만, 마이 씨나 스님에게는 잘 맞는 듯 적극적으로 참여해 줬다.

두 사람의 제품에 대한 의문도 이래저래 해소된 것 같다. 얼마나 효율적으로 개발할 것인지에 대한 관점에서의 구현 방법도 생각함으로써 이전과 비교해 전체적인 추정도 크게 줄어들었다.

"해냈네요! 이전 추정의 절반 정도로 줄어들었어요!"

"덕분에 무엇을 만들어야 할지 알게 됐습니다."

마이 씨도 스님도 자신이 추정한 내용에 만족하는 듯하다. 두 사람은 서로 하이파이브를 했다. 시치리의 말대로 이 두 사람의 실력은 출중하다.

난 이제까지 업무 위탁 개발자들에 대해 대개 '저는 요청받은 일만 합니다. 정확하게 지시해 주세요.'라는 고정관념을 갖고 있었다. 수·발주의 관계에서는 어쩔 수 없는 일이겠지만, 이 두 사람의 분위기는 완전히 달랐다. 각 제품 백로그 아이템의 배경까지 확인하려 하고 목적이 변하지 않는 범위에서 수행 방법의 선택지를 폭넓게 생각해 어떤 방법이 최선인지를 확실한 대화를 통해 결정한다. 실로 믿음직스러운 프로그래머다.

단, 아직 계획의 문제가 남아 있다. 이 상태로도 출시 예정일보다 살짝 앞선 상태다. 어떻게든 맞출 수 있는 선이 있는지는 몰라도 대개 개발 제품은 범위가 넓어지는 방향으로 진행되기 때문에 지금과 같은 상태라면 출시일을 넘기게 될 것이다.

고민하는 나를 보며 마이 씨가 밝은 목소리로 이야기했다.

"미스터 에노시마는 걱정꾸러기시네요."

"확실히 이대로는 안 될 것 같아서요. B2B였던 서비스가 B2C로 변하는 만큼의 변경이 있습니다. 앞으로도 무슨 일이 있을지 모릅니다."

유비 씨가 말하는 대로였다.

"그렇지만, 이 이상은 무리입니다. 지금도 아직 확실하지 않은 내용에 관해서는 버퍼를 둘 수밖에 없고요."

스님이 버릇처럼 말하는 버퍼라는 단어에 신경이 쓰였다. 버퍼…. 실제로 각 제품 백로그 아이템을 파악할 때 쌓인 버퍼는 활용되는 것일까? 물론 버퍼가 있어서 도움을 받는 경우도 있지만, 버퍼를 사용하지 않고 태스크를 끝냈다고 하더라도 프로젝트를 진행하는 도중에 버퍼는 어딘가로 사라져 버린다.

버퍼라는 말을 들으며 예전의 기억을 되새겨 본다. 순간, 강인한 사람의 얼굴이 떠오른다. 이시가미 씨였다.

이시가미 씨의 이야기를 듣는 도중에 버퍼 매니지먼트라는 사고방식에 관해 들은 적이 있다. 당시 적었던 메모는 아직 갖고 있다. 급히 PC를 켜는 나를, 세 사람은 의아하다는 듯 둘러싼다. 난 그리운 그 메모를 정신없이 읽어 내려갔다.

에노시마의 해설 ▶ CCPM

▶▶▶ 계획은 대개 기하급수적으로 늘어난다

기능이 완전하지 않거나 버그가 많은 제품이 회사의 평판이나 경영에 좋지 않은 영향을 미치리라 상상하는 것은 그리 어렵지 않습니다. 경영 판단, 고객, 시장의 이치에 따라 릴리스 스케줄이 결정돼 있는 경우, 기일이나 스케줄을 변경하기 어려운 경우도 많을 것입니다. 그렇기 때문에 불확실한 상황이나 리스크에 대처하기 위해 추정의 오차를 흡수하기 위한 버퍼라는 안전망을 포함시키기 마련입니다.

하지만 요구사항은 계속 발생하고, 불확실한 것을 점차 알 수 있게 되고, 새로운 태스크가 꼬리를 물고 생겨나 계획은 대개 기하급수적으로 늘어납니다. 모르는 것을 계획하는 시점에서 추정에 편차가 있는 것은 당연합니다.

▶▶▶ 파킨슨 법칙

파킨슨 법칙Parkinson's Law이라는 것이 있습니다. 완성을 위해 정해 놓은 시간을 채울 때까지 일의 양이 늘어난다는 법칙입니다. 큰 여유를 갖고 추정했다 하더라도, 버퍼라는 여유를 추가했더라도 어느 순간 사라집니다. 고객 측이든, 개발 측이든 관계없습니다. 기간이 한 번 설정돼 버리면 그 기한 내에 맞춰 처리하도록 생각하게 된다는 것입니다. 계획 시점에서의 버퍼는 그저 소비될 뿐입니다.

▶▶▶ CCPM

여기서 CCPMCritical Chain Project Management이라는 사고방식이 등장합니다. CCPM이란, 각 태스크에 개별 버퍼를 포함시키지 않은 상태로 추정을 하고 프로젝트 전체 단위의 버퍼를 갖고 프로젝트를 관리하는 방법입니다. 개별 태스크가 지연되는 경우, 이

전체 버퍼인 프로젝트 버퍼에서 해당 버퍼를 소비하는 사고방식입니다.

전체 프로젝트 버퍼는 어떻게 산정하는 것이 좋을까? 간단한 방법을 한 가지 소개합니다. 각 태스크의 개발 버퍼는 사용하지 않습니다. 50:50의 확률로 달성할 수 있는 개별 추정 값의 합계를 계산하고 그 값을 반으로 나눈 값을 프로젝트 버퍼로 사용합니다.

프로젝트는 매우 다양한 종류의 불확정 요소를 갖고 있습니다. 버퍼는 그 불확실성을 위한 것이므로 아무리 많은 시간을 들여 정밀도를 높인다고 하더라도 한계가 있습니다.

프로젝트 버퍼를 사용하는 장점은 무엇일까요? 개별 태스크에 버퍼가 존재하지 않으므로 몰아치는 시간이 빨라지기 때문에 마감일 직전까지 작업을 미루고 미루는 학생 증후군 현상을 피할 수 있습니다.

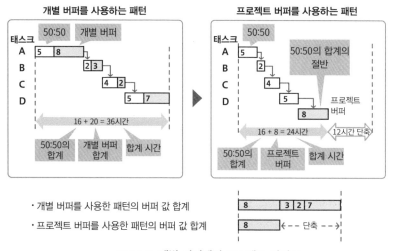

그림 3-7 개별 버퍼에서 프로젝트 버퍼로

또한 개별 버퍼를 사용하는 경우에 발생하는 각 태스크에 대한 파킨슨 법칙도 피할 수 있습니다. 태스크마다 버퍼를 소진하는 현상을 줄일 수 있기 때문입니다. 그 결과 전체적으로 낭비되는 버퍼의 소비를 줄일 수 있게 됩니다. 여유 시간의 개념으로 프로젝트 버퍼가 가장 마지막에 존재하므로 리스크 회피로도 이어집니다.

▶▶▶ 신뢰 관계가 반드시 필요

CCPM을 도입하기 위해서는 팀이나 프로젝트 관계자 사이의 신뢰 관계가 필요합니다. 프로젝트 버퍼를 소비하는 경우, 해당 버퍼를 소비하는 것을 책망하지 않는 분위기를 만들어야 합니다. 버퍼를 사용한 멤버 자신도 주변의 눈을 신경 써서는 안 됩니다. 50:50 정도로 추정하는 것이 형식화돼 개별 추정 내에 버퍼를 포함시키면 이도저도 안 됩니다. 교묘하게 보이지 않는 형태로 버퍼를 넣은 것은 '나쁜 습관'임을 인식하는 문화를 만들어야 합니다. 이를 위해서는 투명성이 중요합니다. 각각의 진척이나 실제 시간을 확실히 공유하는 것도 중요합니다. 야근 등을 통해 너무 적은 추정을 피했던 일도 공유해야 합니다.

스토리 〉 프로젝트 재개의 보람

"거절합니다."

스님은 완고했다. 제품 백로그 추정 과정에서 무의식적으로 넣었던 버퍼를 완전히 뽑아낸다. 물론 뽑아내는 걸로 끝이 아니라 프로젝트 버퍼로서 스케줄의 말미에 기간을 확보해 둔다. 버퍼가 완전하게 사라지는 것도 아닌데 스님은 좀처럼 받아들이려고 하지 않았다.

"프로젝트 버퍼가 어느 정도 남았는지는 스프린트 플래닝에서 매번 확인하면 되고 모두의 상황도 데일리 스크럼 칸반, 회고를 통해 항상 가시화하고 있으므로 여유가 없는 개발을 고집하는 것은 아닙니다."

스님에게는 내 말도 들리지 않는 것 같았다. 항상 신사적이던 스님의 180도 바뀐 모습에 오랫동안 손발을 맞춰왔던 마이 씨가 조금 놀란 것 같았다.

"예전에 이와 비슷한 일이 있었습니다."

스님이 그 이유를 이야기하기 시작했다.

"어떻게 해도 기한에 맞추지 못한다고 하길래, 여기저기 쌓아 뒀던 버퍼를 전부 토해냈습니다. 그 결과, 계획대로 되지 않았고 진행은 지연됐고 프로젝트는 완전히 망가졌습니다. 그럼에도 역시 기일을 맞추지 못했고 저 스스로도 좋겼습니다. 무엇보다 유망했던 젊은 프로그래머의 멘탈이 완전히 망가져 그 후로 현장에 돌아오지 못하게 됐습니다."

스님에게는 절대로 잊을 수 없는 프로젝트였다. 그러니까 버퍼를 떼어 내는 것은 당치 않다는 거부 반응을 보였던 것이다. 이 프로젝트 역시 프로젝트 버퍼가 있지만, 지켜질지 모른다는 것 역시 스님이 느끼고 있는 불안이었다.

나는 스님에게 다시 한번 말했다.

"예전에 제게도 같은 사건이 있었습니다."

스님뿐 아니라 마이 씨도 유비 씨도 내 이야기를 듣고는 놀란 표정을 지었다.

"당시, 신입 사원이었음에도 불구하고 늘 늦게까지 남아 일을 하던 친구가 있었습니다. 며칠씩이나 혼자 철야를 했습니다. 그 친구가 너무나 신경 쓰였지만, 저도 제 일이 벅차 아무것도 해줄 수 없었습니다. 결국 그 신입은 얼마 지나지 않아 회사를 그만뒀습니다."

스님은 어렴풋한 눈으로 나를 보며 내 이야기를 진심으로 듣고 있었다.

"그 후 계속 생각했습니다. 어째서 말을 걸어 주지 못했을까? 그 친구에게 '고생한다.' 정도의 말은 얼마든지 할 수 있었습니다. 그 친구의 어려움을 끌어내 눈에 보이게 할 수 있었다면 주변 동료나 상사도 전부 끌어들여 뭐든 할 수 있지 않았을까? 적어도 마음이 꺾여 그만두는 일은 없지 않았을까?"

난 스님을 바라보며 이야기했다.

"더 이상, 제 주변에서 그런 사람이 절대로 생기지 않게 하겠다고 결심했습니다. 그래서 이 프로젝트에서도 나는 사정이 좋지 않을 것을 보지 않으려고 하거나 문제를 방치하거나 해서 만후쿠지 씨와 모두를 궁지에 몰리게 하지는 않을 겁니다."

스님에게 드디어 내 말이 전해진 것 같았다. 그는 작게 고개를 끄덕였다. 분위기를 바꾸고 싶었던 것이었을까? 그 모습을 보던 마이 씨가 내 생각에 동의해 줬다.

"나도 버퍼 매니지먼트에 대해 배운 적이 있어요! 혼란스러운 프로젝트일수록 이 방식은 뒤로 갈수록 효과가 있을 것 같아요!"

마이 씨도 이미 알고 있었다. 이 방식으로 프로젝트를 운영하는 것은 처음이기 때문에 약간이라도 알고 있는 사람이 있다면 마음이 든든하다. 난 이 팀에서 프로젝트를 다시 시작하게 된 것에 보람을 느끼며 시치리 씨에게 다시 한번 감사했다.

외부 팀과 일하는 방식의
방향을 바꾸다

스토리 **헤어짐과 새로운 사건**

만후쿠지 씨와 마이 씨가 합류하고 두 번의 스프린트가 지났을 때였다. 이번엔 유비 씨가 프로젝트에 차출됐다. 이번에도 역시, 매니지먼트로부터 유비 씨를 차출한다는 소식을 전해 들었을 때 아무런 말도 할 수 없었다. 쿠라야시키 씨, 개발 멤버 3명에 이어, 유비 씨까지… 벌써 5명이 그 프로젝트에 말려 들어갔다.

아무래도 저쪽 프로젝트는 더욱 위험해진 듯했다. 회사 내부에서도 이미 여러 사람이 차출돼 합류했다. 나도 불안했지만, 아무것도 할 수 없다. 이 프로젝트에서 내가 떠날 수는 없었다.

"뭐, 이쪽도 이쪽대로 큰일이지만요."

"만후쿠지 씨랑 제가 엮인 프로젝트는 대부분 위험했죠!"

얼굴을 마주보고 호탕하게 웃는 두 사람. 이들 덕분에 비장함은 사라지는 것 같았다.

유비 씨는 팀을 떠나면서 감상적인 말은 한 마디도 하지 않았지만, 아직 서비스 아키텍처가 신경 쓰이는 듯 채팅으로 메시지를 보내 왔다.

"EC 서비스의 기반 코드 품질이 아직 올라가지 않았습니다. 저장소의 계정은 좀 더 남겨 놓아 주세요. 코드 리뷰 정도는 계속 하겠습니다."

난 기쁜 마음에 이모지로 답장했지만, 유비 씨 답게 아무런 대답도 하지 않았다.

그렇지만 유비 씨가 빠진 공백은 컸다. 우선 개발 멤버의 부족이다. 매니저에게 이야기할 수밖에 없었다. 매니저는 어떻게든 해보겠다고 대답했지만, 자신은 없어 보였다.

내가 뭔가를 할 수밖에 없어 보인다. 팔짱을 낀 채 고민하고 있는데 마이 씨가 밝은 목소리로 말을 걸어왔다.

"미스터 에노시마, 우리가 알고 있는 사람도 지금은 다들 여유가 없대요!"

썩 좋지 않은 내용이지만, 마이 씨는 상태는 언제나 똑같다. 만후쿠지 씨도 코드 작성을 중단하고 내 쪽으로 걸어왔다.

"이전에 함께 일했던 사람이 혹시 없습니까?"

함께 일했던 사람이라…. 나는 기억을 더듬었다.

"경험이 좀 부족하더라도. 우리가 페어 프로그래밍으로 도울 수 있습니다."

오른쪽 주먹을 불끈 쥐어 보이는 만후쿠지 씨의 모습에 갑자기 미소가 새어 나온다. "경험이 부족한", "페어 프로그래밍"이라는 말을 듣자, 갑자기 한 사람이 떠올랐다. 이전, 몹 프로그래밍을 하면서 팀에서 함께 개발했던 젊은 멤버가….

"보통은 잠잠하지만 코드를 작성할 때는 완전 다른 사람이 돼 버리는 프로그래머가 있기는 한데…."

혼잣말하는 듯한 내 말을 듣고 만후쿠지 씨와 마이 씨는 서로의 얼굴을 마주 보더니 동시에 머리를 가로저었다.

유비 씨가 사라질 타이밍을 기다렸다는 듯, 또 다른 사건이 일어났다. 아니 새로운 사건이 일어난 것은 아니다. 뚜껑을 덮어 숨겨 놓았던 문제가 이젠 무시할 수 없게 돼 버린 것이다.

우리 팀은 최근 한 달 동안, 요구사항 정의를 하느라 낭비한 시간을 회복하기 위해 스스로의 태스크를 처리하는 데 집중해 왔다. 다른 팀과의 문제에 관해서는 일단 우선순위를 낮춰 방치해 온 것이었다.

문제는 재고 관리팀과의 커뮤니케이션에 관련된 내용이었다. 재고 관리팀은 EC 측을 담당하는 우리 팀에게 재고 데이터를 전달하는 API를 제공하고 상품 재고 관리를 수행하는 기간 시스템을 담당하고 있다.

프로젝트 시작 시점부터 오늘까지, 벌써 3개월 이상이 지나고 있다. 이 기간 동안, 재고 관리팀의 업무 상태가 전혀 보이지 않았다.

유비 씨가 아직 팀에 있었을 때 이런 이야기를 해준 적이 있다.

"재고 관리 측 시스템과 우리 EC 측 시스템은 애초에 달성할 미션이 다릅니다. 그렇기 때문에 개발하는 방법도 다를 수밖에 없습니다. 재고 관리처럼 업무 수행을 지원하는 측의 시스템을 기록 시스템System of Record, SoR이라고 부릅니다. 반면 EC와 같이 최종 사용자와 직접 만나고 그 관계성을 만들어 나가는 시스템은 참여 시스템System of Engagement, SoE이라고 부릅니다."

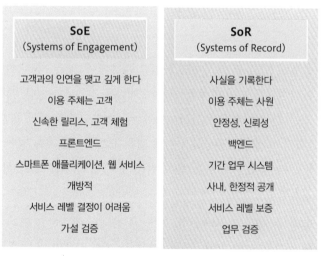

SoE (Systems of Engagement)	SoR (Systems of Record)
고객과의 인연을 맺고 깊게 한다	사실을 기록한다
이용 주체는 고객	이용 주체는 사원
신속한 릴리스, 고객 체험	안정성, 신뢰성
프론트엔드	백엔드
스마트폰 애플리케이션, 웹 서비스	기간 업무 시스템
개방적	사내, 한정적 공개
서비스 레벨 결정이 어려움	서비스 레벨 보증
가설 검증	업무 검증

그림 3-8 SoR과 SoE

이번 EC 사이트 구현에 맞춰, 상품 마스터에 새로운 분류를 투입하게 됐다. 이에 맞춰 EC 사이트용 API 개발은 물론, 기간 시스템 측의 수정도 필요하기 때문에 SoR(재고 관리) 측 또한 역시 상당한 규모로 개발해야 한다.

재고 관리팀도 우리 회사 사람이긴 하지만 마치 다른 회사처럼 느껴졌다. 리더인 나가타니 씨를 포함한 재고 관리팀은 MIH의 기간 업무도 담당하고 있고 팀 자체가 MIH에서 상주하면서 기능 개발과 운용을 수행하고 있다. 상주하고 있기 때문에 클라이언트와의 커뮤니케이션을 주체적으로 하고 있는 듯하다.

이와 반대로 클라이언트 측에 상주하지 않은 우리 EC 팀과의 왕래는 같은 회사임에도 불구하고 극히 적다. 메일을 보내도 답장은 오지 않고 티켓을 통해 공유가 되는 일도 거의 없었다. 재고 관리팀이 무엇을 하고 있는지는 두 팀 모두와 연결돼 있는 클라이언트 측 제품 책임자인 스나코 씨를 통해 들을 뿐이었다.

어느 날, 스나코 씨가 말도 안 되는 이야기를 꺼냈다.

"응? EC가 만들고 있는 이 목^{Mock} 말인데요. 사용하고 있는 재고 관리 API의 인터페이스가 예전 버전이네요."

"뭐라고요?"

우리는 소식 불통이 되기 십상인 재고 관리팀 때문에 우리 측 기능 개발이 늦어지지 않도록 재고 관리 API를 가정한 목을 사용해 개발을 진행하고 있다. 목이란, 개발 대상의 외부에 있는 기능이 실제로 만들어지기 이전이라도 이쪽에서 개발하는 대상의 움직임을 검증하면서 개발을 진행하기 위해 껍데기로 작성한 것을 말한다. 외부에 존재하는 기능과 그 기능을 이용하는 측의 기능 사이의 인터페이스만 실제와 같은 형태가 되도록 결정해 둔 것이다.

스나코 씨가 알려 준 새로운 인터페이스 사양은 목에서 가정하고 있는 인터페이스와는 완전히 다른 것이었다. 데이터를 가진 쪽의 사고방식 자체가 바뀐 듯했다.

"우리가 생각하고 있는 것과 완전히 다른데요. 이건 무슨 용도로 사용하는 API인가요?"

"재고 관리팀 측에서만 사양을 변경한 것 같네요."

느긋한 분위기의 만후쿠지 씨나 마이 씨와 달리, 나는 초조해하면서 스나코 씨에게 대답했다.

"나가타니 씨와는 이 인터페이스로 결정했거든요."

"그게, 언제 이야기인가요?"

"3개월 전이네요."

내가 바보같은 표정을 지었나 보다. 스나코 씨가 승리한 듯 말했다.

"에노시마 시, 이거 애자일 개발 맞나요? 애자일한 팀이 이런 느낌이었구나."

분하지만 애초에 대화의 상대가 틀렸다. 이 이야기는 스나코 씨와 해야 할 게 아니라 나가타니 씨와 해야 할 대화다. 스나코 씨는 내게 '어째서 지금까지 필요한 커뮤니케이션을 하지 않았나요?'라고 암묵적으로 말해 준 것이다.

"나가타니 씨의 팀이 움직여주지 않아."라며 일방적으로 상대를 탓한다 하더라도 상황은 변하지 않는다. 이건 나와 나가타니 씨 둘 사이의 문제다.

결국, 고객사에 상주하고 있는 나가타니 씨의 팀에 들렀다. 나 역시 MIH의 출입증은 갖고 있어서 나가타니 씨가 있는 층까지 갈 수 있다. 그래, 가서 만나기만 해도 해결될 일이다. 이렇게 하지 못했던 이유는 내가 어느 부분에선가 나가타니 씨를 얕잡아 보고 있던 영향도 있었다. 나가타니 씨는 갑자기 방문한 나를 문전박대했다.

"에노시마 씨, 이건 좀 아니지. 이쪽은 클라이언트의 사양 변경 요구 때문에 무척 바빠. 회의할 여유 같은 건 없어."

정말로 바쁜 것 같다. 나가타니 씨의 턱수염이 덥수룩하게 자라 있다. 피로도, 스트레스도 꽤 있는 것 같다.

"사양 변경? 뭔가 변경이 있었습니까?"

다시 묻는 날 한시라도 빨리 쫓아 내려는 듯 빠른 말투로 말을 이었다.

"새로운 카테고리의 상품을 검토하던 도중에 카테고리를 처리하는 방향을 크게 바꾸게 됐어. 이제까지는 한 계층밖에 없던 카테고리를 여러 계층, 그것도 제한 없이 필요한 만큼 만들 수 있도록 해달라는 이야기지."

"그렇지만, 상품 아이디id만으로 상품을 호출할 수 없게 된 이유는 무엇입니까?"

나가타니 씨는 기지개를 펴면서 대답했다.

"이번 상품 투입으로 인해 신규 상품은 물론, 기존 상품의 가격도 변경하기로 했어. 그래서 변경 전 가격과 변경 후 가격을 모두 갖고 있어야 하게 된 거지."

난 생각할 틈도 없이 나가타니 씨의 말을 끊었다.

"어째서 그런 중요한 일을, 저희 쪽에는 알려 주지 않았습니까!"

큰소리를 치는 나에게 나가타니 씨는 무서운 표정을 지었다.

"그렇게 나온다는 건가? 너희 역시 그쪽 상황을 우리에게 알려 주지 않지 않나? 할인 가격은 EC 측에서 나온 이야기 아닌가?"

이번엔 내가 놀랄 차례였다. 할인 가격은 정가에 특별 할인을 적용한 후의 가격으로, 할인 가격을 표시하는 방법에 관한 이야기는 확실히 EC의 정기회의에서 나왔다. 나는 스나코 씨를 통해 나가타니 씨에게 그 사양을 전할 예정이었다.

우리 팀도 실은 똑같이 하고 있었던 것이다. 커뮤니케이션 문제를 나가타니 씨, 외부 팀에 미뤄 왔지만, 아무런 일도 일어나지 않았다. 입장을 바꾸면 똑같은 상황인 것이다.

난 나가타니 씨에게, 두 팀에 프로젝트 목표를 새롭게 파악하기 위한 회의를 제안했다. 방향 바꾸기다.

에노시마의 해설 ▶ 경계를 뛰어넘는 방향 바꾸기

팀이 세분화되면 정보가 들어오지 않게 됩니다. 팀 간의 커뮤니케이션 빈도가 극단적으로 줄어들어 보유한 정보가 올바른 것인지, 최신의 것인지 또는 그 품질을 포함해 무엇을 기초로 개발하는 것이 좋은지 고민하는 상황이 많아집니다. 작업이 낭비될 뿐 아니라 책임을 떠넘기는 일도 발생합니다. 22장에서의 저와 나가타니 씨처럼 말입니다.

서로 커뮤니케이션이나 정보 공유의 필요성을 느끼면서도 바쁘다는 핑계로 움직임이 느려지는 것입니다.

그렇지만 일이 진행되도록 하고 문제를 해결하려면 누군가는 이 상황을 타개해야만 합니다. 어느 쪽이 그 한걸음을 먼저 내딛을 것인가? 지금까지 내용을 읽어온 독자분이라면 알 것입니다. 개선의 필요를 느낀 '자신'이 해야 합니다.

이런 경우에 활용할 수 있는 좋은 프랙티스를 소개합니다. 16장에서 등장한 '방향 바꾸기'입니다. 미래에 달성하고자 하는 상황을 바탕으로, 지금 이 자리에서 해야 할 일을 파악하고 바로잡는 프랙티스입니다.

미래에 달성하고 싶은 모습은 점점 변할 것입니다. 큰 관점에서의 비전은 그렇게 변하지 않을 수도 있지만, 프로젝트 진행 과정에서 사용자에 관해 더 잘 알게 되면 제공해야 할 산출물이 변합니다. 아니, 변하지 않는다면 그 사이에 만든 제품에 관한 학습을 하지 못했다고도 말할 수 있습니다.

그렇기 때문에 더욱 '무엇을 목표로 해야 하는가?', '그것을 달성하기 위해 지금은 무엇을 해야 하는가?'를 정기적으로 파악할 필요가 있습니다.

16장에서는 제품 책임자와 함께 방향 바꾸기를 했습니다. 22장에서는 각기 다른 미션을 가진 팀 사이에서 방향 바꾸기를 합니다.

그러나 서로의 의견을 주장하는 것만으로는 논의가 진행되지 않습니다. 방향 바꾸기를 하는 이유는 눈앞에 있는 일에만 집중해 충돌하는 것이 아니라 서로의 공동의 미션인 '프로젝트에서 실현시켜야만 하는 일'로 되돌아가는 것입니다. **한 단계 위에서 서로를 마주하면 이제까지 충돌해 왔던 일은 작아지기 마련입니다.**

하지만 '상대의 일이 늘어나는 것은 아닌가?' 하는 걱정 때문에 방향 바꾸기가 불안하게 느껴질 수도 있습니다. 괜찮습니다. 여러분의 팀에서 자잘한 일은 전부 대신해 줄 각오로 덤벼든다면 대부분의 일은 원활하게 진행됩니다.

가까이 있는 작은 문제에 신경 쓰느라 멀리 있는 미션은 방치하는 경우가 많습니다. 그렇기 때문에 잡다한 문제는 바로 이쪽에서 떼어내 주는 것입니다. 그렇게 함으로써 미션을 잘 볼 수 있게 돼 서로 어떤 이야기를 해야 하는지 쉽게 이해할 수 있습니다.

▶▶ YWT를 활용한 방향 바꾸기

방향 바꾸기에 편리하게 사용할 수 있는 YWT라는 프레임워크가 있습니다. 목적지를 파악하면서 다음 세 가지를 질문합니다.

□ Y: 한 일Yatta-koto

□ W: 알게 된 일Wakatta-koto

□ T: 다음에 할 일Tsugini-yaru-koto

	Y (한 일)	W (알게 된 일)	T (다음에 할 일)
1회차	→	→	
2회차	← →	→	
3회차	←		

그림 3-9 YWT

정기적으로 수행하게 되므로 다음 번 YWT에서는 지난 번의 T가 Y로 이동합니다. 그 결과 W가 업데이트됩니다. 이 W를 바탕으로 T를 만듭니다. 경험에 따른 학습과 그다음 행동의 루프를 따라 미래로 향하는 힘을 얻을 수 있습니다.

스토리 방향 바꾸기, 문제를 뛰어넘다

재고 관리팀과 EC팀은 함께 YWT을 활용해 방향 바꾸기를 하면서 클라이언트로부터 받은 요구사항의 접수를 양쪽에서 별도로 수행하는 것이 문제라는 것을 알았다.

상품에 관한 요구사항은 재고 관리팀, 최종 사용자에 관한 기능 요구는 EC팀에서 받는다. 하지만 상품에 관한 요구사항임에도 EC 사이트 측에 영향을 미치거나 최종 사용자에 관한 요구사항임에도 재고 관리 측에 영향을 미치는 기능이 있다. 그렇기 때문에 서로 커뮤니케이션하지 않으면 누락이 발생한다.

난 클라이언트로부터 요구를 동기화하는 타이밍을 설계하기로 했다. 지금까지와 같이 나가타니 씨는 재고 관리팀, 나는 EC팀으로 요구를 접수한다. 양 팀 모두, 오전 중에 팀 내에서 짧은 미팅을 하고 있으므로 미팅 종료 후에 나가타니 씨와 잠깐 동안 리더 회의를 한다. 클라이언트로부터 받은 요구사항을 맞추는 것뿐 아니라 양 팀의 상황을 서로 파악하기 위해 정보가 가장 신선한 데일리 스크럼 후로 회의 시간을 정했다. 회의는 각자 일하는 장소가 떨어져 있으므로 메신저 애플리케이션의 비디오 통화 기능을 사용하기로 했다. 리더 회의를 통해 알게 된 것과 회의에서의 결정 사항은 회의 직후 팀에게 공유한다.

오래전 쿠라야시키 씨에게 스크럼 오브 스크럼Scrum of scrum에 관해 들은 적이 있다. 이 프랙티스에서 힌트를 얻어, 팀의 상태를 보다 잘 알 수 있는 대표자(나와 나가타니 씨)와 정기적인 점접을 만들고 여러 팀의 커뮤니케이션 흐름을 만들어 낸다는 작전이다. 쿠라야시키 시는 스크럼 오브 스크럼을 두고 "대단한 이름이 붙어 있기는 하지만 핵심은 함께 모여 이야기하는 거야."라고 가볍게 이야기했지만, 난 쿠라야시키 씨에게 마음속 깊이 감사했다.

에노시마의 해설 ⟩ 스크럼 오브 스크럼

스크럼 오브 스크럼에 대해 설명하려고 합니다. 간단히 말하면 5장의 아침 회의나 14장의 데일리 스크럼을 여러 스크럼의 대표들이 모여 실시하는 회의입니다.

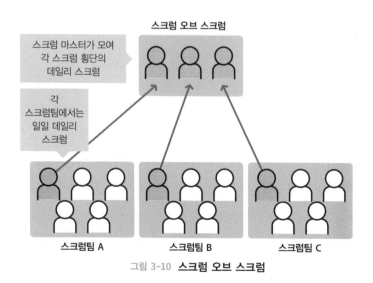

그림 3-10 **스크럼 오브 스크럼**

각 팀의 스크럼 마스터가 모여 팀 전체에 관한 정보나 장해를 공유합니다. 스크럼을 도입하지 않은 팀의 경우에는 팀 내에서 스크럼 마스터 역할에 가까운 대표자를 참석시킬 수 있습니다.

이 회의에서는

☐ 다른 팀과 관련된 업무 정보
☐ 팀 내에서는 해결할 수 없는 장애

를 다른 팀에서 모인 스크럼 마스터에게 공유합니다.

단, 주의해야 할 점이 있습니다. 단순한 스크럼 마스터의 상황 보고 회의로 끝나서는 안 된다는 것입니다. 스크럼 마스터의 역할은 장애물을 제거하는 것이기 때문입니다.

스크럼 오브 스크럼을 마친 후 특정한 문제에 관련된 팀의 스크럼 마스터만이 남아 해당 문제를 제거하기 위한 문제 해결과 대책을 논의합니다. 데일리 스크럼과 같은 형태입니다.

그 후 각 팀으로 알게 된 사실을 갖고 돌아갑니다. 스크럼 오브 스크럼이 잘 동작하면 장애물은 보다 빠르게 제거할 수 있고 정보 지연에 따른 낭비 요인이 감소합니다. 그리고 팀 사이의 벽을 뛰어넘는 협조 관계를 만들 수 있습니다.

▶▶▶ 아키텍처와 조직 구조

팀이나 조직의 계층 구조나 모양새가 부담스럽게 느껴진 적은 없습니까? 조직 구조는 인사 부문에서 결정하는 것이라고 생각하지는 않습니까? 인사 부문이 아이디어를 내기는 하지만 그 배경에는 상품이나 서비스, 제품의 아키텍처가 관련돼 있습니다.

콘웨이의 법칙(Conway's law, https://en.wikipedia.org/wiki/Conway%27s_law — 옮긴이)에서는 '아키텍처는 조직 구조를 따른다. 조직은 아키텍처를 따른다.'고 말합니다.

아무리 작은 조직이라 하더라도 제품의 성장과 함께 인원이 증가하고 전문성에 특화된 조직으로 분할됩니다. 즉, 조직은 아키텍처를 따르는 것입니다. 분할이 진행됐을 때 자신만의 오퍼레이션만을 수행하면 일은 빙빙 돌기만 합니다. 조직이 성숙해질수록 이런 경향이 강해집니다. 이와 동시에 조직 사이에 벽이 생겨 커뮤니케이션이 줄어듭니다. 동일한 제품을 다루고 있음에도 말입니다. 그렇게 되면 아키텍처는 각 조직에서 강화되기 시작합니다. 이제는 아키텍처가 조직 구조에 의존하게 되는 것입니다.

전체를 보는 기회나 인원이 줄어들고 각 멤버가 뭔가 개운치 않은 문제를 느낌에도 불구하고 불필요한 작업이나 커뮤니케이션 로스는 방치됩니다. 여기저기에서 불만이 튀어나오지만, 전체를 보면서 해결할 방법을 강구하는 사람은 적습니다. 이런 상황에서야말로 스크럼 오브 스크럼의 효과가 나타날 것입니다.

아키텍처와 조직 구조는 겉과 속이 하나입니다. 조직 계층이나 조직 수, 사람 수가 증가하면 프로젝트도, 제품도 팀 안에서만의 이야기 대상이 아닙니다. 즉, 문제 해결의 근간에 있는 회사 규모의 조직 변혁을 생각하지 않으면 안 된다는 것입니다.

스크럼 오브 스크럼이 침투하면 과거의 상명하달식 피라미드 구조의 조직에서 회사 조직 전체가 자기조직화돼 기민함이 높은 집단으로 향하는 첫걸음을 내딛을 수 있습니다. 스스로 움직이는 분산 조직이라는 높은 레벨의 조직이 돼 가치를 신속하게 제공하고 고객의 가치를 최대화하고자 한다면 스크럼의 본질이나 개념 그리고 문화가 조직 속으로 침투하는 것이 빠른 방법이 아닐까요?

칼럼 | **데일리 칵테일 파티**

프로젝트 내 커뮤니케이션 경로를 연결하는 방법으로 데일리 칵테일 파티(Daily Cocktail Party)라는 것이 있습니다. 이 개념은 《린 개발 현장(Lean from the treanches)》의 저자인 헨릭 크니버그(Henrick Kniberg)가 소개했습니다. 개발 규모가 크고 여러 팀으로 구성된 프로젝트의 과제는 '팀 사이의 커뮤니케이션을 어떻게 만들어 나갈 것인가?'입니다.

소프트웨어를 만들기 위해서는 구현 대상에 관한 정보를 널리 공유해야 합니다. 그렇다고 해서 모든 정보를 모든 팀, 프로젝트 멤버 전원이 똑같은 정보를 받아들일 수 있도록 운영하기는 쉽지 않습니다. 즉, 회의만으로는 개발이 진행되지 않습니다.

헨릭이 데일리 칵테일 파티에서 제시한 것처럼 회의에 구조를 만들어 커뮤니케이션의 흐름을 설계하는 것도 효과적인 작전입니다.

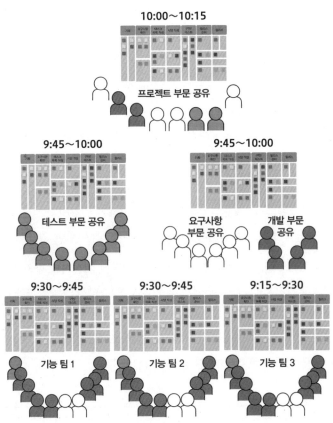

10:00~10:15

프로젝트 부문 공유

9:45~10:00

테스트 부문 공유

9:45~10:00

요구사항 부문 공유

개발 부문 공유

9:30~9:45

기능 팀 1

9:30~9:45

기능 팀 2

9:15~9:30

기능 팀 3

출처: 'Henrik Kniberg: Lean from the Trenches keynote@AgilEE' P. 16을 참고해 작성
(https://www.slideshare.net/agileee/henrik-kniberg-lean-from-the-trenches-keynote-agileee)

그림 3-11 데일리 칵테일 파티

데일리 칵테일 파티의 회의는 3단계로 구성됩니다. 첫 번째 단계는 각 기능 개발팀에서 수행하는 스탠드 업 미팅(이 책에서는 아침 회의에 해당)을 수행하는 것입니다. 두 번째 단계는 테스트, 분석가, 각 개발팀의 리더 등이 모이는 전문 담당자 미팅을 수행합니다. 기능 개발팀의 미팅에 참가하는 전문 담당자도 있으므로 각 개발 현장에서 일어나는 일을 공유할 수 있습니다. 세 번째 단계는 각 전문 담당자나 프로젝트 매니저가 함께 모여 프로젝트 전체를 조감하는 미팅을 수행합니다. 이 회의에 참가하는 사람은 여기에서 일어나는 프로젝트 전체에 관련된 의사 결정을 각 기능 개발팀에 전파하는 역할도 맡습니다.

예를 들어 3단계 회의를 통해 한 기능 개발팀에서 일어나고 있는 문제를 발견하고 전문 담당자가 검토하거나 프로젝트 전체에 손을 쓸 수 있습니다.

기능 개발팀이 각각 다른 회사인 경우에는 커뮤니케이션의 문제가 발생하기 쉬우며 이런 정보 공유의 시도가 처음에는 어렵게 느껴지기도 합니다. 하지만 프로젝트나 제품 구현의 목표를 달성하기 위해서는 관계자와의 상의를 통해 이와 같은 시도가 필요하다는 것을 느끼게 될 것입니다. 회사와 회사 사이의 벽을 넘어설 수 있습니다.

— 이치타니 토시히로

스토리 > 대립보다 협력을

개발 계획은 재고 관리 측의 사양 변경에 맞춰 수정해야만 한다. 계획 수립 당시 추가해 뒀던 버퍼를 즉시 사용한다. 좀 더 구체적으로는 가장 가까운 스프린트에서 처리할 백로그 아이템을 추가한다. 추가된 제품 백로그 아이템 추정량 만큼 각 스프린트에서 수행할 예정의 제품 백로그 아이템을 뒤로 미룬다. 릴리스 계획상, 가장 마지막에 확보돼 있는 '아무것도 하지 않는 기간'에 작은 제품 백로그가 추가된다. 이것으로 제품 전체 버퍼 중 일부를 소비한 것이 된다. 적절하게 추가를 적용한 것에 마이 씨가 텐션을 올렸다.

"버퍼가 바로 도움이 되네요!"

하지만 만후쿠지 씨는 뭔가 맘에 들지 않는 모양이다.

"그렇지만, 버퍼를 곧바로 사용해 버리게 됐다고도 할 수 있겠습니다."

만후쿠지 씨가 말한 대로다. 아직 갈 길은 멀다. 생각지 못한 일이 계속 일어날 것이다. 아직 당황할 상황은 아니지만, 남은 버퍼를 저울질해야 할 시점도 올 것이다.

그 후 리더 회의를 기점으로 두 팀 사이에 커뮤니케이션이 생겨났다. 초기에는 리더끼리의 커뮤니케이션이 중심이었지만, 점점 서로의 상황을 알 수 있게 되자 팀 멤버 사이의 대화도 늘어났다.

그리고 리더 회의를 시작하게 되면서 나가타니 씨에 대해서도 점점 많이 알게 됐다. 나가타니 씨는 테스트에 관한 지식이 풍부했다. 신뢰성이 요구되는 SoR 영역에서 오랫동안 일하고 있는 사람다웠다. 난 테스트에 관한 방법이나 사고방식을 배우면서 나가타니 씨와 가끔 점심도 함께했다. 나가타니 씨 역시 클라이언트 측에서 고독한 리더 역할을 오랫동안 맡고 있었기 때문에 나와 같은 말 상대가 생겼다는 것에 즐거운 듯했다. 이런저런 것을 알려 줬다. 그중에는 클라이언트 체제에 관한 것도 있었다.

"에노시마, 클라이언트 쪽에 소데가우라라는 사람이 있지?"

EC 측에서 서브 제품 책임자로 일하고 있는 사람을 말하는 것 같았다. 최근 정기 회의에 참석하고 있으며 재고 관리 측 제품 책임자 역할도 겸하고 있는 것 같다. 정기 회의에서는 거의 발언을 하지 않기 때문에 어떤 사람인지는 정확히 모른다.

"그러고 보니 재고 관리 측 제품 책임자가 바뀐 건가요?"

원래 재고 관리 측 책임자는 업무 경험이 풍부한 야자와 씨라는 분이 맡고 있었다. 신입으로 일할 당시 진행하던 프로젝트에서 꽤 꾸지람을 들었던 기억이 있다.

나가타니 씨는 마치 연기를 하듯 주위를 둘러보고는 내게 얼굴을 가까이 댔다. 턱수염이 가지런히 정돈돼 있었다.

"조심하는 편이 좋네."

이 프로젝트에 참가한 지 얼마 되지 않았지만, 아무래도 그가 이번 카테고리 변경이나 상품 가격을 다루는 방식에 관해 느닷없이 지적한 듯했다.

손톱만큼의 타협도 허용할 분위기가 아니었다는 이야기였다. 나가타니 씨는 직접적으로 이야기하지 않았지만, 상당히 혼이 난 것 같았다. 오랜만에 만난 나가타니 씨가 기진맥진해 있는 것도 그 소데가우라라는 사람의 사양 변경이 잦기 때문인 것 같다.

하지만 이런 일은 개발 프로젝트에서 자주 있는 일이라고 생각하기 때문에 나가타니 씨의 이야기를 한쪽 귀로 흘려듣고 말았다.

디자이너와
공통의 목표를 향하다

스토리 ⤵ 디자인 변경은 돌연히

"이 페이지에는 정보가 너무 많이 들어가지 않도록 페이지를 나누는 것이 좋다고 생각합니다."

난 눈앞에서 와이어 프레임에 대해 설명하고 있는 여성의 얼굴을 보고 프로젝터에 비친 페이지의 이미지를 보는 행동을 이 회의가 시작된 이후 계속 반복하고 있다. 와이어 프레임 자료는 전혀 줄어들 기미가 보이지 않는다. 설명은 벌써 두 시간 째…. 만후쿠지 씨가 크게 하품을 하자 그 옆에 있던 마이 씨도 기지개를 켠다. 모두 피곤한 상태다.

설명하고 있는 여성은 디자이너인 오토나시 씨다. 나이는 나와 비슷해 보인다. 이번 제품 개발에서 클라이언트가 데리고 온 디자인 제작 회사의 디자이너다. 디자이너에도 다양한 사람이 있다. 비주얼을 고려하는 사람, 코딩하는 사람, UI를 설계하는 사람, 정보 설계를 하는 사람 등…. 프로그래머의 세계보다 업무 분장이 확실하게 돼있기 때문에 모든 것을 할 수 있다고 불리는 사람은 많지 않다. 오토나시 씨는 정보 설계를 메인으로 하는 듯했다. 즉, 이번 페이지 설계 변경을 시작으로 앞으로 코딩도해야 하고 비주얼도 디자인해야 한다.

'이번에 이렇게 많이 변경해서 시간을 맞출 수 있을까?'

비주얼, 코딩까지 포함한 디자인 워크가 느린 점이 신경 쓰이기도 하지만 지금 이야기되고 있는 것은 기능 개발에도 영향이 있는 요소였다.

난 회의에 함께 참석한 클라이언트의 얼굴을 바라봤다. 제품 책임자인 스나코 씨는 지난번과 같은 표정으로 와이어 프레임을 응시하고 있다. 사전에 오토나시 씨와 이야기를 마쳤을 것이다. 우리 측 제품 책임자는 코드를 작성해 본 경험이 없기 때문에 지금의 화면 변경이 어느 정도 영향을 미치는지 모르고 있다.

아니, 영향을 모르는 것이 아니라 오히려 의도적인 것일 수도 있다. 이런 변경이 있을 때마다 내게 상담하는 식으로 접근하면 내가 실현 가능한지 어떤지와 같은 이야기를 시작하리라는 것을 스나코 씨는 알고 있으리라. 그래서 일부러 디자이너 회의는 나를 빼고 진행했을 것이다. 스나코 씨는 UI에 대한 고집이 남달랐다. 자신이 좋다고 생각했기 때문에 밀어붙이는 것이다. 아니나 다를까, 아무런 말도 하지 못하고 듣고만 있는 나의 마음을 알아챈 것 같았다. 스나코 씨는 나에게 물었다.

"에노시마 씨, 어때요? 할 수 있을 것 같아요?"

나 대신 우리 팀의 새로운 멤버가 대답했다.

"사실, 개발하는 페이지 3분의 2가 변경돼 절반 이상은 모두 기능에 영향을 미칩니다!"

팀에 합류한 사람은 하마스카다. 이전 사내에서 테스트 관리 도구 개발을 하면서 함께 일했다. 무엇보다 프로그래밍 실력이 좋아 코드에 영향이 있는 것에는 좋은 것이든 나쁜 것이든 민감하다. 보통은 조용하지만 코드와 관련된 일이면 갑자기 분위기가 바뀌는, 조금 이상한 친구다. 마치 예전의 나를 보는 듯하다.

하마스카는 목소리를 높여 항의했다.

"제대로 하려면 그 시간에는 도저히 못 맞춥니다. 지금까지 제품 백로그와 같은 만큼의 양이 쌓일 겁니다."

하마스카가 말한 대로였다. 만후쿠지 씨, 마이 씨도 "맞아요, 맞아요."라는 대답만을 계속하고 있다. 확실히 이번 변경은 도를 넘었다. "피드백을 조금 추가할게요." 정도의 수준이 아니다. 하마스카는 오토나시 씨에게 강렬한 말을 남겼다.

"디자이너 분이 맘대로 결정한 내용을 갖고 이렇게 사람을 모아놓고 이야기하면 어떻게든 되리라고 생각하시는 건가요? 이번 변경은 추가하기 힘듭니다."

'맘대로'라는 말에 오토나시 씨가 맞받아쳤다.

"마음대로 정한 게 아닙니다. 제품 책임자인 스나코 씨와 함께 결정한 내용입니다."

오토나시 씨는 지금까지 만나 본 디자이너 중에서도 특히 디자인에서 결정한 내용에 타협하지 않는 사람이었다. 하마스카의 말에 한 발자국도 물러설 생각이 없는 듯하다.

"평소처럼 정보 설계에 근거해 와이어 프레임을 만들었습니다."

이번에는 만후쿠지 씨가 오토나시 씨에게 물었다.

"평소처럼이라니 어째서 개발팀에는 아무 언질도 없었던 겁니까?"

"디자인에 관한 이야기에 개발팀을 일일이 끌어들일 필요가 있습니까?"

만후쿠지 씨에 이어 마이 씨. 긴장감이 높아진 회의실에 어울리지 않을 만큼 나긋나긋하게 소리를 질렀다.

"디자이너와 프로그래머가 함께 만드는 제품이기 때문이지요!"

오토나시 씨는 하마스카, 만후쿠지 씨, 마이 씨의 얼굴을 벌레보듯 바라봤다. 개발팀은 요구사항을 정의하거나 SoR 측과 정리를 하는 데 많은 시간을 빼앗기고 있었다. 그 결과 아웃풋을 만들기 위해 디자인 제작 회사와의 소통에 적극적으로 시간을 할애하지 못하고 있기도 했다. 오토나시 씨는 고분고분하지 않은 태도를 보이는 것을 못마땅해하는 듯했다.

"애자일 개발은 언제든 변경할 수 있는 거 아닌가요?"

이미 싸울 기세로 달려드는 오토나시 씨를 스나코 씨가 말렸고, 말 한번 잘했다며 맞받아치려는 하마스카, 만후쿠지, 마이 씨를 내가 말렸다.

디자이너인 오토나시 씨도 제품 책임자인 스나코 씨도 그리고 개발팀도 이 상태로는 평행선을 그을 뿐, 어디에도 가지 못한다는 것을 잘 알고 있다. 나름대로 지금까지 함께 해왔기 때문에 오토나시 씨도, 스나코 씨도 한편으로는 자신이 무모한 요구를 하고 있다는 것을 알고 있다.

그렇다고 해도 이 정도로 강하게 말하는 이유가 있을 것이다. 손에 들린 와이어 프레임 자료를 살펴봤다. 이만큼 종합하는 데만 걸린 시간도 상당했겠지. 스나코 씨도, 오토나시 씨도 단지 개발팀을 곤란하게 만들려는 생각은 아닐 것이다. 이번 변경으로 뭔가 제품의 질을 높이려는 의도일 것이다. 그 생각을 무시하고 변명만 한다면 더 이상의 전진은 없다.

난 화를 참지 못하고 있는 세 사람을 진정시키고 오토나시 씨와 스나코 씨에게 한 가지 제의를 했다. 디자인과 기능 개발을 통합하기 위한 합숙이었다.

에노시마의 해설 ▶ 디자인 프로세스와 개발 프로세스

23장은 디자인팀과 개발팀의 협업에 관한 내용입니다. 보통 디자이너와 프로그래머는 다른 팀에 근무합니다. 디자인을 전담하는 별도의 부서가 있거나 외부 파트너에게 부탁하는 경우도 많습니다.

디자인팀과 개발팀 사이의 다툼이 수도 없이 발생하고 그로 인한 인식 차이도 발생하기 쉬우며 일이 늘어나거나 재작업이 발생하기도 합니다. 그렇기 때문에 어떤 타이밍에 어떤 내용을 확인하고 합의해야 하는지가 중요합니다. 적당히 하는 것만으로는 잘 진행되지 않습니다.

대부분의 경우 다음과 같은 순서로 디자인을 진행할 것입니다.

① **사이트 전체 이미지**: 어떤 페이지가 존재하고 어떻게 이어지는지를 정리합니다.

② **스케치**Sketch: 요구사항을 듣고 가장 먼저 그리는 대략적인 이미지 그림입니다.

③ **페이퍼 프로토타이핑**Paper Prototyping: 스케치를 프로토타이핑해 인터랙션을 검토합니다.

④ **와이어 프레임**Wireframe: 각 페이지에 어떤 정보를 표시할지와 관련된 정보 설계를 수행합니다.

⑤ **비주얼 디자인**: 톤 앤 매너Tone and Manner를 지키면서 주요 와이어에 관해 실제 사이트와 동일한 사양의 비주얼 요소를 결정합니다.

⑥ **코딩**: HTML과 CSS를 구현합니다.

디자인 프로세스와 개발 프로세스를 어떻게 맞물려 돌아가게 할 것인지가 문제입니다. 특히 개발팀이 반복 개발을 하는 경우, 디자인팀은 프로그래밍을 시작하기 전에 어느 정도까지는 태스크를 끝내 둬야만 합니다. 또한 스프린트 기간 중에 디자인팀은 어떤 태스크를 해야 할까요? 이는 의외로 결정하기 어려운 문제입니다.

디자인팀과 개발팀이 각각 업무를 잘 해내기 위해서는 어떻게든 '공통된 이해'를 만들어야 합니다. 생각이 다른 이상, 결과 역시 각각 다를 수밖에 없기 때문입니다.

▸▸▸ 사용자 스토리

그렇다면 '공통된 이해'란 무엇일까요? 전 사용자 스토리가 출발점이라고 생각합니다.

사용자 스토리에 관한 영역에서 유명한 요구사항을 3단계 구성의 자연스러운 말로 표현한 것을 소개합니다.

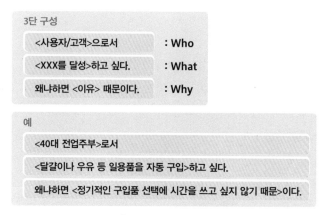

그림 3-12 **사용자 스토리**

사용자의 역할을 기준으로, 성취하고자 하는 요구사항을 간파하고 그 이유가 비즈니스 가치로 연결되도록 하는 것입니다.

사용자 스토리에는 방법론이나 솔루션의 How를 기술하지 않습니다. 사용자(Who)의 바람은 이유(Why)에서 출발합니다. 즉, 목적을 명확하게 하는 것이 중요합니다. 목적(What)을 실현하기 위한 수단(How)은 실제 개발팀이 실력을 발휘할 수 있는 곳입니다.

다시 말해 사용자 스토리는 기능이 아닙니다. 그 대상자에게 있어 가치를 나타내는 것이며 그 가치를 전달하기 위한 수단이 기능이 됩니다. 단지 기능 구현이 목적이 되면 실제 목적을 잃어버리게 됩니다. 목적은 사용자 스토리의 대상자가 원하는 가치의 전달입니다.

사용자 스토리는 표현이 애매하거나 추상도가 너무 높으면 좋지 않습니다. 또한 태스크 레벨로 자세하게 쓰여지는 것도 좋지 않습니다. 무엇을 실현해야 고객에게 필요한 업무를 해결해 줄 수 있는지 명확하게 알 수 없다는 것은 아직 스토리의 구체성이 부족하다는 것을 의미합니다.

다음 조건은 앞 글자를 따서 INVEST라 부릅니다. 사용자 스토리를 평가하는 데 유용하게 사용할 수 있습니다. 좀 더 구체적인 내용이 필요한지, 다른 스토리로 분할해야 하는지, 다른 스토리와 조합할 필요가 있는지, 언어화가 부족하지 않은지와 같이 수정이 필요한 부분을 확인할 수 있습니다.

〈 INVEST 〉

I: Independent(독립적으로 우선순위를 결정할 수 있는가?)

N: Negotiable(무엇을 만들 것인지에 대한 안을 조정할 수 있는가?)

V: Valuable(가치가 있는가?)

E: Estimable(추정이 가능한가?)

S: Small(팀에서 취급할 수 있는 작은 서비스인가?)

T: Testable(테스트할 수 있는가?)

사용자 스토리란, 개발팀과 고객 사이에서 고객의 말을 사용해 의논하고 고객이 아직 언어화하지 못한 요소를 드러내 번뜩이는 대체안 등을 적용하면서 공동의 이해를 구축하는 도구입니다.

사용자 스토리를 통해 명확해진 요구사항을 일반적으로 제품 백로그 아이템으로 활용합니다. 사용자 스토리에는 사용자가 하고자 하는 것이 간략하게 모여 있으며 Who/What/Why가 쓰여 있습니다. 기능 자체의 설명에 무게가 실려 있는 일반적인 기능 목록과는 달리, 고객이 원하는 가치에 초점이 맞춰져 있기 때문에 고객이 요구하는 제품을 만들어 나가는 작업과 연결됩니다. "바라는 것은 이것이 아니었습니다." 라는 말이 줄어듭니다.

또한 추정 포인트나 인수 조건을 동시에 추가할 수 있기 때문에 제품 백로그 아이템으로서 파악할 수 있는 것이 많아집니다. 어느 정도의 리소스가 필요하고 어떤 기준을 만족하면 이 스토리가 달성됐는지 판단할 수 있습니다.

사용자 스토리로 유저의 니즈를 파악하고 그 내용에 관한 이해를 디자인팀과 개발팀에서 함께 사용함으로써 사용자 스토리를 축으로 한 각자의 업무를 추진할 수 있습니다.

어떻게 이해를 맞추는가? 사용자 스토리에 기술된 내용만으로는 구체적으로 알 수 없습니다. 지속적인 대화가 필요하며 사용자 스토리는 '대화를 약속한다.'는 것을 의미하기도 합니다.

가렛의 5계층

사용자 스토리가 디자인과 개발이 함께 사용할 수 있는 공통의 축이 되는 이유는 '가렛의 5계층'을 통해 알 수 있습니다.

출처: 《웹 전략으로서의 사용자 경험》(Jesse James Garrett 저/소시오미디어 역/마이나비 출판)

그림 3-13 **가렛의 5계층**

가렛의 5계층은 제시 제임스 가렛Jesse James Garrett이 그의 저서인 《웹 전략으로서의 사용자 경험》에서 소개한 개념입니다. 웹을 디자인할 때 UX를 고려해 구현하는 과정에서 중요한 사고방식과 개념을 설명합니다.

웹 사이트 디자인에 있어 비주얼을 고려하는 사람, 코딩하는 사람, UI를 설계하는 사람 그리고 정보 설계를 수행하는 사람 등 많은 직종으로 나눠져 있는 것은 23장의 스토리에서 설명했습니다.

가렛의 5계층은 다음과 같이 구성됩니다.

☐ 표면: 시각적 디자인
☐ 뼈대: 인포메이션 디자인, 내비게이션 디자인, 인터페이스 디자인
☐ 구조: 인포메이션 아키텍처, 인터랙션 디자인
☐ 요구: 콘텐츠 요구사항, 기능 요구사항
☐ 전략: 사용자 니즈, 사이트 목적

5계층의 바닥에 있는 가장 높은 추상도를 가진 전략인 니즈나 목적을 관계자와 공유하고 그 니즈와 목적을 달성하기 위한 요구사항을 정리합니다. 이후 요구사항에 필요한 정보를 정리하며 사용자와의 인터랙션을 설계합니다. 그 위에 정보를 표시하기 위한 화면 구성이나 사용자가 방황하지 않도록 하기 위한 내비게이션을 검토합니다. 마지막으로 표면 부분의 시각적인 디자인을 수행합니다.

표면 부분의 시각적 디자인에서 시작하는 것이 아니라 목적이나 Why와 같은 깊은 곳까지 파악한 후 전략 등의 콘셉트 만들기부터 시작하는 것이 중요합니다. 다섯 번째 계층이 제품에 대한 사용자의 니즈, 네 번째 계층이 니즈를 실현하기 위한 요구사항에 해당합니다. 이 구조는 사용자 스토리와 제품 기능의 관계와 비슷합니다. 즉, 사용자 스토리(사용자의 니즈)를 어떻게(기능) 구현하는가로 표현할 수 있습니다.

즉, 사용자의 니즈를 파악한 사용자 스토리를 기반으로 사이트의 요구사항, 구조, 골격, 표면을 구성하고 다시 동일하게 개발할 기능의 내용도 결정되는 것입니다. 디자인팀과 개발팀이 협업함에 있어 사용자 스토리는 이를 위한 공통 언어가 됩니다.

▶▶ 맞물린 디자인 프로세스와 개발 프로세스 흐름

이번에는 태스크의 흐름을 살펴보겠습니다. 디자인팀은 사용자 스토리의 내용을 기반으로, 필요한 페이지를 분할 도출합니다(앞에서 설명한 ① 사이트 전체 이미지). 그리고 각 페이지의 스케치를 수행합니다(② 스케치). 스케치 수행 시에도 사용자 스토리에서 무엇을 구현할지 파악해 페이지 구성을 함께 진행합니다.

이 과정에서 디자인팀과 개발팀은 일정한 레벨로 인식을 맞추는 것이 바람직합니다. 사용자 스토리는 최소한으로 필요한 내용을 기술한 것이기 때문에 구체적인 이미지를 얻기 어렵고, 이 상태로는 두 팀의 인식에 차이가 발생할 것입니다. 스토리를 실현한 페이지가 어떤 이미지인지, 스케치를 두 팀에서 작성하거나 공유함으로써 함께 이해할 수 있습니다.

이후 개발팀은 기능 개발을 진행하고 디자인팀은 페이퍼 프로토타이핑이나 와이어프레임 작성, 비주얼 디자인을 수행합니다. 이후 디자인팀이 코딩을 시작할 때 두 팀은 다시 기능 단위에서 협업하게 됩니다.

기능 단위에서는 아마도 개발팀 쪽이 앞서 나가 있을 것이고 개발된 기능을 바탕으로 디자인팀에서 코딩하는 상황이 돼 있지 않을까요? '기능을 개발한 후 코딩을 하는' 리듬이 무너지지 않도록 스프린트 계획을 수행하는 것이 좋습니다. 최소한 디자인 코딩을 시작하기로 한 스프린트 전까지는 기능 개발을 마무리하도록 합니다.

스토리 Why에서 시작하라

우선 높은 품질의 좋은 제품이 무엇인지를 함께 인식할 필요가 있다. 제품 책임자, 디자이너, 개발팀에서 아직 갖추지 못한 부분이다. '이제 와서'라고 하면 그렇지만 그런 핑계를 댄다 한들 달라지는 것은 없다. 깨닫고 움직일 때가 가장 빠른 것이다.

제품의 책임자에게 '이번 변경이 왜 필요한가?'의 근간이 되는 생각을 묻고 그 내용을 공유한다. 생각을 말로 표현하면 논리적으로 다룰 수 있게 된다.

난 제품 책임자가 말하는 내용을 개별적인 사용자 스토리로 변경했다. 누구를 위한 것인지, 왜 필요한지를 명확히 했다. 그러자 스토리를 구현하기 위한 방법이 하나가 아니라는 점도 명확해졌다.

What에 관해서만 논의할 경우에는 도저히 타협할 수 없는 경우라도 Why까지 거슬러 올라감으로써 What을 재정의할 수 있게 된다. 그 위에 페이지가 갖춰야 할 모습을 다시 정리한다.

이 활동을 주 1회, 정기 회의에서 수행하면 아무래도 많은 시간이 소요된다. 공통 인식을 한 번에 얻기 위해서는 시간을 압축하는 것이 좋다. 그래서 합숙을 제안한 것이다. 합숙이라는 말을 들은 만후쿠지 씨와 마이 씨는 갑자기 긴장해서 디자이너와 대립 중이었다는 사실을 완전히 잊은 듯했다. '이런 시기에 합숙을?' 말은 하지 않았지만 오토나시 씨는 표정에 불만이 가득하다.

합숙이 진행되는 동안 사용자 스토리를 기반으로, 그 자리에서 화이트보드에 러프 스케치를 그렸다. 물론 오토나시 씨가 나설 차례였다. 이틀 동안 쉴 틈 없이 러프 스케치를 그려 냈다. 형태로 만들어 보니 하고 싶은 것(스토리)과 관련해 어떤 것이 필요하고 어떤 것은 꼭 필요하지 않은지가 확실해지기 시작했다. 이렇게 되니 애초의 와이어 프레임을 고집할 필요가 없어졌다.

그렇다고 해도 기능에 미치는 영향이 적지 않다. 난 인셉션 덱에서의 '우리는 왜 여기에 있는가?'를 끌어내 가장 가까운 시일 내에 출시해도 될 것과 나중에 출시해도 괜찮은 것을 구분했다. 생각하는 레벨이 같은 상태(여기에서는 기능을 넣는가? 넣지 않는가?)로는 충돌이 계속 발생한다. 상위 기준(여기에서는 인셉션 덱)에 대비하면 다른 판단을 할 수 있다.

하나하나 분류되는 모습을 본 오토나시 씨는 감탄한 듯했다. 일부러 내게 말을 걸어 왔다.

"에노시마 씨, 합숙을 하는 의미를 잘 알았습니다. 처음엔 이런 때 웬 합숙이냐고 생각했지만, 집중의 정도가 전혀 다르네요."

오토나시 씨의 감상을 듣고 나 또한 이전에 똑같은 생각을 한 적이 있음을 떠올렸다. 당시엔 제품의 방향 바꾸기를 위한 합숙이었다.

"왜, 무엇을 위해 필요한지와 무엇을 해야 하는지가 정리되는군요."

난 이전 니시가타 씨가 알려 준 'Start with why'에 관한 이야기를 오토나시 씨에게 들려 줬다. 오토나시 씨는 또 한번 감격한 듯했다.

"저랑 비슷한 나이인데 에노시마 씨는 정말 많은 것을 알고 계시네요. 존경합니다!"

그 말을 들은 마이 씨가 동조했다.

"저도 그렇게 생각합니다. 개발뿐 아니라 여러 가지를 알고 있어요. 우리 오빠랑 닮았어요!"

마이 씨의 오빠라면 역시 해외의 프로그래머겠지. 잠깐 상상의 바다에 빠졌지만, 난 두 사람과의 잡담은 여기까지만 하기로 했다. 도출한 스토리를 어떻게 구현할 것인지, 얼마나 새로운 기능을 개발할 필요가 있는지를 결정할 때까지는 아직 여유를 부릴 만큼 한가하지 않다.

하마스카도 나와 같은 생각을 했는지, 곧바로 만후쿠지 씨와 구현 방법에 관한 논의를 시작했다. 여전히 코드에 대한 집착이 강한 하마스카, 할 일을 극단적으로 줄이고 싶어하는 'Less is more'가 모토인 만후쿠지 씨, 두 사람은 죽이 잘 맞는다. 스토리 구현 방법 검토에 관해 끝에서부터 정리해 나간다. 합숙 1일차 일정을 마칠 즈음, 기능 개발 쪽은 어떻게든 될 듯 보였다.

문제는 페이지 코딩 쪽이었다. 이 합숙 내용을 기본으로 와이어 프레임부터 다시 작성하려면 많은 시간이 필요하다. 스나코 씨는 와이어 프레임을 작성해야 한다고 고집하는 듯했다. "와이어 프레임이 없으면 최종적인 이미지가 맞지 않아서 인식 차이가 발생할 것이다."라고 우겼다.

오토나시 씨는 아무런 작전도 갖고 있지 않았기 때문에 점점 곤란해하기 시작했다. 불쌍한 얼굴로 내게 도움을 요청한다. 날 쳐다본다 한들, 나 역시 아무런 아이디어가 없다. 만후쿠지 씨와 마이 씨는 "와이어 프레임이 없어도 코드는 쓸 수 있어요."라며 신경도 쓰지 않는다. 스나코 씨는 점점 '지금까지 확실히 와이어 프레임에 남겨 두지 않았기 때문에 지금에서야 이렇게 돼 버린 거야'라고 생각하는 듯했다. 이도저도 모르게 돼, 조금은 무거운 분위기가 돼 가는 타이밍에 생각지도 못한 곳에서 아이디어가 나왔다.

"와이어 프레임을 작성하는 대신, 이번 러프 스케치를 기준으로 코딩을 시작하는 건 어떨까요?"

합숙에서 거의 눈에 띄지 않았던 인물, 서브 제품 책임자인 소데가우라 씨였다. 확실히 이번 러프 스케치를 베이스로 한다면 인식도 맞춰져 있고 이전에 만든 비주얼 자료에서 톤 앤 매너(디자인과의 일관성)도 크게 변경할 필요도 없으므로 즉시 코딩을 시작해 HTML로 변경할 수 있을지도 모른다. 소데가우라 씨는 작성한 HTML을 기반으로 조정을 위한 대화를 하고 그 피드백을 적절하게 반영하면 되지 않겠느냐는 의견을 말했다. 난 소데가우라 씨의 의견에 동의했다.

"그렇네요. 확실히, 현재 상태라면 기능 개발 쪽을 우선시합니다. 개발팀이 기능 제공 쪽을 수행하고 제공된 기능을 기반으로 HTML과 CSS를 담당하는 코더가 화면을 만드는 형태로 진행하면 코딩 단계에서 항목이 누락되는 경우는 없을 겁니다."

스나코 씨도 실물을 사용해 조정 가능하다면 이야기가 빠르게 진행될 것이라며 이 의견을 받아들였다.

난 이 방법에는 단순히 시간을 압축하는 이상의 장점이 있다는 것을 알았다. '코더가 작성한 HTML을 개발 측에서 받아쓰는' 방법과 '개발팀이 제공하는 러프 페이지 위에 코더가 HTML을 구현하는' 방법을 비교했을 때 전자의 방법은 어쨌든 코더의 작업 단계에서 사양이 누락되는 경우가 있다(예를 들어 실제 페이지에 표시돼야 할 항목이 마치 존재하지도 않았던 듯 생략돼 버리기도 한다).

후자의 방법이라면 러프라고는 해도 필요한 항목을 모두 출력하고 있는 대상의 화면을 만드는 것이 되므로 사양이 누락되기 어렵다.

"그렇다면 코더 분께서 사용할 개발 환경을 구현해야겠네요."

하마스카는 구현을 고려해 즉시 과제를 뽑아냈다.

"환경은 도커^{Docker}로 만들어 전달하면 어떻게든 되지 않을까요? 물론, 개발팀과의 커뮤니케이션은 단순히 깃허브^{GitHub}상에서의 이야기만으로 끝나지 않는 부분도 있겠지만…. 반드시 오토나시 씨가 그 사이를 메워 줄 거예요."

내가 찬물을 끼얹자, 오토나시 씨는 빠르게 활력을 되찾아, 자신 있게 대답했다.

"물론입니다! 맡겨 주세요!"

하지만 그게 근거 없는 자신감이라는 것은 모두가 알고 있었다. 잠깐 동안 웃음이 돌았다. 관계자 사이의 긴장이 드디어 풀어지고 있다는 것이었다. 이걸로 합숙은 끝낼 수 있다. 이번 합숙을 통해 처음으로 제품 책임자, 디자이너, 개발팀으로 협업할 수 있게 됐다. 우리는 목적을 향해 다시 달리기 시작할 수 있게 됐다.

관점을 바꿔,
돌파하기 위한 견해를 얻다

스토리 초조함, 불안 그리고 궁지

사내 전문가를 마치 진공청소기처럼 집어삼켰던 문제가 많은 프로젝트는 드디어 그 불이 진화되기 시작한 것 같았다. 회사로서는 이번 문제로 인한 손실을 만회하고자 수주를 늘리기 위해 다양한 방면으로 적극적인 시도를 하고 있는 듯하다.

"알겠지, 에노시마?"

영업 담당인 이나무라 씨에게 이끌려 향한 곳은 이미 익숙한 클라이언트의 건물이었다. 그렇다. 오늘은 MIH에서 EC를 담당하고 있는 부서와는 다른 부서로부터의 문의가 있어, 요구사항을 들어보기 위해 방문했다.

영업 담당인 이나무라 씨와는 어제 막 만났을 뿐이다. 햇빛에 그을려 있고 들은 바로는 휴일에는 서핑에 여념이 없다고 한다. 보통 얼굴을 마주치는 멤버는 마이 씨를 제외하고는 전부 어른의 느낌이 나는 사람뿐으로, 말 주변이 좋은 이나무라 씨는 조금 신선했다.

하지만 이런 일을 하고 있을 때가 아니라는 생각을 하게 된다. EC 개발은 아직 끝나지 않았다. 디자인 합숙 이후 전체적으로 커뮤니케이션이 활발해져서 이전과는 비교할 수 없을 정도로 움직임이 격해졌다. 클라이언트를 포함해 팀 전체가 마치 마차를 끄는 말과 같이 업무를 하고 있었다. 여기저기서 아이디어나 논의가 샘솟듯 나오고 제품을 세세하게 조정하거나 때로는 코드를 크게 변경하기도 한다.

스나코 씨는 쉴 틈 없이 제품에 관한 아이디어를 내놓았고 오토나시 씨도 계속 UI에 관한 개선안을 내놓았다. 개발 측의 만후쿠지 씨와 마이 씨도 우선은 의견을 받아들이는 스탠스이므로 논의가 거부당하지 않고 계속 이어진다. 만후쿠지 씨가 자신만만하게 관계자에게 선언했다.

"제품을 좋게 만드는 아이디어라면 얼마든지 알려 주십시오. 어떻게 구현할지를 생각하는 건 우리가 할 일입니다."

"이 제품, 우리가 오기 전보다 확실히 좋아졌다는 느낌이 들도록 바꿀게요!"

마이 씨도 의욕이 가득했다. 하마스카도 거든다.

"그야 그렇지요! 듣자 하니 원래 B2B였던 설계를 B2C로 바꾸는 거니까요!"

변경이 난잡하게 추가되면 코드의 품질이 떨어진다. 불도저처럼 백로그를 쳐내려가는 만후쿠지 씨와 마이 씨. 그 뒤에서 고려된 사항의 누락이나 버그를 정리하면서 맹렬하게 코드를 정리하는 하마스카라는 포메이션이었다.

확실히 팀은 궤도에 오르고 있고 한편으로는 혼돈 속에 있다고 할 수 있기 때문에 전체를 보면서 너무 과하지 않도록 조정하는 역할도 필요했다. 그런 상황에서 완전히 다른 건에 차출돼 있기 때문에 난 조금씩 초조해졌다.

이나무라 씨는 그런 내 상태가 손에 잡히는 듯했다. 때마침 가슴에 못을 박았다.

"회사로선 점점 신규 수주를 하지 않으면 안 되거든. 에노시마 확실히 부탁해."

개발 안건과 병행해서 제안 활동도 하지 않으면 안 된다는 것이다.

"뭐랄까, 굳이 준비를 하지 않아도 괜찮다고 해야 할까? 우선 지난번 히어링은 했으니까 말이지. 이번에는 결정 사항을 확인할 뿐, 남은 것은 어떻게 할 것인지뿐이야."

이나무라 씨는 자신이 있는 분위기지만, 짜증은 불안으로 변하고 있었다.

"무슨 소리야. 이게 안 되면 곤란하다고."

클라이언트가 아닌, 같은 회사 사람의 입에서 이런 말이 나올 것이라고는 생각하지 못했다. 이나무라 씨는 마치 클라이언트를 대변이라도 하듯, 훨씬 고압적인 분위기를 내뿜었다. 클라이언트 측의 담당자는 소데가우라 씨였다. 단, 재고 관리, 상품 관리

부서의 담당자로 내 앞에 앉아 있다.

이나무라 씨에 비해, 오히려 소데가우라 씨는 냉정한 얼굴을 하고 있었다. 하지만 나는 이때 조금 위화감을 느꼈다. 냉정한 얼굴의 소데가우라 씨에게서 어쩐지 악의가 느껴졌다.

더욱이, 디자인 합숙에서도 그렇게 현명한 판단을 했던 그가 지금처럼 말도 안 되는 안건을 추진하리라고는 생각하지 못했다. 안건의 내용은 외근을 주로 하는 상품 판매 영업 담당자를 위한 스마트폰 애플리케이션이었다. 외근지에서 챗 인터페이스를 통해 봇과 대화함으로써 클라이언트 제안에 필요한 정보를 제공받는 것이다. 영업 담당자가 봇에 단편적인 질문을 하면 제안에 도움이 되는 업계 정보나 트렌드 등 다양한 정보를 제공한다. 제공된 정보가 도움이 됐는지 아닌지를 피드백을 통해 수집함으로써 봇의 응답 품질을 향상시키는 머신 러닝도 포함돼 있었다.

문제는 기획의 내용이 아닌 기간이었다. 기획서가 아직 5페이지 정도밖에 만들어지지 않은 상황에서 출시 희망은 2개월 후였다. 어떻게 해서라도 12월 연말 상담 시기를 맞추려는 생각인 듯했다.

"이나무라 씨는 이전 미팅에서 실현 가능성이 충분하다고 확실히 말씀해 주셨습니다만…"

소데가우라 씨는 거의 감정을 나타내지 않은 채 담담하게 이야기했다. 이나무라 씨가 그의 말에 동조한다.

"물론입니다! 에노시마, 회사로 돌아가 다시 한번 가능 여부를 검토하도록 하지."

내가 어떻게 해도 안 된다고 말을 꺼내려는 찰나, 이나무라 씨가 노려보는 것이 보였다. 여기에서는 일단 꼬리를 내릴 수밖에 없다. 곤란한 상황이다. 앞에는 클라이언트. 뒤에는 영업…. 그야말로 협공이다.

갖고 온 몇 장 안 되는 기획서를 다시 읽고 있는 도중, 하마스카가 질린 얼굴로 날 바라본다.

"이 개발 기간…. 농담이겠죠."

마이 씨가 하마스카에게서 종이를 빼앗아 읽어 본다. 그리고 평소 이상의 오버 액션으로 항복하듯 두 손을 들었다. 마이 씨의 손에서 떨어진 종이를 만후쿠지 씨가 집어 들었다.

"이 내용만으로는 계획을 세우는 것 자체도 무리겠네요."

만후쿠지 씨의 말대로였다. 사실상 요구사항을 만족하기 위한 개발 계획조차 세울 수 있을 가능성이 없다. 이대로는 아무것도 하지 못한다. 문제를 해결하기 위해서는 요구사항이나 제약을 늘리거나, 줄이거나, 바꾸지 않는다면 활로를 찾을 수 없다. 난 이 기획이 해결하고 싶은 것이 무엇인지, 처음부터 되돌아보기로 했다.

기획을 한 마디로 정리하면 영업용 제안 지원 봇 서비스다. 그런데 외근을 하는 영업 담당당자가 얼마나 이 시스템을 필요로 할까?

이 주제를 깊이 파악하기 위해서는 클라이언트 업무에 정통한 사람과 상담해야만 할 것이다. 현 재고 관리 및 상품 관리 제품 책임자인 소데가우라 씨의 전임자였던, 야자와 씨에게 연락해 보기로 했다. 내가 신입 시절에 했던 프로젝트에서의 모습을 그는 기억하고 있었다.

"당시 자네는 꽤나 제멋대로 행동했지."

수화기 저편의 야자와 씨가 호탕하게 웃었다. 그 웃음 소리에 기분이 조금은 누그러졌다. 야자와 씨는 제품 책임자에서 내려온 뒤로, 남아도는 시간을 주체할 수 없는 듯했다. 바로 회의를 기다려 달라고 하는 것이었다. 단, 히어링만으로는 요점을 잡기 어려울 것이다. 야자와 씨와 워크숍과 같은 형태로 가설 캔버스를 작성해 볼 계획이다.

에노시마의 해설 ▶ 가설 캔버스

제품이나 서비스에서 해결하고자 하는 진짜 과제는 무엇일까? 고객이 안고 있는 과제는 고객 자신조차 모르는 경우가 있습니다.

고객의 잠재 과제를 알기 위해서는 '돈을 지불해서라도 처리하고 싶은 용건'이 무엇인지 생각하는 것이 효과적입니다. 문제 해결은 즉시 수단이나 방법에만 눈을 돌리기 쉽지만, 그 용건을 정리하는 것이 본래의 목적일 것입니다. 이 사고방식이 클래이튼 크리스텐센Clayton Christensen이 제창한 업무 이론Job Theory입니다.

업무 이론에서는 고객이 해결하고자 하는 것이 있기 때문에 이를 위해 제품이나 서비스를 '활용'한다고 생각합니다. 같은 일이라 하더라도 고객이 놓인 상황에 따라 활용하는 대상이 달라집니다.

예를 들어 업무 중의 리프레시나 릴랙스와 같은 목표를 달성하기 위해 담배를 필 수도 있으며 잠시 동안의 커뮤니케이션을 통해 고민을 해소하기 위해 SNS를 활용하는 경우도 있을 것입니다. 이때 SNS는 담배와 경쟁할 수도 있습니다.

또한 크리스텐센은 밀크 셰이크를 예로 들어, 같은 제품이라도 전혀 다른 다른 용도로 활용될 수 있음을 설명합니다. 출퇴근 길에서의 밀크 셰이크는 '심심풀이', 휴일에 아이에게 사주는 경우에는 '상냥한 부모의 기분을 맛보기' 위한 것입니다.

이렇게 생각하면 각각의 기능 면에만 초점을 맞춰 차별화해서는 고객 만족을 발견할 수 없습니다. 같은 밀크 셰이크라도 성인의 경우에는 단지 심심풀이로 먹을 수 있는 양이 적당하고, 질리지 않는 정도가 좋을 것입니다. 한편, 아이에게 사주려는 고객의 경우에는 양이 너무 많지 않고 건강에 해가 되는 성분은 피하는 것이 좋을 것입니다. 고객이 해결하고자 하는 일, 즉 목적에 집중해야 합니다.

고객의 목적이나 과제를 해결할 수 있는 방법과 솔루션은 다양합니다. 다양한 안건 중에서 회사가 가진 우위를 활용해 독자적인 가치를 제안하는 것이, 제품을 만들어 냄으로써 하고자 하는 일일 것입니다. 우리가 해야 할 일은 이와 같은 제품이나 서비스를 사용할 수 있는 형태로 만들어 내는 것입니다. 고객에게 들은 내용을 맹목적으로 만들기만 한다고 좋을 리가 없습니다.

이처럼 과제나 목적을 명확히 하고 적용 가능한 솔루션의 콘셉트를 만드는 프레임워크가 있습니다. 바로 가설 캔버스입니다. 가설 캔버스는 세상에 존재하는 다양한 캔버스에서 영감을 받아 만들어졌습니다(필자 이치타니 인용).

그림 3-14와 같이 목적이나 비전 또는 지금 나타난 문제라는 14개의 관점에서 기획이나 아이디어가 명확한지 확인하는 작업입니다. 신규 비즈니스나 사업 검토 수행 또는 제품이나 서비스가 새로운 단계로 진행되는 경우, 현재 상태를 정리해 가설을 수립할 수 있

습니다. 관계자 사이에 모호했던 것이 명확해져 공동의 이해를 구축할 수 있습니다.

목적			비전		
왜 이 사업을 하는가?			**고객에게 어떻게 하기를 원하는가?**		
솔루션	우위성	제안 가치	현재 관제	대체 수단	상황
제안 가치를 실현하는 방법	**우리 회사가 해야 할 이유에 따른 구체적인 리소스, 상황**	**고객이 알고 있는 과제**	**고객이 알고 있는 문제**	**과제 해결을 위한 현장의 방법과 불만**	**어떤 상황에 있는 고객이 대상인가?**
	평가 지표	의미	잠재가치	채널	경향
	평가 지표와 기준 값	**고객에게 있어서의 의미**	**고객이 알고 있지 못한 문제**	**고객과 만날 방법**	**상황에 기반을 둔 고객의 경향**
수익 모델					
비즈니스 모델					

출처: '올바른 것을 올바르게 만들다.'(이치타니 토시히로/slideshare)

그림 3-14 가설 캔버스

▶▶▶ 가설 캔버스 사고 로직과 요소

가설 캔버스를 정리하기 위한 사고방식과 요소에 관해 설명합니다. 그림 3-14의 오른쪽에 있는 고객 측 요소를 먼저 생각한 후, 이에 대응하는 왼쪽 제공 측 요소를 수립합니다.

우선, 과제입니다. 고객이 안고 있는 니즈를 파악합니다. 이 과제는 고객 자신이 확실히 알고 있는지, 아닌지에 따라 '현재 과제'와 '잠재 과제'로 가설을 나눕니다. 각각 해결을 위한 접근 방식이 달라지는 경우가 있으므로 처음부터 나눠 생각해야합니다. 실제 가설 검증 시에는 잠재 과제를 고려했는지, 해결 가능한지에 따라 기획에 많은 영향을 미칩니다.

다음으로 '상황'입니다. 절실한 과제를 가진 고객의 이미지를 명확히 합니다. 이 요소를 단순히 '고객'의 영역으로 파악해 버리면 데모그래픽 속성을 선정하는 것만으로 끝납니다. 고객이 과제를 갖고 있다는 것은 어떤 상황에 기인하기 때문입니다. 엄밀히 말하면 고객의 속성과 인과 관계가 있는 것은 아닙니다.

'속성'으로 고객을 파악하면 가설을 세운 속성 이외의 속성을 가진 고객에게는 도달하지 못하기 때문에 결과적으로 의사 결정을 못하게 됩니다. 가설 캔버스에서는 '상황'이라는 영역에 속성이 아니라 상황을 선정하는 것을 명확히 하고 있습니다.

그리고 이 상황에 있는 사람이 가진 '경향'을 생각합니다. 여기서 '경향'이란, 이 '가설'에 관련해 발생하기 쉬운 사고나 행동의 흐름을 의미합니다.

예를 들어 인터넷을 통해 일을 찾는 고객 세그먼트는 특정 구인 사이트에 로열티가 있는 것이 아니라 검색 엔진에 키워드를 입력해 찾는 행동을 보이기도 합니다. 이는 한 사이트에서 정보를 찾는 것보다 검색 엔진을 사용해 찾는 쪽이 많은 직업을 찾을 수 있으리라고 생각하는 사고의 '경향'에 따라 구직자가 마치 미리 짠 것처럼 동일한 행동을 보이는 것이라고 생각할 수 있습니다.

'경향'의 흐름을 반영하지 않는, 오히려 경향에 반하는 솔루션은 최초에는 고객에게 잘 받아들여지지 않습니다. 이런 행동의 경향성도 고려해 서비스를 설계하고 제공해야 합니다.

다음으로 생각해야 할 것은 과제 해결을 위한 현재의 '대체 수단'입니다. 고객은 뭔가의 방법에 불만을 가진 상태로, 어떤 일을 수행하고 있을 것입니다. 대체 수단에 만족하고 있는 경우에는 새로운 솔루션을 채택하기 위한 전환 비용이 높아져, 불리하다고 할 수 있습니다.

다음은 '채널'입니다. 그 과제를 안고 있는 고객과 만날 가능성이 높은 미디어나 판로, 수단을 의미합니다. 채널 검토는 서비스 설계상, 뒤에서 되돌아오는 경우가 있습니다만, 이 방법은 나중에 고생을 할 수도 있습니다. 모처럼 제품을 만들었는데도 이를 이용할 사람에게 전달되지 않는다면 가치는 어디에서도 발생하지 않습니다.

더욱이 본래의 목적을 잃어버리지 않도록 시선을 한 단계 올려 '비전'을 다른 언어로 바꿔 둡니다. '비전'은 중장기적으로 고객이 달성하고자 하는 상황을 의미합니다.

다음은 캔버스 왼쪽으로 이동해 봅니다. 가장 먼저, 과제에 대한 '제안 가치'입니다. 제안 가치를 고려할 때 솔루션도 동시에 생각하는 경우가 많을 것입니다. 제안 가치란, 과제를 해결해 고객에게 어떤 상황을 제공할 것인지를 의미합니다. 솔루션은 그 제안 가치를 실현할 수단을 의미합니다.

또한 제안 가치가 고객에게 있어서 어떤 '의미'를 갖는 것이 될지 고객의 시점에서 생각하는 것으로, 가치를 깊게 파악하고 강화할 수 있습니다.

과제에 대해 '제안 가치'를 고려해 그 '제안 가치'에 관한 '솔루션'을 생각하는 것과 같은 사고방식을 통해 목표와 방법을 정리할 수 있을 것입니다.

'우위성'은 자사의 강점입니다. 자사의 강점을 잘 활용할수록 여러분의 회사가 이 과제를 수행해야 할 필연성이 높아집니다.

'목적'은 이 프로젝트를 제공하는 측의 Why, 바람, 이 사업을 하는 이유 등에 해당합니다. 목적이 애매하거나 약한 경우에는 새로운 제품을 낳는 활동은 쉽게 정체돼 버릴 것입니다.

'이익 모델'은 실시를 할 때의 비용이나 매출 규모를 표시합니다. 어떤 비즈니스 모델로 수익을 확대해 나갈 것인지의 관점에서 이 항목을 기입합니다.

마지막으로, '평가 지표'에 이 모델의 평가 기준을 무엇으로 할지 종합합니다.

각 요소별로 깊게 파악하지만 생각할 때는 캔버스 위 영역을 왔다갔다할 것이라고 생각합니다. 상황, 과제, 제안 가치, 솔루션은 관련성이 높은 요소들이기 때문에 특히 해당 영역을 왔다갔다하게 될 것입니다.

또한 캔버스 전체에 걸쳐 가설의 정합성을 체크할 수 있습니다. '현재 과제'와 '잠재 과제'를 결정했다면 실제로 '비전'에서 그린 세계를 달성할 수 있는가? 실현하고 싶은 '제안 가치'는 자사의 '목적'과 일치하는가? 항목의 목록이 아니라 일부러 캔버스 한 장으로 정리하는 것은 전체를 보기 좋게 하기 위함입니다. 한눈에 전체를 파악할 수 있게 됩니다.

칼럼 | **우리만의 캔버스를 만들자**

가설 캔버스는 필자가 가설 검증을 하는 현장에서 필요로 했던 관점을 조합해 구성한 것입니다. 예를 들어 **비즈니스 모델 캔버스**(Business Model Canvas)와 달리, **키 파트너**(key partner)의 영역이 없지만 과제 영역을 명시적으로 만들었습니다. 또한 **린 캔버스**(Lean Canvas)와의 차이점으로 목적과 비전의 영역을 마련했습니다.

가설 캔버스에 정의한 영역은 실제 현장에서 캔버스를 활용하는 과정에서 필요한 관점입니다. 이와 반대로, 그다지 필요하지 않는 영역은 삭제했습니다. 처음부터 현재 가설 캔버스의 모습을 고려한 것이 아닙니다. 여러 차례의 변화 끝에 지금의 모습으로 정리돼 있는 것입니다.

가설 수립 시 필요한 관점은 수립하고자 하는 사업이나 서비스 내용, 기업가나 가설을 세우는 기업이 놓인 상황에 따라 달라집니다. 동맹(alliance)이 핵심인 비즈니스에서는 키 파트너 영역이 필요할 것입니다. 다양한 캔버스를 비교하면서 실제로 작성해 보고, 자신에게 맞는 캔버스를 선택합시다.

그래도 불안하다면 세상에 있는 다양한 캔버스를 활용해 여러분에게 적합한 캔버스를 그려 보십시오.

— 이치타니 토시히로

출처: The Business Model Canvas ©Strategyzer(https://strategyzer.com)

그림 3-15 비즈니스 모델 캔버스

과제 (PROBLEM)	솔루션 (SOLUTION)	독자적인 가치 제안 (UNIQUE VALUE POSITION)	압도적 우위 (UNFAIR ADVANTAGE)	고객 세그먼트 (CUSTOMER SEGMENTS)
기존 대체품 (A 리드 타임 ERNATIVES)	주요 지표 (KEY METRICS)	프로세스 타임 (상위 콘셉트) (HIGH LEVEL CONCE)	채널 (CHANNELS)	얼리 어답터 (EARLY ADA 프로세스 타임 ERS)
비용 구조 (COST STRUCTURE)			이익 흐름 (REVENUE STREAMS)	

출처: Lean Canvas ©Ash Maurya(https://leanstack.com)

그림 3-16 린 캔버스

스토리 관점의 높이를 높여 상황을 타개하다

"자네, 외근 영업이 그렇게 느긋하게 제안 준비를 한다고 생각하나?"

입을 열자마자, 기획의 뿌리가 흔들렸다. 야자와 씨는 여전히 말버릇이 좋지 않다고 해야 할지 상대가 회사 내부 사람이든, 외부 사람이든 신경 쓰지 않는다. 이미 60세가 넘었기 때문에 야자와 씨가 보기에 나 같은 건 햇병아리 같을지도 모르겠다. 더욱이 지금까지 SoR 영역에서 잔뼈가 굵어, 업무에 관해서는 해당 업무 담당자보다 잘 알고 있다는 자부심도 갖고 있다.

"수주를 늘리기 위해 제안 수를 늘리고 싶다. 제안 수를 늘리기 위해 영업에 정보가 전달되도록 하고 싶다. 어느 것도 현장 경험이 없는 기획자가 생각해 낼 만한 내용이야. 그렇지 않나?"

그렇게 말하고 캔버스의 목적에 쓰여 있는 '수주를 늘리고 싶다.'라는 내용을 지우개로 지워 버렸다.

"수주가 증가하는 건 결과야. 그 결과를 달성하기 위해 해야 할 것을 고르지 않으면 솔루션도 잘못된다고."

야자와 씨가 나를 노려본다. 마치 내가 기획한 것인가 싶다. 엄한 교사에게 잡힌 학생이랄까? 뭐라도 대답하지 않으면 용서를 받을 수 없을 것 같아서 작은 목소리로 대답한다.

"결과적으로 수주량 증가와 이어질 수 있는 목적…. 영업 활동의 효율화일까요?"

야자와 씨는 내가 들고 있던 화이트보드 마커를 빼앗아 목적 영역에 새롭게 '영업 활동 효율화'라고 적었다. 그리고 지긋이 내 얼굴을 쳐다봤다.

"그래서 과제가 뭐라고 생각해?"

"음, 제안처 고객의 업계에 관한 지식이 부족하다던가?"

"처음의 봇 서비스랑 똑같잖아."

과제 영역에 천천히 무엇인가를 쓴다. 가설 캔버스 작성은 처음이지만, 어떻게든 주도권을 잡고 싶은 걸까? 필기를 마친 후 나에게 읽어보라고 했다.

"회사로 돌아와야 하는 수고를 없애고 싶다."

"그래. 문제는 사외에서 일부 사내 시스템에 접근할 수 없기 때문에 발생하고 있어. 사외에서 CRM에는 접근할 수 있지만, 제안에 필요한 견적 결재 시스템에는 접근할 수 없거든."

아하, 그렇구나. 그렇다면 영업 담당자의 활동에 상당한 제약이 따른다는 것이다. 내 모습을 보고 야자와 씨는 고개를 끄덕이며 말을 이었다.

"외근이 끝나면 우선 회사에 돌아와 상사에게 보고한다는 쇼와 시대 사고방식을 매니지먼트에서는 여전히 갖고 있는 거야. 그래서 누구도 일부러 사내 시스템에 대한 접근 환경을 바꾸려고 하지 않는 거고."

"그거 굉장히 귀찮은 일이네요."

"말도 못하게 귀찮지."

난 야자와 씨에게서 화이트보드 마커를 건네받았다. 그리고 단숨에 캔버스를 채워 나간다. 해결해야 할 과제가 정리되니 그 현상의 대체 수단 그리고 불만, 그에 대한 제안 가치까지 술술 써내려 갈 수 있었다. 작성한 캔버스에서 한 발 물러나 전체를 확인해 본다. 그리고 번쩍 깨달았다.

"이거, 이미 챗 인터페이스로 만들 필요도, 봇을 만들 필요도 없네요."

야자와 씨는 내 짐작이 마음에 든 듯했다. 크게 고개를 끄덕이며 대답한다.

"문제는 '회사 외부에서 사내 시스템에 접근 가능하도록 결재 시스템에 손을 대는 것을 경영층에서 동의할 것인가?'야. SoR 영역에 투자하자는 마인드는 이미 사라진 지 오래야. 하지만 난 실제로 업무 확대에 걸림돌이 돼 버린 SoR이야말로 재투자해야 할 대상이라고 생각해."

조금 쓸쓸함이 느껴지기도 했다. 오랜 시간 봐왔기 때문에 업무를 개선하고 싶다는 생각이 누구보다 강했고, 이와 동시에 아무것도 할 수 없는 상황 때문에 분하기도 했을 것이다.

아무튼 야자와 씨에게 감사했다. 그 덕분에 문제를 보는 시선의 위치를 바꿀 수 있었다. "관점의 높이를 바꿔 생각하라."던 쿠라야시키 씨의 말이 생각난다. 하지만 난 야자와 씨와 이야기할 때까지 다른 관점을 깨닫지 못했다.

단지 눈높이를 높이는 것뿐 아니라, 낮추는 것도 '높이를 바꾸는' 것이다. 현장에 다가가 세부 사항을 봄으로써 문제를 파악하는 방법을 바꿀 수 있다.

이번과 같은 경우, 제안했던 '수주를 높인다.'는 목적만으로는 진짜 문제에 다다를 수 없었을지도 모른다. 목적을 바르게 정의함에 따라 문제를 올바르게 결정할 수 있었다. '영업 활동 효율화'라는 목적을 파악하니 영업의 입장에서 업무를 파악해야만 했다. 그 결과, 실제로 해결해야 할 과제가 보이기 시작했다. 난 밝은 목소리로 야자와 씨에게 이야기했다.

"야자와 씨, 이걸로 될 것 같습니다!"

야자와 씨는 '아무것도 아니지.'라는 표정으로 고개를 끄덕였다.

난 야자와 씨와 정리한 가설 캔버스를 기초로, 솔루션을 봇 서비스에서 완전히 바꿔 제안했다. 내용은 사내 시스템을 AWS로 이전해 운영한다는 것이었다. 검증은 2개월이면 충분하다.

내 제안에 가장 찔린 사람은 영업 담당자인 이나무라 씨였다. 영업이 안고 있는 고민, 구체적으로는 영업이 정말로 시간을 쓰고 싶은 곳에 쓰지 못하고 잘 알지도 못하는 제약(사내 시스템에 외부에서 접근할 수 없는)으로 인해 효율이 저하된다는 사실을 파악했다는 것에 감동한 듯했다.

하지만 소데가우라 씨에게는 통하지 않았다.

"그건, 봇 서비스 기획이 아니지 않습니까?"

소데가우라 씨가 새로운 제안을 보기 전과 하나도 변하지 않은 목소리와 표정으로 나를 바라봤다. 너무나도 차가운 눈매에 조금 긴장한 상태로 대답한다.

"봇 서비스를 만드는 게 목적은 아니라고 생각합니다. 수주를 늘린다는 결과를 달성하기 위해 수단을 가리지 않고 목적을 효과적으로 달성할 수 있는 길을 선택해야 한다고 생각했습니다."

"이건 너무 바뀐 거 아닌가?"라고 소데가우라 씨가 말하려 할 때, 한 발 앞서 이나무라 씨가 말을 받았다.

"이 제안이라면 예산도, 기간도 원하시는 대로 맞출 수 있을 것 같습니다."

이번엔 소데가우라 씨가 의아하다는 듯 이나무라 씨를 쳐다봤다. 이나무라 씨와 짠 것은 아니었지만, 이번 건에선 의견이 일치했기 때문에 소위 한 패라고 생각했던 사람에게 뒤통수라도 맞은 느낌이었을까?

하지만 소데가우라 씨는 여전히 목소리도, 표정도 바꾸지 않고 이나무라 씨와 나를 보며 말을 맺었다.

"이 제안, 생각해 보겠습니다."

"기획은 보류됐다네."

아쉽다는 듯, 야자와 씨는 내부 사정을 알려 줬다. 새로운 기획 제안 후 1주가량이 지나 결과가 나왔다.

"그 자식이 뭘 하고 싶었는지는 나도 잘 몰라."

그 자식이란 소데가우라 씨다. 야자와 씨의 입장에서는 제품 책임자 업무를 빼앗긴 것에 가깝다. '그렇게는 안 되지.'라고 생각한 듯 선수를 쳤다.

"뭐, EC의 제품 책임자가 될 듯하니 이런 안건을 상대할 때가 아니겠지."

"예? 그렇다면 SoR, SoE 영역 모두 소데가우라 씨가 제품 책임자로 일하게 된다는 겁니까?"

EC 측 제품 책임자인 스나코 씨의 얼굴이 잠깐 떠올랐다. 스나코 씨는 대체 어떻게 되는 걸까? 확실히 디자인 때문에 그만큼 당황했으니 무슨 일이 있었더라도 이상하지 않다. 실제, 프로젝트는 당초 예상했던 것보다 늦어지고 있다.

난 소데가우라 씨의 얼굴을 떠올리면서 불안을 느꼈다. 소데가우라 씨에게서 느꼈던 악의가 떠오른다. 망연자실한 듯한 나를 보고 야자와 씨가 말을 이었다.

"그리고 이노무라의 일인데 말야. 고객과 영업 관계가 꽤 길어서 그 녀석의 일은 잘 알고 있는데…."

아무래도 이나무라 씨는 프로그래머와 잘 맞지 않는다고 할까? 지금까지 프로그래머와의 약속 때문에 몇 번인가 데인 적이 있는 것 같았다. 클라이언트에게 영업 담당자인 약속을 하려고 해도 사내의 프로그래머가 생각처럼 따라오지 않는다. 얼마나 공수를 많이 투입할 것인지에만 신경 쓰다 보니 개발 전체의 관점에서 고객의 시점이 결여됐던 시기가 있었던 것이다. 난 그 상황을 쉽게 상상할 수 있었다.

이나무라 씨는 영업 담당자이기 때문에 클라이언트에게 설명을 하는데 꽤 고생을 한 것 같았다. 클라이언트의 입장에서 사물을 생각할 수 있는 이나무라 씨야 말로 개발 측의 입장을 이해할 수 없어서 분한 생각을 해왔던 것이리라…. 그렇기 때문에 개발팀에 대한 복수라고까진 말할 수 없겠지만, 어딘가에 틈을 만들고 대립하게 된 것은 아닐까?

"하지만 깨달은 거겠지. 자네가 눈높이를 바꿔 어떤 의미에선 고객 이상으로 고객을 생각해서 과제를 해결할 방법을 만들어 낸 것, 자신의 눈높이가 낮았다는 것을 말이지."

야자와 씨는 이나무라 씨를 대변하듯 말을 이었다.

"프로그래머와 발을 맞추는 것, 자신이 하고 있는 행동이야 말로 실은 고객을 위한 행동이 아니었음을…."

야자와 씨는 그렇게 말하고 내 어깨를 토닥인 후 자리에서 일어섰다. 내 역할은 여기까지니 뒤를 부탁한다고 말하는 듯한 그의 뒷모습을 보면서 안타까움을 느꼈다.

넓이와 깊이로 제품을 파악하다

스토리 **영웅의 귀환**

앞으로 세 번의 스프린트가 남았다. 벌써 다음 달 초가 출시다. 이 프로젝트에서도 다양한 일이 있었지만, 드디어 피날레다. 제품 책임자가 스나코 씨에서 소데가우라 씨로 변할 예정에 대한 불안은 단지 기우였다. 소데가우라 씨로 제품 책임자가 바뀌었더라도 이제까지의 진행과 크게 달라지는 일은 없었다. 오히려 약간 혼란스럽기만 했던 상황이 좋은 상태로 정리돼, 발산적인 전개에서 프로젝트를 수습하면서 진행할 수 있었다. 프로젝트는 종반을 맞아 안정을 찾았다.

남은 스프린트에 구현해야 할 큰 기능 개발도 없다. 오히려 다음 마일스톤에 맞춰 계획이 정리돼 있어, 다음 달 출시를 위해 필요한 기능 개발보다 출시 후 다시 파악해야 할 태스크 쪽이 많았다.

하마스카에게 출시와 관련된 태스크를 맡기고 난 느긋하게 다음 마일스톤을 위한 플래닝을 시작했다. 사내 SNS를 보고 있던 하마스카가 갑자기 목소리를 높였다.

"에노시마 씨! 이 사람, 소데가우라 씨예요!"

하마스카가 가리키고 있는 화면을 살짝 보니 확실히 소데가우라 씨였다. 내가 반응을 하는 것보다 빠르게 마이 씨가 목소리를 냈다.

"아아! 이 사람, 이 회사 사람이었군요!"

만후쿠지 씨가 자리로 와서는 하마스카를 밀어 버렸다. 강한 힘에 하마스카는 의자에 앉은 채 옆으로 밀려났다.

가장 마지막으로 갱신된 날짜는 5년도 더 지난 상태. 적어도 5년 전에 이 SNS 또는 회사를 그만둔 것 같았다. MIH에는 경력 입사라고 알고 있었지만, 그 전 직장이 우리 회사일 줄이야.

그가 남긴 타임라인을 따라가 본다. 가장 마지막은 위탁 개발 비즈니스 모델에 관한, 거의 규탄에 가까운 내용이었다. '만들어 달라고 하는 것을 만든다.'는 것은 만들어 달라는 제품밖에 만들 수 없다는 자세다. 비즈니스 모델에 관점에서보면 어떻게 해야 할 일을 줄여서 끝낼 것인가, 즉 말하지 않는 선 긋기를 얼마나 우위에 두는지가 프로젝트 관리에 있어 필요한 자질이 된다. 그는 이 선 긋기를 '경계'라고 불렀다. '경계가 존재하는 개발'이라는 표현을 자주 사용했다. 영업의 이나무라 씨가 개발 부서에게 분노를 느낀 것도 이 시기부터였을 것이다.

"경계가 존재하는 개발 말입니까? 확실히, 예전에는 굉장히 심했습니다."

만후쿠지 씨가 기억을 더듬는 듯 삭발한 머리를 쓰다듬으며 말 했다. 그것을 들은 마이 씨가 반론한다.

"만후쿠지 씨, 지금도 크게 변하지는 않았어요!"

"스나코 씨도 그런 느낌이 없지 않았으니까요."

하마스카는 꽤나 휘둘린 감이 있었던 듯, 소곤소곤 중얼거리듯 말했다. 확실히 '애자일 개발'을 기치로 내건 것을 잘 이용하는 면이 있다. "변경에 적응하지 않으면 개발이 아니다."라는 말을 앞세워 쉴 틈 없이 제품 백로그 아이템을 아이스박스에 쌓았다. 스나코 씨가 만드는 아이디어를 전부 받아들인다면 지금쯤 이 프로젝트가 다른 부서로부터 어마어마한 지원군을 받아야만 하는 상황이 됐을지도 모른다.

난 다시 소데가우라 씨에게 눈을 돌렸다. 지금으로서는 생각할 수 없을 만큼 뜨거운 분위기를 느낄 수 있었다. 소데가우라 씨가 하는 말은 사실이었다. 단, 만후쿠지 씨가 말하는 것처럼 확실히 상황은 변하고 있다.

우선 당시와 비교해 위탁 개발에서 자사 서비스를 구현하는 회사로의 탈바꿈이 압도적으로 늘었다. 우리 회사에서도 입사한 지 3년도 되지 않아 그만두는 사람이 줄을 잇는다. 당시는 '수·발주 계약을 어떻게 해야 하는가?'라는 과제가 주로 화제가 됐다면 지금은 '서비스를 어떻게 만들까?'라는 엔지니어링의 이야기가 스터디의 주제로서도 압도적으로 많아졌다. 나 역시 그 편이, 프로그래머가 상대할 문제로 어울리며, 건전하다고 생각한다.

물론, 이 '경계'가 사업 회사와 위탁 개발 사이에서 사업 회사 내의 사업 기획과 개발부 사이로 이동한 것뿐이라고 말할 수도 있다. 그렇기 때문에 비로소 새로운 움직임도 생겨난다. 단지 만들어 달라고 위탁받은 것을 만드는 것만으로 리스크 헷지를 할 생각은 아니지만, 결국은 목적을 충분히 달성하는 제품은 만들어지지 않는다. 이 사실을 깨달은 사람이, 자신의 개발을 더 애자일하게 만들고 싶어서 일하는 방법을 바꾸는 활동을 다양한 곳에서 시작하고 있다.

개발 방식으로서의 '애자일 개발'이 지향하는 것과 함께 개발을 하는 팀 멤버나 클라이언트, 관계자를 포함한 '팀의 방향'도 달라지고 있다고 생각한다.

'경계'는 발주처와 수주처, 사업과 개발, 팀과 팀, 팀 내 멤버 사이 등 다양한 곳에 쉽게 생긴다. 난 '경계'를 만들고 그곳에서 공격과 방어를 반복하는 개발이 아니라 경계를 스스로 넘는 '경계를 초월하는' 것을 선택하고 싶다.

경계를 넘으려는 순간에는 여러 가지 곤란한 상황이 발생한다. 하지만 하나의 선을 넘을 수 있다면 상황을 타개하며 전진할 수 있다. 모두가 누군가는 최초의 선을 넘기를 기다리고 있는 것뿐이다. 그렇다면 내가 그걸 하면 된다. 난 이시가미 씨와의 만남에서 스스로 혼자 하는 활동을 시작하고 두 번째의 동료를 얻고 그리고 팀으로 문제를 극복하는 과정에서 더욱이 팀 외부에 있는 사람과 일하면서 경계를 넘는 방법을 배웠다.

소데가우라 씨는 결과적으로 개발 회사가 아닌, 사업 회사를 선택했다. 개발 회사에서는 비즈니스 모델이 만들어 낸 '경계'를 넘을 수 없다고 생각한 결과였다. 타당한 판단이었다. 나 또한 당시의 소데가우라 씨였다면 분명 그렇게 했을 것이다. 그러나 지금은 다르다. 난 많은 경계를 넘어 지금 여기에 있는 것이다. 아마도 나와 소데가우라 씨의 차이는 '경계에 서 있었을 때 멘토라 부를 만한 사람이 주변에 있었는가, 없었는가?'라고 생각한다. 내 머릿속에는 이시가미 씨, 니시가타 씨, 쿠라야시키 씨가 있다. 그리고 계속 경계를 넘어 나에게 오는 동료도….

마지막 투고는 애자일한 개발에 대한 동경이라고도 할 수 있는 내용으로, 좋아요^{Like}는 2개밖에 달려 있지 않았다. 그는 새로운 하늘과 땅을 향한 여행을 떠났고 이제 우리 앞에 돌아왔다.

우리 눈앞에 소데가우라 씨가 있다. 돌연 남은 제품 백로그에 관해 확인하고 싶다는 연락을 받아, 팀 전체가 소데가우라 씨와 참석했다. 그리고 소데가우라 씨의 말을 듣고 우리는 쥐 죽은 듯 조용해졌다.

이 프로젝트를 진행하면서 종종 내의 귀를 의심해야 하는 경우가 있었지만, 이번에는 진짜로 '우리 귀가 잘못된 건 아닌가?' 하는 생각을 했다. 진심으로 말하고 있는 것인지 아닌지, 상대방을 의심할 수밖에 없었다. 하마스카는 물론 디자이너인 오토나시 씨도, 항상 냉정한 만후쿠지 씨도, 언제나 오버 리액션을 하는 마이 씨도 꿀먹은 벙어리가 돼 있었다.

"이해하셨습니까? 남은 스프린트에서 해주셨으면 하는 내용을?"

그 이상은 없을 정도로, 등골이 서늘할 만큼 차가운 말투로 이야기했다. 이 제품 책임자의 질문에 우선 하마스카가 대답했다. 다 죽어가는 소리지만 큰 용기를 내 말하는 것이다.

"스프린트가 몇 번이나 남았는지 알고 계십니까? 세 번입니다."

소데가우라 씨는 차가운 얼굴로 하마스카의 말을 무시했다. 제품 책임자가 제시한 내용은 도저히 세 번의 스프린트, 즉 3주 동안 끝낼 수 없는 양의 새로운 제품 백로그였다. 마치 바닥부터 새로운 개발을 수행하는 분위기다. 말문이 막혀 있던 마이 씨와 만후쿠지 씨도 정신을 차린 듯 하마스카의 뒤를 이었다.

"소데가우라 씨는 잠깐 여유가 생겼으니 새로운 프로젝트를 시작하라고 하는 거네요!"

"이 정도라면 제대로 한다 해도 3개월은 걸립니다."

두 사람의 말은 소데가우라 씨에게는 들리지도 않는 듯했다. 완전히 무시하고 있다. 오토나시 씨도 이어서 입을 열었다.

"이건, 다음 마일스톤에 관한 이야기죠?"

이 이야기대로라면 그녀가 근무하는 디자인 제작 회사도 틀림없이 묶일 것이다. 소데가우라 씨는 하마스카에게도, 오토나시 씨에게도 아무런 대답도 하지 않았다. 그리고 나를 쳐다봤다. '현장 리더인 네 의견을 말해'라고 눈으로 말하고 있다. 난 목소리를 가다듬고 입을 열었다.

"아무래도 지금부터 출시 전까지 마칠 수 있는 분량이 아닙니다."

"이 프로젝트는 도급 계약입니다."

내 말을 마치기도 전에 소데가우라 씨가 끼어들었다. 설마, 여기에서 계약 이야기를 할 것이라고는 그 누구도 생각하지 못했다.

"전임 제품 책임자가 대충대충 했던 문제가 물론 있기는 하지만, 이 계약은 도급 계약입니다."

도급 계약이기 때문에 최초에 결정한 범위의 개발을 확실히 끝내지 않으면 완료라고 할 수 없다. 다행히 B2B에서 B2C로 전환할 때 계약 내용을 변경했지만, 지금도 명백하게 필요 없는 범위의 요구도 포함돼 있다. 서비스 방향의 모색하면서 개발을 진행하기 때문에 변경되는 부분도 발생한다.

그래서 전임자인 스나코 씨와는 이 개발이 지금까지와 같이 단계를 명확하게 구분해 진행하는 방법은 적합하지 않기 때문에 애자일 방식으로 진행하자는 합의하에서 진행했다.

하지만 준위임 계약으로는 결재를 통과할 수 없다. 명확한 완료 책임이 없으면 발주를 할 수 없다. 범위를 결정하지 않고 개발을 시작하기 위해 표면적으로는 도급 계약을 하되, 실질적으로는 스프린트별로 우선도를 조정할 수 있는 애자일 개발을 진행하는 것으로 스나코 씨와 합의한 부분이다.

이 부분은 당시 리더였던 쿠라야시키 씨와 스나코 씨 사이에서 원활하게 합의했다.

지금은 두 사람 모두 이 자리에 없다. 난 지금까지 맛본 적 없는 불안을 느꼈다. 이런 분위를 전혀 신경 쓰지 않는 소데가우라 씨가 말을 이었다.

"해주시지 않으면 곤란합니다."

소데가우라 씨는 그렇게 말하고는 자리에서 일어났다.

즉시 작전 회의를 열었지만, 무거운 분위기는 나아질 기미가 보이지 않는다. 개발팀은 물론, 매니저, SoR 팀의 나가타니 씨, 다른 회사의 같은 배를 탄 오토나시 씨도 참여했다. 더욱이 계약 관계가 얽혀 있어 영업 담당자인 이나무라 씨도 참석했다.

"어떻게 이런 일이…"

하마스카는 엄청나게 풀이 죽었다. 언제나 쾌활한 마이 씨조차 기운이 없다. 모두의 상태를 둘러본 후 나가타니 씨가 하마스카의 말을 받았다.

"뭐, 확실히 심하네. 하지만 그들이 이상한 것은 아냐."

'그래서 내가 조심하라고 했잖아'라는 시선을 내게 보낸다. 확실히, 나가타니 씨의 충고를 활용하지 못했다. '봇 서비스 기획 건으로, 오히려 소데가우라 씨와는 공감대를 형성한 것은 아닌가?' 하고 멋대로 착각하고 있었다.

"그 봇 기획 때도 뒤에 꽤 이야기가 다르다고 했어."

이나무라 씨도 소데가우라 씨의 폭주를 예상한 듯했다. 이야기가 다른 방향으로 흐르지 않도록 오토나시 씨는 이나무라 씨의 말을 끊었다.

"다른 안건에 관한 이야기를 해도 소용없습니다. 이쪽을 어떻게 하는 게 좋을까요?"

오토나시 씨는 제품 책임자가 제시한 산더미 같은 제품 백로그에 관한 생각으로 머릿속이 가득했다. 금방이라도 울 듯한 표정으로 날 바라본다.

난 아무런 말도 생각이 나지 않아, 가만히 있을 수밖에 없었다. 리더인 내가 아무런 말도 하지 못하는 것을 보고 모두가 더 심각해진 것 같았다. 누구도 아무런 말을 하지 않았다. 하마스카가 혼잣말을 하듯 천장을 바라보며 중얼거렸다.

"쿠라야시키 씨라면 이럴 때 어떻게 하셨을까요?"

나도 같은 생각을 하고 있었다. 쿠라야시키 씨라면 어떻게 했을까? 쿠라야시키 씨뿐 아니지, 니시가타 씨라면 어떻게 했을까? 아니 이시가미 씨라면? 아무런 대답도 떠오르지 않는다. 소데가우라 씨는 우리와의 사이에 계약이라는 '경계'를 그었다. 상대에게 타협은 일절 허용되지 않는다. 이런 사람을 상대로, 대체 어떻게 해야 좋은 걸까?

그때 제품 백로그를 반복해서 보던 하마스카가 몇 번째인지도 모를 만큼 같은 말을 반복해서 내뱉는다.

"어째서 이런 변경, 이런 백로그를 개발하지 않으면 안 되는 걸까요? 이래도 그만, 저래도 그만인 것뿐 아닙니까?"

이래도 그만, 저래도 그만이라고? 내 대신 만후쿠지 씨가 대답한다.

"그건 그렇네요, 하마스카 씨. 우리는 스프린트마다 우선순위를 정하면서 제품 백로그 아이템을 선택해 왔으니까요."

마이 씨도 거든다.

"제품 백로그를 있는 대로 긁어모은 거라 일단 버려도 될 만한 것뿐이네요."

그렇다. 지금 시점에서는 만들 이유가 적거나 심지어 없는 것뿐이다. 갑자기 한 가지 생각이 떠올랐다. 어쩌면 이 상황을 타개할 수 있을지도 모른다. 난 하마스카를 바라봤다.

"모두가 말한 대로야. 그게, 애자일한 개발이라구!"

멀뚱멀뚱한 하마스카. 만후쿠지 씨도 마이 씨도 이상하다는 듯 나를 바라본다. 오토나시 씨만이 내가 무엇인가를 생각해 냈다는 것을 깨달은 듯, 표정이 밝아졌다.

계약을 경계로 하는 한, 상대와 같은 입장에 설 수는 없다. 하지만 프로젝트와 제품의 목적으로 되돌릴 수만 있다면 원래 도달하려던 곳을 수정해 상대와 함께 갈 수 있다. 우선 출시를 하고 사용자 경험을 검증한다는 미션을 명확하게 하면 지금 선정된 제품 백로그 아이템은 어떻게 되더라도 상관없는 것뿐이다.

리스팅돼 있는 각 제품 백로그 아이템의 Why를 물어보고 싶다. 정말 사용자 검증에 필요한 것인지를 소데가우라 씨와 함께 고려해 보는 상황을 만들고 싶다. 즉, 새롭게 최소 기능 제품minimum viable product, MVP(사용자에게 있어 가치가 있는 또한 최소한의 기능성을 가진 제품)이 무엇인지에 대한 논의로 씨름판을 옮겨야 한다. 이를 위해 사용자 스토리 매핑을 하자고 제안했다.

에노시마의 해설 ▶ 사용자 스토리 매핑과 MVP

고객이나 비즈니스 측의 요구나 제안을 전부 받아들이면 제품 백로그는 감당할 수 없을 정도로 커질 것입니다. 그래서는 아무리 많은 시간이 있다 한들 부족할 것입니다. 각 요구사항은 정말 가치가 있는 것일까? 해결하고 싶은 과제에 적용할 다른 솔루션은 없는가? 단지 기능을 만드는 것만으로는 사용자가 쓸 수 있는 제품이 되지 않습니다. 고객의 목소리를 들어 새로운 이야기를 만들어 나가야 합니다.

이런 상황에서는 사용자 스토리 매핑을 통해 도움을 얻을 수 있습니다. 고객이 해결하고 싶은 문제의 전체 이미지를 이해하고 고객의 행동을 파악해 각 상황에서 기대하는 바에 기반을 둔 개발을 수행해 나갈 수 있습니다.

▶▶▶ 사용자 스토리 매핑

사용자 스토리 매핑에 관해 설명합니다. 사용자 스토리 매핑이란, 시간의 흐름에 걸친 사용자의 행동을 파악해 왼쪽에서 오른쪽으로 변화를 가시화해 나가는 작업입니다. 맵이 아니라 매핑이라는 현재형을 사용하는 이유는 맵이라는 성과물 자체 이상으로 팀 전원이 만들어 나가는 과정에 의미가 있기 때문입니다. 사용자의 체험에 팀의 생각을 집중하도록 합니다.

제품 사용 형태를 시간 축에 표시함으로써 단편적인 기능을 모은 리스트가 아니라 필연성에 따른 요구사항의 집합을 확인할 수 있습니다. 이것이 제품에 담긴 스토리를 넓혀 줍니다. 필요한 스토리에 누락은 없는지 확인합니다.

스토리 전체 이미지는 우선 투박한 정도로 성글게 누른 형태가 될 것입니다. 단계적으로 스토리의 세밀도를 정리해 매핑 과정 또는 매핑 후에 상세화합니다. 이 정리에 따라 제품 백로그가 가진 스토리의 깊이가 드러나기 시작합니다.

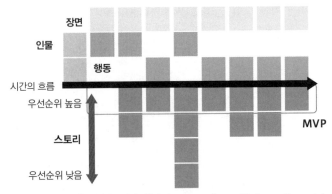

그림 3-17 사용자 스토리 매핑

작성할 때는 이상적인 이미지에서 가치를 탐색하기 위해 바람직한 모습을 가시화합니다. MVP나 초기 제품 백로그를 추출하는 것이 목적이며 아래의 순서로 매핑을 진행합니다.

〈 순서 〉

① 장면을 간략하게 이야기하고 포스트잇에 기록합니다.

② 시간 축에 맞춰 포스트잇을 배치합니다.

③ 인물상persona을 그리고, 포스트잇에 기록합니다.

④ 장면별로 행동을 선정해 포스트잇에 기록합니다.

⑤ 각 행동에 관한 스토리를 포스트잇에 기록합니다.

⑥ 행동이나 스토리로부터 누락을 확인합니다.

⑦ 각각의 행동 축에 따라 스토리의 우선순위를 결정합니다.

　(7-1) 우선순위를 붙이는 첫 번째 단계에서는 사용자에게 있어 가치가 있는 스토리의 순서를 우선합니다.

　(7-2) 우선순위를 붙이는 두 번째 단계에서는 검증돼 있지 않은 스토리나 만들어서 확인하고 싶은 스토리의 순서를 우선합니다.

⑧ 특정 목표를 위해 가장 우선순위가 높은 최소한의 스토리군을 슬라이스해도출합니다.

⑨ 도출한 슬라이스를 MVP로 특정합니다.

⑩ 이후 릴리스를 위해 우선순위가 높은 스토리 순으로 스토리군을 슬라이스해 나
갑니다. 각 슬라이스가 릴리스 로드맵이 됩니다.

목적에 따라 사용자 스토리 매핑의 사용 방법도 달라집니다. 예를 들어 운용하고 있
는 제품의 문제 발견에도 사용할 수 있습니다. 우선 현상의 제품이 제공하고 있는 사
용자의 행동을 파악하고 기존의 기능을 매핑합니다. 이 과정을 논의를 통해 진행하
고 제품의 문제를 파악합니다. 그 결과를 과제 리스트로서 정리해 개선을 검토하는
것입니다.

현장의 제품 분석을 통해 바람직한 모습을 만들어 내기 위해 사용자 스토리 매핑을 사
용할 수도 있습니다. 제품의 기능이 본래의 목적과 어긋나 있거나 방향을 크게 바꾸
고자 하는 경우, 현상을 기반으로 하는 이상적인 이미지의 사용자 스토리 매핑이 유
효합니다.

▶▶▶ MVP

MVP란, '사용자에게 있어 가치가 있으며 동시에 최소한의 기능성을 가진 제품'을 의
미합니다. 완벽한 제품을 장시간 걸쳐 만드는 것이 아닙니다.

모든 기능 셋을 개발하기 위한 시간과 예산이 충분하고, 팀 또한 최고의 인원들로 구성
돼 있으며, 단기간에 납품 가능한 프로젝트란 거의 존재하지 않습니다. 리소스는 항상
유한하기 때문입니다. 즉, 사용자에게 있어서 중요하고 또한 리스크가 높은 것부터
검증하는 것이 현실적이라고 할 수 있습니다. 구현^{Build}—측정^{Measure}—학습^{Learn}의 피
드백 루프를 돌면서 최소한의 기능 셋인 MVP의 가치를 검증하는 것입니다.

MVP의 종류는 다음과 같은 타입으로 나뉩니다. 모두 만드는 것이 목적이 아니라 만
드는 제품이 사용자에게 가치가 있는지를 검증하는 것입니다. 어떤 비즈니스라 하더
라도 만든 제품을 출시하지 않으면 그 성과를 알 수 없습니다. 그렇기 때문에 가치
검증이 중요한 것입니다. 사람도 시간도 돈도 유한하기 때문입니다.

- □ 프로토타입형Prototype: DIY 등을 구사하는 도공의 성과물(실험기). 에러나 불량 등의 품질은 고려하지 않고 시험이나 데모만을 위해 개략적인 모형을 작성하는 형태
- □ 종이 프로토타입형Paper prototype: 프레젠테이션 소프트웨어나 포토샵Photoshop 등으로 화면 이미지만을 작성해 화면 이동을 체험하는 패턴. 버튼이나 링크를 눌러도 실제로는 작동하지 않음. 프로그램 코드는 전혀 존재하지 않음.
- □ 동영상형Explainer Video: 스토리 기반의 동영상을 만들어, 의사 체험을 파는 패턴. 과제와 솔루션이 사용자와 일치하므로 사용자가 동의하면 종료
- □ 컨시어지형Concierge: 유인 자동판매기와 같이, 내부에 사람이 들어가 검증하는 형태. 시스템화는 전혀 하지 않고 고객으로부터 의뢰가 발생한 시점에서 사람이 참여해 기능 가설이 성립하는지 검증하는 패턴

제품이나 서비스를 사용자가 실제로 체험해 그 기능의 가치를 검증하는 것을 중요하게 생각한다면 동작하는 소프트웨어에 가까운 것을 MVP로 구현합니다. 즉, 프로토타입형이나 종이 프로토타입형이 좋을 것 같습니다.

한편, 과제의 가설이 검증돼 있지 않은 상태에서 '사용자가 돈을 지불해서라도 해결하고 싶은가?'를 확인하고 싶다면 동영상형이나 컨시어지형을 활용할 수 있습니다.

MVP의 포인트

'제품 코드나 이후의 제품으로서 재활용하자'는 생각을 해서는 안 됩니다. 버릴 각오로, 러프하게 만들어도 관계없습니다. 구현할 가치가 있다고 검증된 후 확실하게 개발하는 것이 좋습니다. 이러한 방식으로 접근하면 릴리스에 쫓겨 아키텍처나 기능을 확장하기 어려운 코드가 제품에 포함되지 않으며 품질 또한 향상됩니다. 이미 작게 구현한 경험을 갖고 있기 때문에 아키텍처 또한 보다 세련돼질 것입니다.

제품 사용자 또한 확실하게 고려해야 합니다. 마켓 전체의 대중을 위한 것이 아니라 제품을 가장 강하게 원하는 이노베이터나 얼리어댑터 등을 대상으로 합니다. 이 과제 해결에 지금이라도 당장 돈을 지불하고 싶은 욕구가 높은 사람이 초기 타깃 사용자가 됩니다.

사용자 스토리 매핑을 활용해 MVP를 결정할 때의 포인트는 '넓이'와 '깊이'입니다. 사용자의 기본적인 행동 흐름을 커버하면서 목적에 맞춰 출시에 필요한 범위를 특정합니다. 제품 사용자 또한 확실하게 고려해야 합니다. 단, 상세화되지 않는 스토리의 구현은 경험적으로 대략 가능하리라 추측할 뿐이지 반드시 약속할 수 있는 것은 아닙니다. 여기에서 각 스토리별로 어디까지 내용을 구현할 것인지, 실현할 것인지 그 폭을 가늠해 둬야 합니다.

하고 싶은 것과 관련해 최소한/최대한의 구현 내용과 대개의 경우 몇 가지 선택지를 만들 수 있을 것입니다. 저/중/고와 같이 표현하는 것도 괜찮습니다. 구현 정도에 조정의 여지를 남겨 두는 것이 스토리의 깊이에 해당합니다. 넓이로 약속을 할 때는 적어도 최저 레벨로 실현 가능한지를 확인해 두는 것이 중요합니다.

이처럼 사용자 스토리 매핑을 통해 MVP를 잘라 내는 것이 기한 내에 제품을 만들어 내는 기술입니다. 고객이나 비즈니스 측에서는 언제나 우리가 가진 시간에 해결할 수 없을 만큼 많은 사항을 요구합니다. 또한 그 요구의 우선순위나 품질이나 정도 역시 다양합니다. 사용자 스토리 매핑과 MVP를 사용해 우선 전체 이미지를 명확하게 하고 가치를 최대화하는 스토리를 구현합시다. 그리고 작게 만들면서 그 가치를 검증하는 피드백 루프를 돌려 나갑니다. 이것이 바로 낭비를 하지 않고 일을 마치는 가장 좋은 방법입니다.

스토리 ⌐ 통하지 않는 제안

내 작전을 묵묵히 듣고 있던 나가타니 씨가 입을 열었다.

"그렇군요, 넓이로 약속하고 깊이로 조정하는 방식이네요."

만후쿠지 씨도 내 생각이 이해된 듯, 맘대로 설명을 붙였다.

"어디까지나 구현 범위는 받아들이지만, 구현할 내용은 사용자 검증이 필요한 레벨에서만 한다는 것이군요."

마이 씨도 만후쿠지 씨의 말에 덧붙인다.

"지금까지 취사선택 과정에서 탈락한 제품 백로그도 많이 포함돼 있으니 필요에 따라 백로그 자체를 없애 버린다. 또는 거의 만들지 않아도 괜찮게 되는 것이지요!"

그 말을 듣고 하마스카의 목소리에도 생기가 돌았다.

"도급 계약이긴 해도 계약서에는 기능의 세세한 사양까지 정해 놓고 있지는 않으니까, 구현 가능한 폭으로 선택지를 만들 수 있다는 거군요."

오토나시 씨도 모두의 분위기 때문에 맞춰, 평상시의 상태로 돌아왔다. 하지만 이나무라 씨는 부정적인 의견을 냈다.

"그 제안만 갖고서는 아직 일러. 상대는 계약 이야기를 하고 있어. 범위의 내용이나 실현 레벨의 문제가 아니야. 구현 레벨에 관한 이야기를 한다고 해도 받아들이지 않을 걸."

변함없이 어느 편이지 알 수 없는 느낌의 난폭한 말투였다. 오토나시 씨가 곧바로 대답한다.

"그렇지만, 에노시마 씨가 생각한 것 이외에 달리 제시할 방법이 있나요?"

난 이나무라 씨가 뭔가 생각하는 것이 있음을 느껴 이야기를 부탁했다.

"이나무라 씨, 뭔가 생각하고 계신 작전이 있나요?"

"소데가우라 씨는 어디까지나 계약이라는 경계로 이쪽을 몰아붙이고 있어. 그렇다면 그 경계의 존재 자체를 흔들지 않으면 다음 수를 쓸 수 없지 않을까?"

이나무라 씨도 소데가우라 씨가 예전 SNS에 남겨 둔 발주자와 수주자에 사이에 존재하는 '경계'의 이야기를 다시 읽어본 듯했다. 이나무라 씨는 여러 장의 종이 뭉치를 내게 던졌다. 그것은 이번 개발과 관련된 계약서였다.

"계약 사항에는 이렇게 쓰여 있어. 범위가 어느 정도 이상으로 커지는 경우에는 양사의 협의를 통해 대응을 검토한다고 말이지. 상대방이 계약을 들먹이고 있는 이상, 우선은 계약으로 이야기를 정리하는 게 좋지 않을까?"

"그렇군요. 이 내용을 기초로, 범위 재정의의 논의를 할 수 있게 되겠네요."

나 역시 지금까지 수많은 어려운 개발 프로젝트를 계약이나 영업의 관점에서 봐온 것이 있다. 이번에야말로 상황을 진전시킬 수 있을 것 같았다.

우리는 이야기를 마치고 곧바로 이나무라 씨에게 회의를 잡아달라고 요청했다. 그리고 소데가우라 씨를 둘러싸는 형태로 회의를 열었다. 소데가우라 씨는 모두에게 여유가 생겼다는 것을 느낀 듯, 조금 이상하게 바라본다. 하지만 이전과 변함없이 감정이 드러나지 않는 표정을 하고 있을 뿐이었다.

우선 이나무라 씨가 계약에 관해 이야기한다. 소데가우라 씨는 범위를 재정의해야 하는 요청을 받아들였다. 박자를 조금 빼앗겼지만, 다음 제안이 진짜다. 하마스카는 사용자 검증을 위한 MVP 정의를 수행할 사용자 스토리 매핑에 관해 설명했다. 잠자코 이야기를 듣던 소데가우라 씨가 입을 열었다.

"사용자 스토리 매핑은 어떤 스토리가 필요하고 어떤 것이 필요하지 않은지를 책상 위에서 논의하는 것으로, 단지 예상에 지나지 않습니다."

사용자 스토리 매핑만으로는 필수 여부를 판단할 수 없지 않느냐는 것…. 하마스카가 당황해서 대답한다.

"하지만 대부분의 스토리의 필요성에 관해서는 지금까지의 스프린트를 진행하면서 논의가 완료됐습니다."

'그게 어쨌다는 거야?'라는 듯, 소데가우라 씨는 하마스카를 무시했다. 난 소데가우라 씨가 지금까지의 스프린트에서 해왔던 논의와 의사 결정을 모두 무시한다고 말하고 있음을 깨달았다. 우리를 바닥부터 부정할 셈이다. 난 두려움마저 느끼기 시작했다.

"여러분들이 말씀하시는 것은 자신에게 적당하게 좋은 상상만으로 제품으로 만들겠다는 것입니다."

모두가 할 말을 잊었다. 정적이 감돌았다. 하마스카의 얼굴이 창백했다. 만후쿠지 씨는 눈을 손으로 누르며 바닥을 바라보고 있다. 마이 씨는 망연자실한 얼굴이었다. 오토나시 씨는 눈을 감고 있을 뿐이었다. 나가타니 시는 소데가우리 씨와 눈을 마주치지 않으려 하고 있다. 이나무라 씨도 멍하니 천장을 바라볼 뿐이었다.

지금까지 우리가 한 개발은 무엇이었단 말인가? 나 역시 아무런 말도 할 수 없었다. 그 모습을 본 소데가우라 씨는 작게 한숨을 내쉰 후 마지막 말을 남겼다.

"남은 기간은 3주뿐입니다. 좀 더 의미 있게 시간을 사용할 방법을 연구하시는 게 좋겠군요."

팀으로 함께 뛰어넘다

스토리 **최후의 발악**

어떻게 하면 MVP를 만들어야 한다고 판단할 수 있을까? 팀은 소데가우라 씨가 던진 질문에 대처하기 위해 아직 회의실에 모여 있었다.

무엇이 필요한지를 알기 위해서는 MVP를 구현하고 검증을 수행해야 한다. MVP를 결정하는 단계에서 만들려고 하는 것이 정말 옳은 것인지를 골똘히 생각하려 해도 답을 얻어내지는 못하리라. 이 단계에서 답을 낼 수 있다면, 이미 MVP를 통한 검증 자체가 필요 없다.

"소데가우라 씨의 말에도 일리는 있어."

나가타니 씨는 냉정했다. 우리는 사용자의 행동 흐름을 그리는 데 있어서 사용자가 어떤 행동을 하는지 모른다. 그런 상태의 우리가 만든 사용자 스토리 매핑이 의미 있는지 물어보면 대답할 자신이 없다.

"남은 시간은 이제 세 번의 스프린트도 안 됩니다. 뭔가 개발한다고 하면 두 번의 스프린트는 꼭 필요하니까, 그 준비를 위한 시간은 이제 채 5일도 남지 않았어요!"

하마스카가 아직 불안에 떨면서 비명을 질렀다. 아직 아수라장의 경험이 적은 그의 기분은 잘 알 것 같다. 난 불안 이상의 무서움을 느꼈다. 소데가우라 씨는 어째서 그렇게까지 사람을 부정할 수 있는 걸까? 저런 상대를 어떻게 한다는 자체가 이미 무리는 아닐까? 모두가 의기소침한 가운데 나 역시도 마음이 꺾이고 있는 것을 마이 씨가 알아챈 듯했다. 평소의 오버 리액션은 잠시 접고 조용히 내게 물었다.

"에노시마 씨는 무엇을 하는 분입니까?"

'응? 지금 뭐라고 한 거지?'

"에노시마 씨는 새로운 리더가 와도, 외부에서 우리 같은 사람이 와도, 다른 리더와 다툴 때도, 디자이너와도, 영업 사원과도 싸워왔잖아요."

'당신은 경계를 넘으면서 상황을 바꿔 가며 전진해 왔잖아. 그런 당신이 경계를 넘는 걸 그만둔다면 대체 스스로를 뭐라고 표현할 거야.' 마이 씨는 내게 그렇게 말하는 것 같았다. 내가 침착해진 것을 알았는지, 마이 씨는 바로 다시 웃는 얼굴을 보였다.

"제 오빠가 제게 자주 말했어요. 멈춰 섰을 때마다 항상 '무슨 일을 하는 사람이냐'라고…. 이 말이 저 자신이 어떤 모습이고 싶은지 깨닫게 했어요."

아직 입을 열지 못하는 나를 두고 마이 씨가 말을 이었다.

"미스터 에노시마가 결정한다면 저도 만후쿠지 씨도 남은 스프린트에서 모든 백로그를 쳐부술 생각으로 할게요. 분명 하마스카 씨도 오토나시 씨도 모두 같이요. 그러니까 마지막까지 스스로를 잃지 마세요."

만후쿠지 씨가 크게 고개를 끄덕였다. 하마스카도 얼굴을 들고 끄덕인다. 오토나시 씨는 근거 없는 자신감에 나가타니 씨는 냉정하게, 이나무라 씨는 수줍어하면서 마이 씨의 말에 동의했다. 그렇다. 지금까지 해왔던 개발이 소데가우라 씨에게 부정당한 채로 끝나 버린다면 더이상 누구의 목소리도 소데가우라 씨에게는 닿지 않고 그는 경계에 갇힌 채로 머물게 된다. 난 모두를 돌아봤다.

"다시 한번 무엇을 할 수 있을지 생각해 봅시다."

내 외침에 모두가 답했다. 그런데 작전을 생각하기 전에 한 가지 분명히 해둘 것이 있다. 나는 마이 씨에게 고개를 돌렸다.

"마이 씨, 오빠 되시는 분이 혹시."

"제 예전 성은 이시가미예요."

마이 씨는 그렇게 대답하고 걱정 없는 미소를 지었다. 솔직히 말해 이시가미 씨와 닮은 구석이라고는 한군데도 없었다.

난 눈을 꼭 감고 다시 한번 생각을 고쳐 보기로 했다. 소데가우라 씨가 하고 싶은 것이 무엇인가? 원래 클라이언트와 개발팀의 경계를 넘고 싶었을 것이다. 그렇기 때문에 사업 회사로 이동했으면서도 지금은 완전히 반대의 일을 우리에게 지시하고 있다. 마치 우리를 시험해 보고 있는 듯…. 시험? 무슨 이유로?

활력을 되찾기는 했지만 생각에 몰두해 버린 내 모습을 본 하마스카의 불안은 정점에 이른 듯했다.

"아! 진짜! 스토리가 맞는지 아닌지 따위는 사용자에게 직접 물어보지 않으면 모르잖아요!"

뭐라고?

하마스카, 바로 그거야!

'우리가 맘대로 좋다고 상상한 것'이 아님을 보여 주면 되는 것이었다. 내 생각을 알아챈 듯, 오토나시 씨가 당황하며 말했다.

"앞으로 5일도 안 남았어요, 무리예요! 지금부터 사용자 인터뷰를 한다니!"

에노시마의 해설 ▶ 사용자 인터뷰

사용자가 무엇을 요구하고 있는가? 돈을 지불해서라도 해결하고 싶은 고민은 무엇인가? 만드는 측에서 상상만으로 진행하면 불필요한 시간과 비용이 들어갈 수밖에 없습니다.

사용자의 목소리에 귀를 기울여야 합니다. 인터뷰는 사용자의 목소리를 듣는, 직접적인 수단입니다.

인터뷰는 설문과 달리, 상대의 이야기의 흐름에 맞춰 질문을 하거나 넓게 함으로써 상대의 생각이 점점 명확해지고, 질문 자체를 바꾸면 정보를 유연하게 수집할 수 있습니다.

얼굴을 보며 직접 이야기하면서 얻을 수 있는 것은 목소리만이 아닙니다. 표정이나

말, 손짓이나 발짓, 몸짓을 통해 감정도 관찰할 수 있습니다. 발언에 담긴 기분의 강약은 외면의 움직임을 통해 나타납니다.

인터뷰를 통해 얻은 정보는 시점의 전환이나 발상에 영향을 미칩니다. 예상하지 못했던 행동이나 생각을 발견할 가능성도 있습니다. 머릿속에서만 상상하던 제품의 사용 형태에 대한 현실감이 높아지고, 목적을 달성하기 위한 다른 수단이나 아이디어를 생각해 내기 쉬워집니다.

직접 목소리를 듣는 것은 팀 멤버에게 담당자로서의 의식을 높이는 데도 효과적입니다. 눈앞에 있는 사람이 갖고 있는 곤란한 일이나 바람을 자신의 일로 해결할 수 있을지도 모릅니다. 이런 가능성이 제품을 만들어 갈 때의 모티베이션이 되기 때문입니다.

다만 사용자가 본심을 말하지 않을 가능성이 있다는 것에는 반드시 주의해야 합니다. 인터뷰를 하는 사람은 무의식중에 '의미가 있는 것을 이야기하자'라는 생각을 하게 되고 사실과 다른 대답을 하는 경우도 있습니다. 자신이 주어가 아닌 '다른 사람이 그렇게 생각할 거야'라는 추측으로 이야기를 하는 경우도 있으므로 주의해야 합니다.

인터뷰는 '어떻게 생각하는가?'에서 그치지 않고 '어떤 행동을 하는가?'까지 파헤쳐 추측과 사실을 명확하게 분리한다는 생각으로 진행해야 합니다.

사용자 인터뷰 흐름

인터뷰 방법을 확인해 보겠습니다. 크게 다음과 같은 세 단계로 구분합니다.

① 준비 단계
② 실시 단계
③ 검증 단계

먼저, 인터뷰 준비 단계입니다.

인터뷰를 하는 목적을 확실하게 정합니다. 단지 데이터를 모으는 목적이라면 많은 시간과 비용이 소모되는 인터뷰는 적합하지 않을 수도 있습니다.

인터뷰에서 얻고 싶은 정보는 자신의 가설에 잘못된 점이 없는지를 판단하기 위한 '사실'입니다. 잠자코 이야기를 듣기만 하는 것이 아니라 먼저 가설을 세웁니다. 예를 들면 '특정한 상황에 있는 사람들이 가진 X라는 과제를 해결하기 위해서는 Y라는 이유에서 Z라는 기능이 필요할 것이다.'라는 가설이 있을 수 있습니다. 이때 다음과 같이 인터뷰를 통해 파악하고 싶은 정보를 추출할 수 있을 것입니다.

☐ X라는 과제가 정말로 존재하는 것인가, 존재한다고 하더라도 어느 정도 절실한 문제인가?

☐ Y라는 이유는 사용자의 생각과 일치하는가?

☐ Z라는 기능을 통해 정말로 해결할 수 있는가?

이와 같이 파악한 것을 사전에 인터뷰 스크립트로 정리해 두는 것을 권장합니다.

질문을 사전에 정해 두면 인터뷰를 부드럽게 진행하는 데 도움이 됩니다. 질문하기 쉽고 대답하기 쉬운 흐름을 만들어 낼 수 있습니다. 이것만은 반드시 물어봐야 하는 필수 질문, 그 질문을 하기 위해 보완적으로 할 질문, 상대의 상황이나 관심사를 확인하기 위한 사전 질문 등, 질문의 우선순위도 정해 두도록 합니다. 모든 질문을 물어봐야 한다는 강박에 사로 잡히면 서툰 인터뷰가 돼, 정말 중요한 내용을 놓칠 수 있습니다.

스크립트 이외에 인터뷰 대상자의 확보 방법, 대상자 수, 장소, 사례, 스케줄 등의 실시 계획을 수립합니다.

스케줄에 큰 영향을 미치는 것은 '일정 조정'입니다. 인터뷰 부탁부터 실시 때까지의 리크루팅 활동은 생각보다 많은 시간이 걸립니다. 일정 조정에는 어느 정도 이상의 시간이 소요된다는 각오는 해두는 것이 좋습니다.

다음으로 인터뷰 실시 단계입니다.

우선 상대가 편안하게 있을 수 있는 환경을 선택합니다. 긴장한 상태로는 좀처럼 본심을 이끌어 낼 수 없습니다.

대화는 어떤 스타일로 하는 것이 좋을까? 이쪽의 안색을 살피는 것이 아니라 상대가 점점 이야기를 꺼내도록 하는 것이 좋습니다. 상대방의 스토리를 이끌어 내도록 합니다.

페이싱Pacing(말하는 속도나 목소리의 톤, 눈의 깜빡임, 호흡 등의 속도를 맞추는 방법)이나 미러링Mirroring(표정이나 음료수를 마시는 타이밍 등을 상대방과 일치시키는 방법)과 같은 기법을 활용해 인터뷰 대상자와 라포 공간Rapport space이라 불리는 심리적인 안전이나 신뢰 관계를 구축할 수 있습니다.

인터뷰 도중에는 기대하지 않은 대답이나 이야기가 나오거나 대상 사용자와 다르다고 판단한 경우에도 겸손하게 인터뷰를 지속하는 것을 잊어서는 안 됩니다. 중요한 시간을 들여 참석해 준 것이므로 대상자가 불쾌한 마음을 갖지 않도록 유의해야 합니다.

질문 도중에는 상대의 대답을 깊이 해석하거나 분석하는 행동은 피해야 합니다. 분석은 이후 혼자라도 할 수 있지만, 이야기를 드는 데는 상대방이 필요합니다. 무엇이 중요한지에 관한 판단은 하지 말고 사실이나 화제를 메모하도록 합니다. 상대방의 상태를 관찰하면서 질문을 넓게 또는 깊게 할 수 있습니다.

마지막으로 인터뷰 검증 단계입니다.

멤버가 확보한 인터뷰 정보를 공유합니다. 가공되지 않은 인터뷰 기록을 살펴보고 전달합니다. 이후 고려나 분석을 수행합니다. 인터뷰의 내용을 해석할 때는 해석이 한쪽으로 치우치지 않도록 주의합니다. 사실이 아닌 목소리가 강한 사람의 의견이 개입되거나 근거 없이 겉모습만으로 판단해서는 안 됩니다. 어렵게 사실 수집을 위한 인터뷰를 했으므로 원점으로 되돌리지 않도록 주의해야 합니다.

▶▶ 인터뷰 달인의 기술

인터뷰의 달인들이 사용하는 기술을 몇 가지 알려드립니다.

☐ 인터뷰를 진행 시 서론은 뺍니다. 답변이 유도되지 않도록 하기 위함입니다.

☐ 중립을 지킵니다. 인터뷰어가 특정한 스탠스를 갖게 되면 대상자가 본심을 이야기하지 못하게 됩니다.

☐ 스스로가 확증 편향Confirmation Bias(자신의 관심사나 생각과 일치하는 정보만 수집하는 것)에 빠질 가능성을 항상 의식합니다. 자신의 의견을 강화하게 되거나 듣고 싶은 내용만 기억에 남기 쉽습니다.

□ 유도해서는 안 됩니다. 무의식중에 대상자를 유도하는 경우가 있습니다. 자신의 발언이 상대에게 어떤 영향을 미치는지에 주의를 기울입니다.

□ 인터뷰 결과를 가능한 한 빠르게 팀에 공유합니다. 멤버의 피드백도 얻습니다.

□ 인터뷰 종료 후가 중요합니다. 인터뷰를 마치고 돌아가는 순간, 긴장감에서 해방돼 진심을 말하는 경우도 있습니다. 엘리베이터 홀이나 현관까지 배웅하는 시간도 중요합니다.

□ 무엇보다 상대와 이야기하는 시간을 즐겁게 연출합니다. 신뢰 관계와 본심은 편안한 공간에서부터 봅시다.

인터뷰 지식이나 기술을 학습했습니다. 자, 사무실 바깥으로 나가 사용자의 목소리에 귀를 기울여 봅시다.

스토리 함께 넘다

사용자 후보를 모아 인터뷰를 실시하고 그 결과를 바탕으로 사용자 스토리 매핑을 수행한다. 여기에서 제품 백로그를 취사선택하고 구현 내용을 결정한다. 오토나시 씨의 계산은 절망적이었다.

"어떻게 계산해도 이것만으로도 2주는 걸려요!"

난 냉정하게 대답했다.

"시간이 걸리는 부분은 인터뷰 상대를 조정하는 부분이죠. 인터뷰 자체는 나와 하마스카, 오토나시 씨 셋이서 동시에 하면 하루에 20명은 할 수 있습니다."

"이틀은 사용자 스토리 매핑과 제품 백로그 아이템 정리에 사용하면 남는 건 하루, 하루에 인터뷰 상대를 모아야 한다니 말도 안 돼요."

난 오토나시 씨를 나무라듯 말했다.

"오토나시 씨, 확실히 실제로 일반 사람을 모집하는 것은 어려울지도 몰라요. 하지만 이번 EC에서 메인으로 취급하는 상품은 생활 용품 중에서도 소비품이예요. 인터뷰 대상자는 소비품을 구입한 경험이 많은 주부층입니다. 우리 회사나 클라이언트 쪽에서 근무하는 사람들의 가정에 연락하면 적절한 대상을 선정해 인터뷰할 수 있어요."

그렇다고 해도 모레부터는 인터뷰가 시작돼야만 한다. 지금부터 조정한다면 여기에 있는 관계자들부터 시작해야 한다. 만후쿠지 씨가 바로 손을 들었다.

"아내와 친구들도 확인해 볼게요. 아이와 연결된 사람들도 알아볼 수 있습니다."

마이 씨와 하마스카가 만후쿠지 씨의 말을 받았다.

"저희 프리랜서 동료들 중에도 주부들이 꽤 계세요!"

"저도 결혼한 동기들을 알아보겠습니다!"

하마스카도 할 수 있을지도 모른다고 느낀 것 같다. 평소의 밝음을 되찾았다. 항상 비관적이던 하마스카가 희망을 가진 걸 보니 불가능한 상황은 아니라는 느낌이 든다. 오토나시 씨도 드디어 희망을 얻은 것 같았다.

"알았어요. 에노시마 씨. 우리 회사도 확인해 보겠습니다. 여성들이 많으니까 대상자를 찾을 수 있을지도 모르겠어요. 그리고 인터뷰에는 스크립트가 필요하지요. 스크립트는 제가 지금부터 준비하겠습니다!"

디자인 제작 회사에서 오랫동안 정보 설계를 담당했던 덕분에 이런 태스크의 진행에는 익숙한 듯하다. 오토나시 씨가 그 어느 때보다 믿음직스러웠다. 내가 감사의 마음을 전하자, 오토나시 씨는 환하게 웃었다.

"늘 에노시마 씨에게 도움만 받아왔으니까요!"

하마스카가 뒤를 이었다.

"인터뷰에는 동작하는 제품이 있으면 좋겠지요. 검증용 환경을 정리해 두겠습니다."

"하마스카 씨! 부탁해!"

하마스카는 바로 준비에 들어간다. 최근 부딪힌 이후로 오토나시 씨와 하마스카 사이에는 주도권을 차지하기 위한 다툼이 계속되고 있는 것 같다. 하지만 두 사람은 사이가 좋은 편이다.

나도 매니저와 이나무라 씨에게 관계자들과의 협업에 대해 부탁한 후 급히 메시지를 보냈다. 상대는 클라이언트 측 제품 책임자였던 스나코 씨와 야자와 씨였다. 클라이언트 내부에서도 협업할 사람들을 모아 달라고 부탁했다. 사정을 속속들이 알고 있는 두 사람이 거절하지는 않았다.

인터뷰라는 목표가 진행되기 시작하면서 이후 일정에 관한 생각을 조금 할 수 있게 됐다. 다음 문제는 제품 백로그 구현 내용의 판단이다. 짧은 기간 동안 얼마나 개발할 수 있을지, 그 규모를 파악해야 한다. 성가신 태스크였다. 일반적인 스프린트라면 이 태스크를 수행하는 데 하루가 걸린다.

그 사람에게 부탁할 수밖에 없다. 생각을 정리하고 회사를 빠져나왔다. 문제 프로젝트의 뒷처리를 하고 있는 팀⋯. 그 곳에 유비 씨가 있다. 유비 씨가 우리 팀에 있던 것은 전체적으로 보면 짧은 기간이었지만, 이 프로젝트의 요구사항을 모두 다시 검토하고 아키텍처를 검토하고 코드 리뷰까지 맡은 사람이다. 지금의 우리에게 이만큼 든든한 지원군은 없다.

문제 프로젝트는 상당히 안정돼 있었지만, 유비 씨는 못 본 사이에 조금 지친 듯했다.

"유비 씨, 모레 하루 시간을 내주실 수 있을까요? 제품 백로그의 추정을 빠르게 끝내야 하는데 그걸 부탁할 수 있는 분은 개발팀을 잘 알고 있고 제품의 코드를 속속들이 알고 있는 유비 씨 밖에 없습니다!"

허리를 숙이고 있어서 유비 씨의 표정은 보이지 않았다.

"에노시마 씨, 하루짜리 추정 대회를 하면 모두 정상적인 판단을 할 수 없을 거예요."

난 생각할 겨를도 없이 유비 씨의 얼굴을 쳐다봤다. 지친 표정이었지만, 유비 씨는 살짝 웃었다.

"3시간. 내가 자리를 비울 수 있는 건 그 정도뿐입니다."

거기서부터는 일사천리였다. 인터뷰는 우리 회사, 오토나시 씨의 디자인 제작 회사, 클라이언트 회사에서 사용자 후보를 모았다. 나와 하마스카, 오토나시 씨 그리고 스나코 씨의 손을 빌려, 동작하는 제품을 보여 주면서 인터뷰를 진행한다.

하루에 20명. 느닷없이 진행하면 사람이나 회의실, 기재의 관리가 번잡해져 혼란할 것은 뻔하다. 나도 사용자 인터뷰를 본격적으로 실시한 적은 없었기 때문에 여기는 오토나시 씨의 지식이 큰 도움이 됐다. 오토나시 씨가 세세하게 작성해 준 일정에 맞춰 인터뷰를 진행하는 사람과 인터뷰를 받을 사람의 준비, 데모용 PC 준비, 스크립트 함께 읽기를 미리 한 덕분에 원만한 진행을 할 수 있었다.

다음은 인터뷰 결과를 기반으로 한 사용자 스토리 매핑이다. 이 단계부터 소데가우라 씨를 끌어들여야만 한다. 난 마음을 굳게 먹고 소데가우라 씨가 있는 곳을 방문했다. 소데가우라 씨는 나를 만나 주기는 했지만, 언제나처럼 차가운 표정이었다.

"어제 연락드린 대로, 지금부터 사용자 스토리 매핑을 진행합니다. 소데가우라 씨가 함께해 주시면 감사하겠습니다."

"그런 일에 쓸 시간은 없습니다."

"상상만 했던 사용자의 목소리와 반응을 수집했습니다. 이를 기반으로 한 번 더 어떻게 해야 할지 이야기하고 싶습니다."

내가 그에게 보인 노트북 PC 화면에는 모두 함께 모아 둔 사용자 인터뷰 결과가 표시돼 있었다. 소데가우라 씨는 잠깐 시선을 화면에 보낼 뿐이었다.

"오후부터 다른 회의가 있습니다."

역시 덤덤한 상태로 대답한다. 나는 사진의 충동을 더이상 억누를 수 없었다.

"소데가우라 씨, 대체 언제까지 그렇게 계실 겁니까?"

이젠 정면 대결밖에 없었다. 소데가우라 씨는 내 말에 잠깐이나마 반응한 듯했다.

"소데가우라 씨가 우리 회사에서 근무할 당시 남겼던 SNS를 봤습니다. 경계가 존재하는 개발을 바꾸고 싶다고 생각하셨죠. 그런데 어째서 지금 같은 꼴이 돼 있는 겁니까?"

스스로도 감정이 격해지는 것을 알 수 있었다. 소데가우라 씨는 우수한 사람임에 틀림없다. 자신을 시험하고 세상에 돌을 던지듯 의기양양하게 회사를 떠났다. 그런데 그때와는 정반대의 입장에서 지금 나와 대치하고 있다. 나 역시, 주변의 파란 잔디에 이끌려 회사를 나왔다면 이런 모습으로 누군가의 앞에 서 있게 되는 것일까? 그때 난 이시가미 씨 덕분에 다른 선택을 할 수 있었다. 소데가우라 씨에게도 그런 존재가 필요했던 것이다. 그래서 그에게 묻는다.

"소데가우라 씨, 당신은 무엇을 하는 사람입니까?"

우리 회사 사무실에 모여 사용자 인터뷰 매핑을 시작했다. 인터뷰를 진행한 나와 오토나시 씨, 하마스카 셋이 사용자 스토리를 점검한다. 그 옆에서 유비 씨를 중심으로, 만후쿠지 씨, 마이 씨, 나가타니 씨가 스토리의 세밀도나 인수 조건을 상세히 정의한다.

내용이 부족하더라도 재작업할 시간은 이제 없다. 이 업무가 끝나면 바로 제품 백로그를 갖고 작업을 시작해야만 한다. 사실, 스토리를 정리하는 단계에서 취사 선택을 하고 싶지만, 판단할 사람이 없으므로 그대로 남겨 둘 수밖에 없었다.

난 시계와 회의실 문을 몇 번이고 번갈아 쳐다봤다. 좀처럼 진정할 수가 없다. 소데가우라 씨는 올 것인가? 무엇을 하는 사람이냐는 말을 던진 후 곧바로 나왔기 때문에 소데가우라 씨의 반응이 어떠했는진 모른다.

"올까요?"

하마스카는 한눈을 팔지 않은 채, 손을 움직이면서 살짝 묻는다. 난 고개를 끄덕일 수 없었다. 그때였다. 갑자기, 마이 씨가 환영하는 목소리로 만세를 불렀다. 그 소리에 모두가 놀라 문 쪽을 바라봤다.

열려진 문으로 들어온 사람은 소데가우라 씨였다. 언제나처럼 표정이 없는 느낌은 그대로다. 그 뒤로 이나무라 씨가 들어온다. 이나무라 씨가 내게 엄지손가락을 치켜들어 보였다. 나중에 들어보니 어찌된 일인지 회사 근처에서 서성이고 있는 소데가우라 씨를 이나무라 씨가 발견한 듯했다. 머뭇거리고 있는 그를 회의실로 데리고 온 것이었다.

곧바로 소데가우라 씨는 차례차례 제품 백로그의 취사 선택과 구현 내용의 의사 결정을 시작한다. 우리로부터 인터뷰 결과를 전해받으면서….

"이 제품 백로그 아이템은 인터뷰의 반응이 그리 시원치 않아서 뒤로 미뤄도 좋을 것 같습니다."

"그렇습니까?"

하마스카의 설명을 들으며 백로그 아이템의 순서를 뒤로 미루는 소데가우라 씨.

"이 UI 변경안은 사용자에게 전혀 자극이 되지 않았어요."

"알겠습니다."

이와 같은 식으로 오토나시 씨의 말을 듣고 제품 백로그 아이템을 버리는 것을 승낙하는 소데가우라 씨. 얼핏 보면 똑같이 덤덤하게 의사 결정을 진행하고 있다. 하지만 내겐 소데가우라 씨가 모두의 열기 때문에 눌려 있는 것처럼 보였다. 의논을 리드하는 것은 제품 책임자가 아니라 명확하게 개발팀이었다.

안건과 범위가 다시 정의됨에 따라 제품 백로그는 단숨에 줄어들었다. 추정 대화를 수행하고 두 번의 스프린트로 업무를 정리할 계산도 한다. 그렇지만 변경할 곳이 많다. 테스트의 추가 실시 또는 최종 릴리스 전 확인을 클라이언트와 이쪽에서 함께 수행해야 했기 때문에 이를 기한까지 맞출 수 있는 분위기는 아니었다. 난 바로 SoR 측의 나가타니 씨의 힘을 빌려야겠다고 판단해 클라이언트 측의 테스트 지원을 부탁했다. 클라이언트가 테스트에 익숙하지 않다고 해서 우물쭈물할 때가 아니다.

나가타니 씨는 흔쾌히 부탁을 들어줬지만, 그래도 기한을 맞출 수 있을 것 같지 않았다. 하마스카도 그것을 눈치채고 있었다.

"에노시마 씨, 개발팀 측의 테스트가 기한을 맞추지 못할 수도 있을 것 같습니다."

알고 있다. 알고 있지만, 더이상 손을 빌릴 데가 없다. 이렇게 된다면 이나무라 씨에게 부탁해 영업 쪽에서 손이 비는 사람들에게라도 도움을 받아야 하나? 하지만 아무것도 모르는 사람들에게 테스트를 하도록 하려면 확실한 테스트 케이스가 필요했다. 그런 걸, 지금부터 준비할 수 있을 리가 없다.

모든 수단을 다 써 버린 내 뒤에서 들려오는 목소리는 그리우면서도 믿음직한 두 사람이었다. 믿을 수 없었다.

"에노시마 씨, 포기하지 말아요. 우리가 도와주러 왔으니까요."

"맞아, 리더. 그때도 마지막까지 최선을 다 했잖아."

가슴이 뜨거워졌다. 등을 돌려 돌아본 그곳엔 우랏트 씨와 토바시 씨가 있었다. 그래, 그때도 수많은 일이 있었다. 하지만 이 두 사람도 뛰어넘었다.

"매니저의 권한으로 다른 작업을 멈추고 이쪽으로 모두 달라붙기로 했어."

토바시 씨는 테스트 관리 도구의 사내 전개, 운용을 총괄하는 그룹의 매니저를 맡고 있는 듯했다. 총출동이라는 말에 우랏트 씨가 풋하고 웃었다.

"총출동이라고 해도 멤버는 우리 두 사람뿐이지만요. 하지만 아빠, 나이스 판단이었어요."

우랏트 씨와 토바시 씨에게는 테스트 케이스를 정리하는 부분을 부탁했다. 어쨌든 이 일이 본업이니까…. 하마스카에게 부탁해 두 사람이 작업을 할 수 있도록 했다. 그 사이 나는 도망치듯, 그 장소에서 빠져나왔다. 붉어진 눈시울을 두 사람에게 보일 수는 없었다.

마지막 두 번의 스프린트를 어떻게 보냈는지 기억나지 않는다. 순식간이라고 밖에 말할 수 없는 2주였다. 하지만 확실히 새로운 제품이 우리 손에 들려 있다. 실제 운용 환경의 작업을 하고 있던 하마스카가 그 과정을 지켜보고 있는 관계자들을 보며 외쳤다.

"무사히 배포 완료했습니다!"

난 주먹을 강하게 쥐었다. 관계자들 사이에도 달성감이 피어올랐다. 이나무라 씨와 나가타니 씨가 주먹을 부딪친다. 만후쿠지 씨와 미이 씨가 유비 씨와 큰 소리를 내며 하이 파이브를 주고받는다. 오토나시 씨가 불끈 쥔 내 주먹을 잡고 흔든다. 우랏트 씨도 토바시 씨도 즐거운 얼굴로 뭔가 이야기를 주고받는다.

소데가우라 씨와 눈이 마주쳤다. 소데가우라 씨는 언제나의 모습으로 내 앞에 와서는 손을 내밀었다. 그리고 이어지는 짧은 한 마디….

"에노시마 씨, 고맙습니다."

난 그의 손을 꼭 잡고 흔들었다.

리더십 스타일은 팀이나 멤버의 성장에 맞춰 변화합니다. 업무에 익숙하지 않은 멤버에게는 정확하게 일을 가르치고 목적이나 배경의 설명과 함께, 많은 지시가 필요합니다. 한편, 함께 오랫동안 일을 해온 멤버라면 가치관이나 의사 결정의 로직 등이 공유돼 있을 것입니다. 세세한 지시를 내리는 것보다는 목적이나 미션만을 전달하는 편이 멤버가 주도적으로 일을 진행하기 쉬울 것입니다.

폴 허시(Paul Hersey)와 케네스 블랜차드(Kenneth Blanchard)가 제창한 리더십 조건 적응 이론인 SL(Situational Leadership)을 활용해 보는 것은 어떨까요? 멤버의 성숙도에 따라 리더십 스타일은 변화합니다. SL 이론에 따르면 S1 → S2 → S3 → S4의 단계를 거치면서 멤버는 성장합니다. 한 가지 리더십 스타일을 고집하는 것이 아니라 멤버의 성숙도나 숙련도에 맞춰 일하는 방법, 위임하는 방법을 바꿔 나가는 것입니다. 멤버와 함께 리더 자신도 성장해 나가도록 합니다.

— 아라이 타케시

① **S1(Telling, 교시적 리더십)**: 구체적으로 제시하고 상세히 감독함
② **S2(Selling, 설득적 리더십)**: 자신의 생각을 설명하고 질문에 답함
③ **S3(Participating, 참가적 리더십)**: 배운 것에 따라 결정할 수 있도록 만듦
④ **S4(Delegating, 위임적 리더십)**: 업무 수행의 책임을 맡김

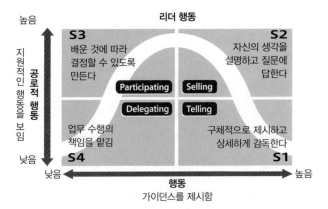

출처: '입문부터 적용까지 행동 과학 전개 — 인적 자원을 활용'
(폴 허시, 케네스 H. 블렌차드, 듀이 E. 존슨 저/야마모토 시게지, 야마모토 아즈사 역/생산성출판, p. 197)

그림 3-18 SL 이론

제 27 장

경계를 넘는 개발

스토리 ⤳ 대단원

새로운 EC 서비스는 무사히 출시됐고, 우리는 다음 마일스톤을 향해 스프린트를 지속하고 있었다. 결국 마지막에 난장판이었던 상황이 좋은 방향으로 작용해 팀으로서의 레벨이 한두 단계는 높아진 느낌이다.

EC팀의 리드 프로그래머는 하마스카가 맡게 됐다. 이 위치에서 스프린트를 조금만 더 진행하면 현장 리더는 이제 그에게 맡겨도 좋을 정도였다.

다행히도 유비 씨가 팀으로 돌아왔다. 유비 씨에게는 하마스카의 실력을 한 단계 더 올려 달라는 언질을 해뒀다. 다른 프로젝트에서의 피로도 풀려, 유비 씨는 완전히 예전의 모습으로 돌아와 있었다.

"아직, 이 팀의 코드는 물러요. 이후 스케줄을 생각해 아키텍처의 구조를 다듬어야 하니까요."

하마스카는 조금은 늠름해진 듯하다. 유비 씨에게 간단히 말로는 질 수 없었나 보다.

"하긴, 유비 씨가 없어지고 나서 제가 코드를 꽤나 고쳤거든요. 유비 씨, 코드 리뷰 정말 하고 계셨던 겁니까?"

미간에 주름을 잡은 유비 씨가 바깥으로 나오라는 듯이 말을 내뱉었다.

"말이 꽤 늘었네요. 어때요, 페어 프로그래밍이라도 해볼까요?"

주거니 받거니 하며 두 사람이 PC로 향하는 것을 멈추는 목소리.

"오랫만인데 우리도 함께 몹 프로그래밍으로 하는 건 어떻습니까?"

물론 만후쿠지 씨와 마이 씨였다.

만후쿠지 씨와 마이 씨는 계약을 마칠 시점이었지만, 일단 팀에 남기로 했다. 꽤 힘든 날들이 계속됐던 프로젝트여서인지, 이제 충분하다고 팀에서 떠나버리는 건 아닌지 불안했지만. 만후쿠지 씨는 평소의 둥근 눈으로 내게 말해 줬다.

"에노시마 씨는 우리에게 '본 척하면서 불편한 것을 보지 않거나 문제를 풀다가 내팽개치거나 해서 모두를 궁지로 몰아넣지 않는다.'라고 말했습니다. 그리고 말한 그대로 행동했습니다."

마이 씨는 내 손을 잡고 세게 흔들면서 말했다.

"미스터 에노시마. 실은 오빠에게 미스터 에노시마에 대해 들었어요. 그래서 시치리에게 우리 쪽에서 말을 걸었던 거예요. 에노시마 씨와 함께 일하고 싶어서요. 우리 오빠가 인정한 사람이니까."

그런 이유로 타이밍 좋게 두 사람의 일정이 비어 있던 것이다. 아무런 이유도 없었던 마이 씨와 스님이 내게 함께 일할 수 있는 기회를 만들어 준 것이었다. 이 두 사람이 없었다면 이 프로젝트는 이렇게 잘 진행될 수 없었을 것이다. 난 다시 한번 두 사람에게 감사했다.

그 후 디자이너인 오토나시 씨는 디자인 제작 회사를 그만두고 당시의 고객이었던 MIH로 이직했다. '그런 일이 가능한가?'라고 생각했지만 의외로 원래 몸담고 있던 제작 회사 역시 비즈니스를 지속할 수 있다면 가능할 것 같았다.

이전 제품 책임자로 오토나시 씨와 콤비를 이뤘던 스나코 씨가 이후 제작 내재화를 추진하고자 스카웃한 것 같았다. 역시, 오토나시 씨는 스나코 씨와 함께 있는게 잘 어울린다. 스나코 씨가 별도로 세운 기획 프로젝트 쪽으로 참가하는 듯했다. 입사 후 인사차 스나코 씨와 두 사람이 함께 들렀다.

"에노시마 씨, 스나코 씨가 한 번 더 같이 일하자고 하시네요. 그때는 저도 다시 같이 일할 수 있겠네요!"

"에노시마 씨도 기쁘지요?"라고 우쭐해하는 듯한 오토나시 씨의 말을 스나코 씨가 보충했다.

"맞아. 에노시마 씨와 오랫동안 함께 일했지만, 아직 제품을 출시한 적은 없었으니까 이번에야 말로 함께 개발하고 싶네."

솔직히 말해 스나코 씨가 제품 책임자 역할을 했다면 살얼음을 밟고 건너는 것 같은 일은 벌어지지 않지 않았을까 생각하지만, "저도 좋지요."라고 스나코 씨에게 대답했다. '어찌됐든 프로젝트가 늘어나면 분명 이나무라 씨도 기뻐하겠지.' 이나무라 씨는 이 프로젝트 이후 끊임없이 나를 찾아와 의논하게 됐다. 이제까지와는 다른 프로그래머라고 인정받은 듯했다. 나 역시 이나무라 씨가 가진 색다른 안건들에 재미를 느끼고 있었다.

그리고 소데가우라 씨. 소데가우라 씨는 계속 제품 책임자로 일하고 있다. 단, SoR 영역의 제품 책임자를 다시 야자와 씨에게 맡기는 등 업무의 책임과 역할을 재정비했다. SoR 부문에서는 야자와 씨와 나가타니 씨가 다시 콤비로 일하게 됐다.

"이렇게 나이 든 사람에게 이런 일을 시키다니 사람을 참 거칠게 다루는 회사야."

야자와 씨는 참을 때 나에게 와서 푸념을 늘어놓는다. 나가타니 씨는 그런 야자와 씨에게 이미 익숙해져 있는 듯했다.

"야자와 씨, 사람은 100년 정도는 산다고요. 앞으로 40년 남았나요? 앞으로도 할 일은 있을 것 같습니다."

40년이라는 말을 들은 야자와 씨는 신 음식이라도 입에 넣은 듯한 표정을 지었다.

소데가우라 씨도 혼자서 제품 책임자를 담당하는 것은 한계가 있다고 느낀 것 같았다. 더욱이 이 EC 이외에도 사내에서 하고 싶은 일이 생긴 듯했다. 그 시간을 확보하기 위해 체제 변경이라도 한다는 것이었다. 직접적으로는 알려 주지 않았지만, 결과적으로 나중에 안 것은 MIH에서 계약 형태의 내용이나 선택지를 검토하는 일을 하는 듯했다.

전사적으로 애자일 개발을 도입하고 싶다는 관점에서 계약 방법을 상담하고 있다고 이나무라 씨가 전해 줬다. 넓이로 약속하고 깊이로 조정한다는 스타일을 계약서에 포함시키는 것이 두 사람의 계책인 것 같다.

모두 조금씩 다른 일을 하면서도 다양한 유대 관계를 맺고 있다. 그리고 우리 사이에 존재한 여러 경계는 이미 완전히 사라졌다. 이전보다 더 자유롭게 일할 수 있게 됐다.

침착함을 찾아가기 시작하던 어느 날, 난 하마스카로부터 후배의 상담을 해줬으면 한다는 부탁을 받았다. 그 후배는 이직을 생각하고 있다고 한다.

"그건 심한 걸."

난 하마스카의 후배인 타니토의 이야기를 들은 후 우울해졌다. 타니토는 이제 1년차로, 내년 봄에 2년차가 된다. 신입 사원 연수에서 잠깐 그를 도와준 기억이 있다. 그래서 타니토는 나를 믿고 털어놓은 것이다.

"소프트웨어 개발이라는 게, 이렇게나 대립이 심한 구조라는 건 몰랐습니다."

그는 여러 부서를 전전하며 프로젝트를 이동하고 있고, 곧 네 번째 프로젝트로 이동한다는 것이다. 하지만 네 번째 프로젝트를 포함해 모든 프로젝트의 상황은 거의 비슷했다.

클라이언트와 개발팀이 수·발주 관계에 있으니 '공유했다, 공유하지 않았다.', '하지 못한다, 어떻게든 해라'는 실랑이만 계속된다. 개발팀 내에서도 리더와 멤버, 멤버와 멤버 사이의 관계는 물론 다른 팀과의 관계, 부서를 뛰어넘는 연대는 '전혀 없다.'고 해도 과언이 아닐 만큼 원활하지 않다. 프로그래머는 눈앞에 놓인 요구사항을 구현하기에만 바빠, 그 모습이 마치 참호 속에라도 들어가 있는 듯하다는 것이다. 자신의 눈앞에 있는 일만 열심히 하고, 바로 옆에서 무슨 일이 일어나는지도 모르는 상황으로 가득한 것이 우리 회사라는 이야기였다.

내가 우울해진 이유는 설사 EC 프로젝트를 잘 뛰어넘었다고 해도 이 회사의 대부분은 지금까지 해왔던 대로 아무것도 바뀌지 않았다는 사실을 깨달았기 때문이었다.

내가 해온 일들은 담당하고 있는 프로젝트를 진행시키기 위해 당연히 필요한 것이었지만, 조직 전체 입장에서 보면 통계상의 오차에 지나지 않는 것이었다. 조금만 옆을 보면 언제나와 같은 문제를 안은 채 여전히 고생하고 있는 동료나 클라이언트가 있는 것이다. 마치 얼마전의 나처럼….

이제부터 미래를 만들어 가야 할 젊은 친구들이, 오히려 이 조직을 떠나려고 하고 있다. 내 앞에 또 하나의 경계가 나타난 것 같은 기분이 들었다. 이번 경계는 프로젝트가 아니라 바깥…. 조직에 있는 경계였다.

"모두에게 알리지 않으면 안 되겠어."

"알린다니 무엇을 말입니까?"

"경계를 넘는 개발이야. 타니토, 도와줄 거지?"

내 태도를 보고 타니토는 뭔가가 일어날 것이라는 기대로 표정이 밝아졌다.

에노시마의 해설 ▸ 행거 플라이트

마지막으로 조직에 새로운 장을 만들어 나가는 활동을 소개합니다. 비행사들의 세계에는 행거 플라이트Hanger Flight라는 말이 있습니다. '행거hanger'는 비행기의 격납고를 의미합니다. 날씨가 좋지 않아 비행기를 띄울 수 없는 경우, 파일럿들은 날씨가 좋아질 때까지 격납고의 한쪽 구석에서 경험담을 안주 삼아 잡담을 나누곤 했습니다. 당시는 아직 전자 제어 장비가 없던 시대입니다. 직접 몸으로 안전과 관련된 경험을 한 그들에게 있어, 이 잡담은 중요한 정보원이었던 것 같습니다. 다른 것도 아닌 '잡담'이야 말로 본심이 담겨 있는 것입니다.

혼자서 할 수 있는 경험에는 한계가 있습니다. 여기에서 자신의 경험을 적극적으로 공유하고 다른 사람의 경험을 자신의 것으로 체득합니다. 곧바로 도움이 되는 지식은 아닐 수도 있지만, 경험이나 감으로 지식이 축적돼, 훌륭한 비행사로 성장해 나가는 것입니다.

비행도 그렇지만, 시스템 개발도 쉬운 일은 아닙니다. 그리고 우리 역시 혼자가 아닙니다. 다른 현장에서는 이 현장에서의 과제를 이미 뛰어넘었을지도 모릅니다. 이런 경험들을 공유하는 장을 만들어 갑시다. 경험과 지혜를 연결하는 기회를 만드는 것입니다.

시스템 개발 현장에는 고객이나 아키텍처, 개발자의 숫자나 구성 등 문맥이나 배경이 전혀 다릅니다. 즉, 완전히 동일한 경험을 다른 사람이 손에 넣을 수 없습니다.

하지만 경험으로 얻는 지식을 말로 바꾸면 다른 사람들과 공유할 수 있습니다. 자신의 문맥에 맞춰, 다른 사람의 일을 자신의 일로 승화시킬 수 있습니다. 그리고 같은 사례를 듣더라도 듣는 사람에 따라 다양한 지혜가 생겨나기도 합니다. 이야기 상대의 숫자만큼 지혜를 성장시킬 수 있는 기회가 있는 것입니다.

▶▶ 사내에서 행거 플라이트를 하려면

그럼 어떻게 준비하는 것이 좋을까요?

어렵게 생각할 필요는 없습니다. 기죽을 필요도 없습니다. 사내의 공기를 조금 바꿀 목적으로 스터디를 기획합니다. 참가자의 에너지를 뜨겁게 만들 수 있는 참호 탈출의 주제를 생각해 사내 스터디의 일정과 장소를 준비하면 됩니다.

평소, 편하게 이야기를 나누는 심리적 거리감이 가까운 동료나 기술적으로 뛰어난 스킬을 가진 선배 사원 등을 강연자로 초청해 봅시다. 핵심 멤버와 몇 명의 연사가 정해지면 충분합니다. 업무 시간 이외의 지원자로 운영하면 됩니다.

피자나 핑거 푸드, 맥주 등을 간단히 준비합니다. 상사에게 부탁하면 약간의 자금 지원을 받을 수 있을지도 모릅니다. 기부금을 요청하는 것도 좋은 방법입니다.

한 가지 중요한 점이 있습니다. 사내에서 신뢰를 쌓고 기술적으로도 사내에서 주목받고 있는 리드 엔지니어나 기술 스킬이나 학습하는 것에 이해하는 경영자 또는 임원으로부터 응원의 한 마디를 얻어 둡니다. 개최에 맞춰 소극적인 직원들에 대해 행거 플라이트를 해도 좋다는 설득력을 발휘할 수 있습니다.

회사를 어떻게든 바꾸고 싶다는 작은 의지를 가진 사람들은 생각보다 많습니다. 조직의 매니저라 할지라도 마찬가지입니다. 매니저는 조직 생활을 원만하게 만듦으로써 성과를 지속적으로 올리기 위해 존재합니다. 실질적으로는 사내의 노하우를 공유하거나 커뮤니케이션을 활발하게 하고 싶다는 생각을 하고 있을 것입니다(그것도 그들이 할 일이기 때문입니다).

그렇기 때문에 소신을 갖고 무엇인가 행동을 일으키려는 사람을 응원하는 사람들은 어느 정도 있기 마련입니다.

지금까지의 이야기를 간단하게 정리해 보겠습니다.

〈 할 일 〉

☐ 일정과 장소 확정
☐ 내용 확정
    ☐ 참가자들이 좋아할 만한 참호 탈출 주제
    ☐ 뭔가에 뛰어난 사람들의 이야기
☐ 피자나 맥주 준비
☐ 상사(경영층, 임원, 매니저)의 응원

〈 마음 가짐 〉

☐ 우리가 만드는 축제
☐ 운영은 자원 봉사를 중심으로

현장에 대해 비뚤어진 감정을 가진 사람들에게, 현장을 바꿀 수 있는 것은 우리 뿐이라는 느낌을 주는 것 만큼 운영 측의 멤버에게 있어 기쁜 일은 없습니다.

다음은 사내 보고 참가자와 연사 모집, 타임 테이블 만들기, 모금, 당일 운영이 위치와 역할, 음식과 음료 주문 등이 있을 것입니다. 첫 번째 스터디에서는 조금씩만 해도 관계 없습니다. 사내 멤버이기 때문에 실패해도 괜찮습니다. 두 번째 행사의 밑거름이 되는 것입니다. 운영 과정에서 만난 문제나 대처 등 경험한 모든 것이 매니지먼트 스킬이나 리더십을 한층 레벨 업시킬 것입니다. 또한 행사를 마친 후 느끼는 달성감이나 보람은 무엇과도 바꿀 수 없는 재산이 될 것입니다.

솔직히 행사 준비나 운영에는 손이 매우 많이 갑니다. 하지만 운영 멤버에게 왜 이 조직에서 행거 플라이트를 하는지, 행거 플라이트를 하고 싶은지와 같은 강력한 Why와 어떻게든 그것을 실현하고 싶다는 열정이 있으면 해낼 수 있을 것입니다.

▶▶ 행거 플라이트를 통해 경계 넘기로 연결하기

행거 플라이트를 열어야 하는 모티베이션은 무엇일까요?

평소에는 관계를 갖지 못하는 사람들과의 연결, 업무에서 사용하지 않는 기술 등을 알 수 있고 연사들의 스킬이나 가치관을 엿볼 수 있습니다. 함께 일하는 사람들과 좋은 업무를 하고 싶다는 생각은 모두 같을 것입니다. 같은 공간에 있는 사람들과 함께 강해질 수 있습니다. 프로젝트를 통해 얻은 노하우와 팀의 문화는 프로젝트가 끝나더라도 계속 전파됩니다. 프로젝트팀에는 기한이 있지만, 사람 사이의 관계에는 기한이 없습니다. 이런 장소를 만들어 나가는 것입니다.

여러분의 생각과 영향력에 한계는 없습니다. 사내에서의 커리어 패스나 자신의 엔지니어 인생에 불안을 느끼는 사람도 많을 것입니다. 다른 사람의 경험에서 새로운 지식을 학습하고 지적 호기심을 자극할지도 모릅니다. 행거 플라이트에 참가한 누군가가 또 다른 행거 플라이트를 개최할지도 모릅니다. 사람에게 일어나는 변화는 전파하는 것입니다. 성공의 배경에는 앞서 시도했던 사람들이 반복한 실패가 있을 것입니다. 비행에 성공할 때까지 진흙범벅이 되도록 꾸준히 도움닫기를 했을 것입니다. 뛰어난 지혜와 용기라는 비밀의 소스를 다른 부서나 다음 세대에 전하는 것입니다.

함께 참호에서 탈출합시다. 프로젝트를, 팀을, 조직을 뛰어넘읍시다. 단지 혼자서 일으키는 변화가 세계를 바꿀 것입니다. 내가 있는 세계를 바꾸는 것은 다른 어딘가에 있는 누군가가 아닙니다. 바로 나 자신입니다.

스토리 우리에게는 반드시 뭔가 할 수 있는 것이 있다

난 전사를 대상으로 하는 사례 스터디를 계획했다. 조직의 공식적인 뭔가가 아니라 풀뿌리 같은 활동으로서 기획해 나간다.

당일 참가자는 40명 정도… 일반적인 스터디와 비교하면 압도적인 숫자다. 타니토가 동기들에게 부탁하고, 그 동기들이 각 프로젝트의 선배들을 데리고 온 것과 같다. 모두 잠시 일을 멈추고 참호에서 빠져 나온 듯한 모습이었다.

발표 사례는 물론 MIH의 EC 서비스였다. 단, 우리 개발팀에서만이 아니라 다양한 관계자들로부터 당사자로서의 이야기를 들었다. 그 편이 어떤 일이 있었고 어떻게 뛰어넘었으며, 중요한 것은 무엇이었는지를 보다 잘 전달할 수 있으리라고 생각했다. 난 직전의 프로젝트뿐 아니라 혼자서 시작한 가시화나 쿠라야시키 씨와의 팀 개발도 포함해 이야기했다.

개발팀에서는 나 이외에도 하마스카, 만후쿠지 씨, 마이 씨. 클라이언트 측에서는 오토나시 씨, 스나코 씨, 야자와 씨가 참가했다. 소데가우라 씨는 극구 사양했다. 아직 이전 회사로 돌아와 이야기를 할 만큼의 심경은 아니라는 것이었다.

클라이언트에게 우리가 했던 개발에 관해 이야기해 달라고 한 작전은 매우 효과적이었다. 클라이언트의 이야기에는 설득력이 있었다. 문제는 산더미처럼 쌓여 있었지만, 문제가 생길 때마다 관계자들이 함께 노력해 뛰어넘을 수 있었다는 사실과 말뿐만이 아닌 클라이언트의 꾸밈없는 목소리가 이야기에 힘을 더해 줬다.

참가자들 사이에서 우리도 하고 싶다는 소리들이 들렸다. EC팀의 밝은 얼굴을 보고 자신도 참호에서 나오고 싶어진 것이다. 모두가 힘겹게 개발하고 싶진 않을 것이다. 다만, 눈앞에 일이 쌓여 있기에 이제까지 갖고 있던 전제들을 어떻게 바꿔야 할지 모를 뿐이다. 아니 그 방법조차 획일적이지 않기 때문에 찾아보면 분명 뭔가의 수단이 있을 것이다. 단, 현장이나 조직 안에 지금까지 하지 않았던 행동과 태도를 취해도 좋은 것인지 판단할 수 없는 것이다. '다른 누구도 아닌, 내가 해도 좋은가? 실패할지도 몰라!' 라고…. 그래서 현상을 바꿔야 하는 줄은 알면서도 그 한걸음을 밟아 나가지 못하는 것이다.

난 한 사람, 팀, 팀 외부 어느 단계에도 크고 작은 스스로의 발목을 잡는 경계가 있지만, 하나씩 뛰어넘으라고 제시했다. 혼자라도 시작할 수 있는 것, 스스로를 위한 가시화가 다른 사람을 위한 가시화가 되고 그것이 주변을 끌어들이는 계기가 된다는 것, 업무에서 성과를 올리기 위해서는 팀 활동이 필요하며 팀 내에 존재하는 인식의 차이가 앞을 막아서겠지만 그 역시 뛰어넘을 방법이 있다는 것, 팀을 둘러싼 주변과도 공통의 이해를 키워 낼 수 있다는 것을 말이다. 나 역시 혼자 가시화를 시작했을 무렵 소데가우라 씨를 상대하게 됐다면 손도 내밀지 못했을 것이다. 하지만 하나하나 경계를 넘으면서 그 여행에서 학습을 계속하고 동료들을 끌어들이고 협력할 수 있었기 때문에 난 수많은 어려움을 뛰어넘을 수 있었다.

넘어야 할 경계는 분명, 만만치 않다. 하지만 뛰어넘은 이야기들이 이미 여기에 있다. 우리 모두는 분명 무엇인가 시작할 수 있다. 그런 목소리들을 들으면서 내 안에 뭔가가 끓어오름을 느꼈다.

과거에 이와 비슷한 경험이 있었다. 카타세와 처음으로 사내 스터디를 열었을 때였다. 지금도 확실하게 기억하고 있다. 그때보다 나는 몇 걸음은 전진했고 전해 줄 수 있는 일들도 많아졌다. 이제부터는 내가 배운 것을 보다 많은 사람들에게 전하고 싶다. 타니토는 내 기분을 알아챈 듯, 밝은 목소리로 함께 내 어깨를 두드렸다.

"에노시마 선배, 이거 정기적으로 개최할 수밖에 없겠습니다."

"타니토, 거긴 니가 손을 올릴 곳이 아닌 것 같은데. 나도 알고 있다고."

타니토는 어깨에서 손을 뗀다. 심한 말을 들었어도 관계없이 기쁜 듯, 내게 선언한다.

"혼자서 하시는 건 힘드실 테니까, 제가 도울게요!"

스스로의 세계를 넓혀라

시나가와의 한 조용한 술집에서 두 사람이 잔을 기울이고 있다.

"에노시마는 어땠어?"

잔에 술을 따르고 있는 사람은 쿠라야시키 씨였다. 술 상대는 소데가우라.

"역시."

"쿠라야시키가 키운 보람이 있어."라고 말을 잇는다.

"뭐, 그렇지."

겸손을 떠는 것으로는 보이지 않는다.

"시험해 보고 알았어. 경계가 있는 개발에서 벗어나려면 경계를 뛰어넘어야만 하지. 조직 사이에서 그게 정말 가능할지 어떨지…"

그렇게 말하는 것을 끝내기 무섭게, 쿠라야시키가 소데가우라의 말을 부정했다.

"아니, 아니 그냥 질투겠지."

쿠라야시키는 소데가우라에게는 사양하지 않는다. 오랜 친구이기 때문에 서로에게 신경 쓰지 않는다.

"이상적인 개발을 실현하기 때문에 사업 회사에 전직했는데 사업 회사 안에는 과거와 같은 개발에서 변하려고 하는 움직임은 그림자도 찾아볼 수 없어. 개발은 벤더에게 던지고 그것도 확실하게 범위를 정하지 않으면 발주 허가 자체가 나질 않으니…. 가설을 세워 검증하는 애자일로 서비스를 만드는 것은 그림의 떡이지. 절망적이야."

소데가우라는 씁쓸하게 웃었다. 쿠라야시키가 맞힌 대로였다.

"그런 절망 속에서 나타난, 저 먼 곳을 보는 남자. 경계 따위는 신경 쓰지도 않아. 점점 돌파하지. 그 모습에 눈이 부셨지만, 한편으로는 질투심을 느꼈다. 그래서 자신의 마음과는 정반대로 그 녀석을 시험하는 행동을 해버린 거지. '내 생각이 옳았는지 증명해 줘'라며…."

'오히려 사실은 그 남자와 스크럼을 짜서 개발하고 싶었겠지. 지금 몸담고 있는 회사를 바꿀 수 있는 기회를 상대방이 들고 왔으니…'

"솔직하지 못하네, 이쪽에 있을 때부터."

"결과적으로는 이쪽 회사를 바꾸는 머릿돌이 되기는 했어."

"거기까지 읽고 움직이고 있다고? 설마!"

소데가우라는 억지를 부리고 있음을 인정했다.

"이제, 뒤는 젊은 친구에게 맡겨도 되지 않아?"

쿠라야시키는 완전히 진지한 얼굴로 돌아와 있었다. 소데가우라도 조용히 묻는다.

"쿠라야시키, 너 어떻게 할 생각이야?"

질문을 받은 쿠라야시키는 가게 입구로 시선을 보냈다. 소데가우라도 시선을 앞으로 향한다. 거기엔 한 남자가 서 있었다.

"실은 퇴직하기로 했어."

퇴직이라는 이야기 때문에 소데가우라는 조금 놀랐다. 서 있던 남자가 점점 두 사람 쪽으로 다가온다.

"그와 새로운 회사를 만들어 다양한 현장을 돌아다니기로. 지금까지 우리가 배운 것을 전해 주려고."

쿠라야시키와 소데가우라를 내려다보며 남자는 조금 남은 정리되지 않은 머리를 다듬었다. 그리고 짙은 녹색의 안경을 고쳐 쓰며 말했다.

"엄청 늦어버렸구먼유, 미안혀."

"행거 플라이트라는 건가요? 그거 굉장하다고 생각했습니다."

난 눈앞의 남성과 어떻게 만났는지를 필사적으로 생각해 내고 있었다. 언젠가 사외 스터디에서 이야기를 했을 때 만난 듯도 했다.

"에노시마 씨는 굉장하네요. 저는 이미 40세가 다 됐지만, 에노시마 씨 정도의 나이 때는 전혀 일을 하지 않았습니다."

겨우 생각해 냈다. 코마치 씨라는 분으로, 교통 내비게이션에 관한 제품을 만드는 회사의 개발 부장으로 있는 사람이다. 다양한 스터디에 자주 얼굴을 보이는 스터디에 열심인 분이었다.

내가 스터디에서 이야기한 행거 플라이트 이야기와 사내에서 조직을 가로지르는 개선 활동을 하게 됐다는 이야기를 듣고 꼭 한 번 더 이야기를 듣고 싶다고 해서 지금의 상황이 됐다.

"에노시마 씨, 우리 회사에 와서 강연을 부탁해요."

"네? 제가 코마치 씨의 회사에서 말입니까? 괜찮기는 합니다만⋯."

"그렇게 고마운 이야기인가?"라고 말하려는데 코마치 씨가 더 큰 소리로 말했다.

"우리 회사 멤버도 그렇겠지만, 저처럼 고민하고 있는 사람들이 세상에는 어마어마하게 많을 거라 생각합니다!"

"그러니 회사 밖으로 나와 다양한 사람에게 이야기를 전해 주면 좋겠다." 코마치 씨는 그렇게 말하고 나를 똑바로 바라봤다. 난 조금 압도돼 대답했다.

"만약, 코마치 씨가 도와주신다면⋯."

그 말을 들은 코마치 씨는 "나같은 사람이"라며 겸손한 체했다. 그 모습을 보면서 갑자기 이시가미 씨가 생각났다. 이시가미 씨라면 이럴 때 무엇이라고 이야기할까? 틀림없이 이런 질문을 했을 것이다. '당신은 무슨 일을 하는 사람입니까?'

이시가미 씨의 필요 이상으로 엄한 말투를 떠올리며 풋하고 웃었다. 그러고 보니 카타세는 어떻게 지내고 있을까? 카타세는 내 첫 번째 동료였다. 당시 이시가미 씨를 초대해 카타세와 함께 열었던 사내 스터디를 넘어서는 이벤트는 아직 만들지 못했다. 후지타니나 코베바시 씨도 나에게 힘을 빌려 줬다. 그 두 사람도 아직 사내에서 열심히 하고 있을 것이다. 다음 행거 플라이트에서 연사를 부탁하자.

난 눈앞의 코마치 씨를 내버려 둔 채, 기억을 더듬기 시작했다.

쿠라야시키 씨를 시작으로 한 그 개발팀의 일은 지금도 잊을 수 없다. 처음엔 대립할 뿐이었지만, 마지막에는 좋은 상담 역할을 해준 시치리. 슬슬, 다시 전직을 생각하고 있는 듯했다. 진심인지 농담인지 모르겠지만, 나갔다가 돌아올 생각도 하고 있다고 한다. 다음 번에 함께 이야기를 나누기로 했다.

항상 팀을 조화롭게 만들어 줬던 우랏트 씨. 지금은 품질 관리부의 에이스로 활약하는 듯하다. 이후에는 해외에서 인력을 받는 체제를 만들고 싶다고 한다. 응원하러 갔을 때는 마치 꿈을 이야기하듯 말했다.

그리고 살짝 상대하기 어려운 부분은 있었지만, 경험과 의지로 이끌어 줬던 토바시 씨. 어쨌든 품질 관리부 부장이 됐다는 것 같다. 테스트 도구 총괄을 도와줬으면 좋겠다는 부탁을 받았다. 하마스카에게 EC 쪽을 맡길 예정이라 그것도 괜찮을지 모른다.

개발팀에 참여해 준 스크럼 마스터 니시가타 씨는 지금은 어디에서 무엇을 하고 있을까? 최고의 스크럼 마스터였다. 니시가타 씨가 있었기에 전진할 수 있었다. 그리고 니시가타 씨에게 배운 팀으로서 행동하는 방법이 내 리더십의 기초가 됐다.

쿠라야시키 씨가 팀의 허들을 높이는 역할을 맡아줬기 때문에 수파리(守破離, 수파리는 일본 선불교에서의 깨우침 단계를 설명할 때 사용하는 용어다. 무술이나 검술 수련 등의 방법론으로 제시되기도 한다. 첫 번째 단계인 '수(守)'는 '가르침을 지킨다.'는 뜻, 두 번째 단계인 '파(破)'는 '가르침을 깨뜨린다.'는 뜻, 마지막 단계인 '리(離)'는 배운 것에 얽매이지 않고 자신만의 깨우침을 위해 출발한다는 뜻이다. — 옮긴이)를 해나갈 수 있었다. 쿠라야시키 씨는 회사를 그만뒀다고 들었다. 독립해서 지금까지의 경험을 살린 사업을 하고 있다고 한다. 자세한 것은 이번에 시나가와의 술자리에서 이야기를 해 준다고 한다. 초대하고 싶은 사람도 있는 듯했다.

내가 처음으로 리더를 맡았던 EC 서비스 개발팀. 처음엔 믿음직스럽지 못했지만, 하마스카는 이제 내 대리도 맡고 있다. 차기 리더 후보다. 코드를 작성할 땐 여전히 다른 사람이 되지만, 점점 의지가 강해지는 듯한 느낌이 든다.

유비 씨에게서는 엔지니어링에 관해 정말 많은 것을 배웠다. 지금은 하마스카의 좋은 멘토가 됐다. 두 사람이 우리 회사의 아키텍트를 길러 낸다는 새로운 목표를 찾아낸 것 같았다.

스님, 만후쿠지 씨와 마이 씨는 하마스카를 지지해 주고 있다. 두 사람 모두, 나나 하마스카와 함께 개발팀을 꾸린 것을 즐겁게 생각하고 있는 듯하다. 마이 씨는 "이시가미 씨와 함께 일해 볼까요?"라고 말했지만, 사양했다. 이시가미 씨가 남겼던 말처럼 "각자가 있는 장소에서 열심히."에 대답하려면 좀 더 내가 있는 곳에서 할 수 있는 일을 해야 한다.

그리고 나가타니 씨. 나가타니 씨의 끈질김이 팀에 얼마나 도움이 됐는지. 변경이 심했던 EC 측에 맞춰 API를 확실히 개선시켜 줬다. 지금은 야자와 씨와 함께 리뉴얼이 포함된 기간 시스템의 개선이라는 성가신 일을 즐겁게 시도하고 있다.

경험이 풍부한 야자와 씨가 주었던 무엇과도 바꿀 수 없는 힌트가 있었기 때문에 핀치를 벗어날 수 있었다.

영업 담당인 이나무라 씨가 팀의 외부에서 확실하게 함께 달려 줬기 때문에 우린 자신 있는 일에 집중할 수 있었다. 또한 MIH에 대한 영업 제안 상담도 했다.

외부인이면서도 같은 회사 멤버 이상으로 함께 고생해 준, '잘잘못에 관계없이 운명을 같이 한다.'를 모토로 삼고 있는 오토나시 씨. 지금은 스나코 씨와 콤비를 하고 있다. 오토나시 씨로부터의 상담도 여전히 많다.

UI를 중심으로 한 제품 품질 향상에 있어서 타협하지 않겠다는 자세는 스나코 씨가 알려 줬다. 지금 함께 진행하고 있는 제품에서도 스나코 씨는 여전히 UI에 대한 고집을 꺾지 않고 있다.

그리고 나 혼자 아무리 노력해도 어떻게 할 수 없는 경계를, 그래도 누군가와 함께 넘는 것으로 가능성을 늘릴 수 있다는 것을 알려 준 소데가우라 씨.

내 이야기는 나만의 것이 아니다. 지금까지 함께한 모두가 내게 말하도록 했을 뿐이다. 처음엔 혼자였지만, 지금은 다르다. 긴 여행을 지나 난 지금 이곳에 있다. 자신을 갖고 코마치 씨에게 말했다.

"괜찮습니다. 이번엔 둘이 시작할 수 있으니까요."

책 돌아보기

마지막으로, 지금까지의 이야기를 짚어가면서 이 책에 대한 회고를 하고자 합니다.

혼자서 시작하는 경계 넘기

최초의 경계 넘기는 대개 혼자 시작합니다. 혼자라도 시작할 수 있는 것이 있습니다. 그러나 지금 하고 있는 일을 바꿔야 한다고 깨닫더라도 그렇게 쉽게 행동이 일어나지는 않습니다. 행거 플라이트에서 에노시마가 시도했던 것처럼 '자신이 정말 경계를 넘어도 좋은가?'라는 것에 대한 불안으로 인해 경계를 넘지 못하게 됩니다.

필자 역시 오랫동안 몸부림치던 시절이 있었지만, '지금의 나의 연장선상에 무엇이 있는가?'를 상상했을 때, 특별히 변하는 것이 없다고 깨달았을 때 행동에 옮기기로 마음먹었습니다. 책 속의 에노시마에게 있어서는 그것이 '당신은 무엇을 하는 사람인가?'라는 질문이었으며, 그 질문에 스스로 대답을 갖고 있지 않다고 깨달은 시기였습니다.

좋은 질문은 사람을 일으켜 세웁니다. 그런 질문은 사람마다 다를 것입니다. 독자 여러분들이 좋은 질문을 만날 수 있도록 에노시마 씨와 같이 여러분들이 있는 장소에서 바깥으로 나와 다양한 것을 보고 듣길 바랍니다. 물론, 이 책이 여러분에게 있어서 좋은 질문이 되길 바랍니다.

저는 '경계를 넘는다는 것은 인력과 같다.'고 생각합니다. 누군가 한 사람이라도 지금까지 하지 않았던 것을 시도할 때 주변에 가능성을 보이고 다른 사람을 끌어들이는 기회를 만들어 낼 수 있습니다. 예를 들어, 자신을 위해 시작한 가시화가 주변의 관심을 얻어 동료를 끌어들일 수 있는 것과 같이 말입니다.

경계를 넘는 데는 다음과 같은 흐름이 있다고 생각합니다.

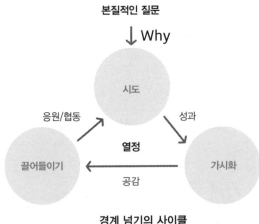

경계 넘기의 사이클

스스로를 뒤돌아보게 하는 질문을 바탕으로, 왜 경계를 넘어야 하는가라는 Why를 얻고 최초의 시도를 합니다. 단, 시도한 후 혼자만으로 끝내는 것이 아니라 다른 사람이 보거나 듣거나 접촉할 수 있도록 성과를 나타냅니다. 일의 가시화뿐 아니라 에노시마가 카타세와 함께 열었던 스터디나 행거 플라이트와 같이 능동적으로 보이는 것을 포함합니다. 이런 것이 다른 사람을 끌어들이는 기회가 되고 스스로를 지원하는 요소가 됩니다. 경계를 넘는 사이클을 반복하는 과정에서 동료가 늘어나고 새로운 질문에 대답할 수 있게 되는 것입니다.

자신이 어떤 질문에서 시작했는지 잊지 마십시오. 골든 서클(11장)에서 설명한 것처럼 다른 사람은 여러분이 시도하는 Why(왜, 경계를 넘으려 하는가)를 자신의 것으로 만들었을 때 여러분과 행동을 같이 하게 됩니다. 이런 사이클을 의식하면 행동을 함께하는 두 번째 사람이 나타났을 때 마음이 더할 나위 없이 든든해질 것입니다.

단, 사이클을 돌리기 위해서는 연료가 필요합니다. 연료는 열정과 공감 그리고 구체적인 성과입니다. 여러분의 열정이 메인 연료가 되는 것은 틀림없지만, 리스크를 감내하고 새로운 시도를 시작하기 위해 뜬구름 잡는 이야기만 하는 것으로는 주위에 동기 부여하기 힘들 것입니다.

개발이나 업무에서 성과를 올리기 위해서는 자신과 팀의 대처가 필요합니다. 이 책에서는 코베바시 씨의 동의를 얻어 팀 개선을 시작하지만, 이 시점에서 에노시마는 팀 개발 기술을 갖고 있지 못했기 때문에 좌절합니다. 두 번째 팀에서 일을 테마로 한 것은 바로 이 때문입니다.

팀으로서의 경계 넘기

2부는 한 사람을 졸업하고 팀으로 시도하는 내용이지만, 여기에선 '공동의 이해'가 첫 번째 열쇠입니다. 한 사람일 때는 없었던 '공동의 이해'라는 개념을 상호 대립을 넘어 어떻게 길러 나갈 것인가와 같은 다양한 단면과 이에 맞는 도구를 전하는 것이 2부의 역할입니다. 이 책에서는 팀 멤버 사이의 의사소통 면에서 다양한 사건이 일어납니다만, 모두가 현실에서 일어날 법한 것입니다. 인셉션 덱, 방향 바꾸기, 몹 프로그래밍 등 공동 이해를 향상시킬 프랙티스를 선택해 소개합니다.

한편, 팀 개발을 주제로 하고 있으므로 자연스럽게 일하는 방법 중 어떤 것을 기본으로 할 것인지가 필수입니다. 2018년 현재, 스크럼이 많은 개발 현장에서 사용되고 있기 때문에 이 책에서도 스크럼을 참고했습니다.

단, 스크럼의 기본을 따르면서도 인물들의 현장 제약이나 상황에 따라 그들 나름의 조정을 하고 있습니다. 예를 들어 쿠라야시키 씨는 이해관계자의 위치에 있지만, 제품 책임자에 가까운 느낌으로 팀의 의사 결정에 상당 부분 관여합니다. 기획 책임자로서의 쿠라야시키 씨, 제품의 사양을 조정하는 토바시 씨라는 구도로 돼 있습니다. 또한 에노시마는 리더 실습이라는 입장에서 스크럼 마스터의 역할을 맡고 있기도 합니다. 실제 현장에서도 조직 직책이나 관계자의 입장을 고려하지 않고 진행하는 것은 어렵기 때문에 프레임워크의 방법을 적응시키는 것이 필요할 것입니다.

팀을 둘러싼 주변과의 경계 넘기

우선 팀으로 일을 하는 숙련도를 올리는 것에 집중하고 그 뒤에 팀 외부와의 관계에 눈을 돌려, 문제를 대처하는 것이 이상적일 것입니다(물론 문제가 순서를 지키지는 않으므로 2부와 3부를 함께 읽는 것도 좋습니다). 팀 외부의 사람들, 예를 들면 새롭게 부임한 리더, 다른 팀의 사람들, 다른 회사에 소속된 디자이너, 영업 사원 등 생각이 다른 관계자들이 있습니다. 3부에서는 팀을 끌어들여 주변의 관계자들과 어떻게 방향성을 맞추고 행동해 나가야 할지를 주제로 하고 있습니다.

도구의 종류도 개발팀만이 사용하는 것에서부터 외부 사람들과의 협업에서 사용하는 것을 소개했습니다(가설 캔버스, 사용자 스토리 매핑, 인터뷰 등). 이것만으로도 상황을 퍼실리테이션하는 난이도가 높을 것이라 생각합니다. 도구의 경우, 관계자에게 기대 매니지먼트를 수행함과 동시에 실전 연습을 통해 자신의 숙련도를 높여 두도록 합니다.

3부에서는 혼자 경계를 넘으려 해도 넘을 수 없는 문제에 직면합니다. 팀 외부까지 포함하면 혼자 또는 팀 안에서 이야기가 닫혀 있는 경우보다 만나는 문제가 다양해지고 복잡함도 늘어납니다. 이런 상황에서 의지할 수 있는 것은 함께 경계를 넘을 수 있는 동료입니다. 앞의 그림에서 표시한 것과 같이 주변을 끌어들이고 주변의 지지를 얻어 새로운 시도를 수행합니다. 경계를 넘는 사이클을 반복하는 과정에서 여러분이 추구하는 Why가 공감을 얻을 수 있는 것이라면 함께해 주는 존재가 나타날 것입니다.

혼자서 경험할 수 있는 것에는 한계가 있습니다. 다양한 문제에 대한 모든 준비를 혼자 하는 것이 가능할까요? 직면한 문제를 혼자만의 힘으로 해결할 수 없다면 자신이 아닌 동료의 힘을 빌려 함께 뛰어넘을 수밖에 없습니다.

이전 사람들의 지혜 발굴하기

이 책에서 말하고 싶었던 것이 한 가지 더 있습니다. 그것은 바로 현장에 필요한 지혜의 재편집입니다. 우리 스스로가 지금까지 회사 조직을 넘어, 이전 사람과 대화하거나 책, 행동을 공유하는 형태로 많은 학습을 해왔습니다. 하지만 그때 있었던 학습의 기회가 그대로 현재까지 이어지기는 쉽지 않습니다.

당시에 존재했던 학습을 위한 커뮤니티는 해당 시점에서의 역할을 마치고 활동을 멈추기도 합니다. 학습이 필요한 사람들이 편리하게 활용할 수 있었다고 생각했다면 이 판단은 지극히 당연한 것이라 생각합니다.

한편, 소프트웨어 개발을 하려는 사람들은 매년 증가합니다. 그러한 사람들에게 이전에는 존재했던 학습 기회가 사라지는 경우도 있습니다. 이는 이미 학습을 마친 사람들은 눈치채기 어려운 관점입니다.

우리가 이 책에서 형태로 만들어 내고 싶었던 것은 현장에서 얻을 수 있는 지혜의 단편에 지나지 않지만, 아직 아침 회의도, 회고도 모르는 분들, 아직 가치 흐름 매핑이나 몹 프로그래밍을 해본 적이 없는 분들에게도 좋은 학습이 되도록 하기 위해 어떤 구성을 하는 것이 좋을지에 관해 많은 고민을 했습니다.

그 결과, 주인공이 조금씩 성장하고 학습을 넓히는 여행Journey의 모습으로, 독자가 간접적으로 체험할 수 있는 형태로 만들었습니다. 처음부터 여행을 시작해도 좋고 이미 팀 개발 쪽으로 노력을 하고 있다면 2부부터 읽어도 좋습니다. 또한 팀 외부 사람과의 관계가 증가하고 있으므로 3부도 적절히 활용해 보시기 바랍니다. 이와 같은 방식으로 현장의 여러분 곁에 존재하고 함께 달리는 존재가 됐으면 하는 바람으로 이 책을 썼습니다.

에노시마는 누구인가?

이제 슬슬 글을 마무리하려고 합니다.

'들어가며'에 썼던 것처럼 이 책은 우리 주변에서 지금까지 일어난 일, 경험한 일들을 기반으로 구성했습니다. 그렇기 때문에 완전한 픽션은 아닙니다.

예를 들어 코베바시 씨가 에노시마가 연 스터디에 참가해 "나도 뭔가 하고 싶었다고." 라며 중얼거리는 부분이 있습니다. 이 역시 실제 저자가 체험한 일을 기반으로 표현한 것입니다.

전해지지 않을 것이라고 생각했던 말이라도 상대방에게 전해졌을 때 상대방에게 어떤 일이 일어날지 여러분은 컨트롤할 수 없습니다. 상상하지 못했던 좋은 변화가 일어날 가능성이 있고, 좋은 일을 했지만 자신의 생각대로 다른 사람을 변하게 할 수 없는 경우도 있습니다.

자신으로부터 시도하고 표현하고 끌어들이는 사이클을 반복하고 학습을 축적해 나가는 것에 집중해야 합니다. 그 과정에서 예측조차 할 수 없었던 변화가 일어나길 즐겁게 기다리면서 말입니다.

이 책의 등장인물은 우리가 만난 다양한 사람이 섞이고 더해진 것입니다. 이 책을 리뷰해 주신 분들 모두 주인공인 에노시마가 누구인지에 관해 생각하는 것이 달랐습니다. 저(이치타니)라고 생각하는 분들도 있었고, 공동 저자인 아라이 씨라고 생각하는 분들도 있었으며, 제3의 누구라고 생각하는 분들도 있었습니다. 에노시마는 특정인이 아니라 상황을 바꾸기 위해 고군분투하는 분들, 그 자신이라고 생각합니다. 우리는 이 책의 주인공이 독자 여러분이길 바라고 있습니다.

이 책에서와 같은 일이 현장에서도 벌어지기를 기대하고 있습니다. 이번에는 여러분의 이야기를 들려주십시오. 주인공은 여러분입니다.

리뷰어들께 감사

원고 리뷰를 도와주신 여러분께 감사드립니다. 솔직한 피드백과 공감의 말에 자신을 얻었고 날카로운 지적 덕분에 깊이 생각할 수 있는 기회를 가졌습니다. 여러분의 소중한 시간을 할애해 주셔서 감사합니다.

리뷰어(존칭 생략, 가나다순)

노무라 토시아키野村敏昭/모리자네 시게키森實繁樹/사카베 코오다이坂部広大/
시오다 에이지塩田英二/아라이 치에荒井千恵/아키바 치히로秋葉ちひろ/
안자이 츠요시安西剛/야스이 츠토무安井力/요코미치 미노루横道稔/
우에노 준이치로上野潤一郎/이시자와 켄토石沢健人/코시바 토시아키小芝敏明/
쿠라사와 아카네倉澤茜/쿠보 아키라久保明/키노시타 후미코木下史彦/
키무라 타쿠오木村卓央/하시모토 쥬우橋本宙/하야시 에이이치林栄一/
후쿠모토 에리나福本江梨奈

감사의 말

애자일 계의 다양한 스터디 커뮤니티를 만나고 DevLOVE라는 커뮤니티에서 많은 분과 깊이 알게 된 덕분에 이 책을 집필할 수 있었다고 해도 과언이 아닙니다. 자극과 에너지를 받고 자신의 흥미와 관심사와 지견이 점점 늘어난 것이, 경계를 넘는 발걸음의 원동력이 됐습니다. 현장의 고민이나 경험에 대해 다양한 분과 대화를 나누며 시행착오를 거쳤던 것이 이 책에 담긴 에너지의 근원입니다.

하라타 기로原田騎郎 씨, 요시바 류타로吉羽龍太郎 씨, 우시오 츠요시牛尾剛 씨, 니시무라 나오토西村直人 씨, 다카베 타카시及部敬雄 씨에게 깊은 감사를 드립니다. 여러분에게 배운 것이 여기저기 흩어져 있습니다만, 제 필터를 통해 전달한 것이기 때문에 의도와 다르게 해석돼 있을 수도 있습니다. 양해 부탁드립니다. 모든 책임은 제가 지겠습니다.

주식회사 에이와 시스템 매니지먼트株式会社永和システムマネジメント 여러분, 길드 웍스 주식회사ギルドワークス株式会社 여러분, 주식회사 발 연구소株式会社ヴァル研究所 여러분, 애자일 추진 위원회アジャイル推進委員会 여러분, 주식회사 에너자일株式会社エナジャイル 여러분, 항상 용기를 준 AC 쥬니올ACジュニオール 여러분 그리고 지금까지 저게 한없이 자비로운 사랑을 주신 분들께 이 책이 조금이나마 은혜를 값을 수 있다면 기쁘기 그지 없을 것입니다.

그리고 집필에 관련된 다양한 상담에 흔쾌히 응해 주신 쇼에이샤翔泳社의 하타 카즈히로秦和宏 씨, 정말 감사합니다.

마지막으로 공동 저자인 이치타니 토시히로市谷聡啓 씨, 제 별 볼 일 없는 문장에 참을성을 갖고 대응해 주시고 세심하게 배려해 주시는 등 이 책을 함께 만들어 주신 것은 큰 재산이었습니다. I really appreciate it.

— 아라이 타케시

지금까지 소프트웨어 개발 지식을 아낌없이 커뮤니티에 제공해 준 선배들에게 감사드립니다. 여러분의 등 뒤에서 많은 것을 배웠습니다. 여기에 자신의 등을 보이는 책을 쓸 수 있게 된 것은 수많은 선배님들 덕분입니다.

소프트웨어 개발의 숙련도를 높이기 위해 함께 걸어온 길드 웍스 주식회사ギルドワークス株式会社의 모든 분과 팀을 꾸리고 있는 여러분들께 감사합니다. 여러분과 보내는 하루하루가 저에게는 언제나 새로운 학습의 기회를 줍니다.

또한 다양한 사람이 경계를 넘도록 하는 데 도움을 주신 주식회사 에너자일株式会社エナジャイル의 여러분께도 감사합니다. 이 책에서 전하고 싶었던 생각, 경계를 넘는 에너자이즈energize는 그야말로 에너자일에서 실현하고자 하는 비전 그 자체입니다.

쇼에이샤翔泳社의 하타 카즈히로秦和宏 씨에게도 감사합니다. 제 첫 책을 마지막까지 잘 쓸 수 있었던 것은 하타 씨의 지원이 있었기 때문입니다.

그리고 공동 저자인 아라이 씨에게도 감사합니다. 수년간 구상만 하고 있던 이 책을 실제로 출간할 수 있었던 것은 아라이 씨의 끈기 덕분입니다. 한쪽으로 빠지지 않고 이 책을 함께 만들어 주셔서 정말 감사합니다.

마지막으로 이 창작의 과정을 지켜봐 준 아내 준코에게 감사합니다. 언제나 나를 지지해 줘서 고맙습니다.

— 이치타니 토시히로

가치와 원칙

많은 분이 뭔가 불만을 품고 현장에서 싸우고 있을 것입니다. 저마다 처한 상황은 다르지만, 모두 '어떻게든 하고 싶다.'라고 느끼고 있지 않을까요? 상황이나 다른 사람을 탓한다 해도 아무것도 바뀌지 않습니다.

"여러분은 무엇을 하는 사람입니까?"

"여러분은 어떤 여행을 하고 있습니까? 다음 목적지는 어디입니까?"

가장 중요한 것은 스스로 시작해야 한다는 것입니다.

경계를 뛰어넘는 여행, 카이젠 저니에서 우리가 전하고자 하는 '가치'와 '원칙'에 관해 정리해 보겠습니다. 이 책은 '경계 뛰어넘기', '자신부터 시작하기', '피드백', '리프레이밍', '끌어들이기와 함께하기'의 다섯 가지 가치로 구성돼 있으며, 각 가치를 행동의 기본 지침으로 삼고 있습니다.

27개의 원칙은 '사고', '팀', '시간', '프로세스', '장소'의 다섯 가지로 분류됩니다. 모든 원칙은 하나 이상의 가치와 연결할 수 있지만, 보다 강한 관계를 가진 가치를 선택했습니다. 각 원칙은 독립적으로 존재하지 않고 서로에게 영향을 미칩니다. 예를 들어 '작게 시험한다.'는 원칙은 '자신부터 시작하기'라는 가치 측면은 물론, '피드백'의 가치 측면도 갖고 있으며 문맥이나 추구하는 목적에 따라 그 밸런스가 달라집니다.

또한 원칙은 스토리에서 제시된 프랙티스를 실천함으로써 '가치'로 연결됩니다. 예를 들어 '방향 바꾸기'라는 프랙티스를 실행하기 위해서는 '멈춰 서서 생각한다.', '재검토를 마다하지 않는다.', '모두 같은 자리'와 같은 '원칙'이 배경이 되며 그 기본 방침으로서 '피드백', '리프레이밍'이나 '경계 넘기'라는 '가치'가 존재하는 것입니다.

여러분 각자의 현장에서 프랙티스를 실천할 때 그 근거가 되는 가치를 확인하면 보다 높이, 넓게, 멀리 경계를 뛰어넘을 수 있을 것입니다.

표 1 다섯 가지 가치

가치				
경계 넘기	자신부터 시작하기	피드백	리프레이밍	끌어들이기 함께하기

표 2 다섯 가지 분류에 따른 27가지 원칙

분류	원칙	분류	원칙
사고	Why에서 시작하라	시간	리듬
	나는 누구인가		너무 늦은 것은 없다
	의미를 물어라		재검토를 마다하지 않는다
	시선을 바꿔라		멈춰 서서 생각한다
	배경을 파악하라		시간을 내 편으로 만든다
	제약에서 포착하라	프로세스	가시화
	배려 우선		전체를 조감한다
팀	모두 함께 생각해 낸다		작게 시험한다
	공통 인식을 가진다		단일 흐름
	모두의 목표를 결정한다		분할 정복
	스스로 하는 방법과 바람직한 모습을 바꾼다	장소	밖으로 나간다
	서로에게서 배운다		장소를 만든다
	기대 매니지먼트		모두 같은 자리
	모두가 영웅이다		

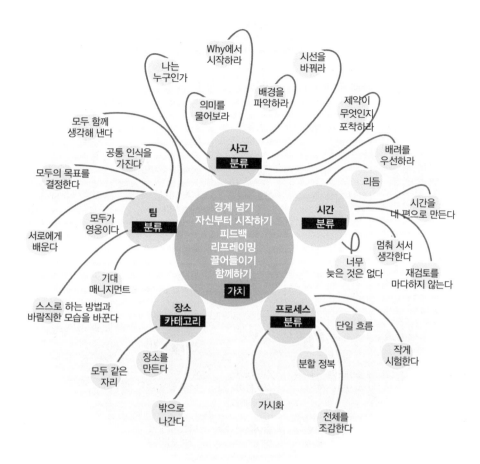

그림 1 **다섯 가지 가치와 27가지 원칙의 전체 이미지**

표 3 각 장에서 다룬 가치와 원칙 그리고 프로세스

부	장	타이틀	가치	원칙	프랙티스
1부 혼자서 시작하다	1	회사를 떠나기 전에 꼭 해야 할 일	• 자신부터 시작하기	• 나는 누구인가 • 밖으로 나간다	• 현장의 차이를 찾기 • 밖으로 나가기
	2	나부터 시작하다	• 자신부터 시작하기	• 시간을 내 편으로 만든다 • 가시화 • 전체를 조감한다	• 태스크 매니지먼트 • 태스크 보드 • 회고
	3	혼자 시작하는 회고	• 리프레이밍	• 멈춰 서서 생각한다	• 프로세스 타임
	4	혼자 시작하는 태스크 가시화	• 피드백	• 가시화 • 분할 정복	• 태스크 매니지먼트
	5	내일을 내 편으로 만들다	• 피드백	• 가시화 • 시간을 내 편으로 만든다	• 아침 회의 • 1 on 1
	6	경계선을 넘나들다	• 경계 넘기	• 가시화 • 전체를 조감한다	• 태스크 보드
	7	둘이라면 더 바꿀 수 있다	• 리프레이밍 • 끌어들이기와 함께하기	• 리듬 • 너무 늦은 것은 없다	• XP
	8	둘이서 경계를 넘다	• 끌어들이기와 함께하기	• 나는 누구인가 • 작게 시험한다	—
2부 팀으로 강해지다	9	혼자에서 팀으로	• 끌어들이기와 함께하기 • 자신부터 시작하기	• 모두 같은 자리 • 가시화 • 리듬 • 작게 시험한다 • 장소를 만든다	• 스크럼
	10	완료 기준을 팀에서 결정하다	• 피드백 • 끌어들이기와 함께하기	• 공통 인식을 가진다 • 모두의 목표를 정한다	• 스프린트 플래닝 • 제품 백로그 • 완료 정의 • 인수 조건
	11	팀이 가야 할 곳을 내다 보다	• 피드백 • 리프레이밍	• Why에서 시작하다 • 기대 매니지먼트 • 공통 인식을 가진다 • 모두 함께 생각한다	• 인셉션 덱 • 스크럼 마스터의 역할

부	장	타이틀	가치	원칙	프랙티스
	12	우리가 일하는 방식	• 피드백 • 리프레이밍	• 기대 매니지먼트 • 공통 인식을 가진다	• Working Agreement • 성공 순환 모델
	13	서로의 기대를 명확히 하다	• 피드백 • 리프레이밍	• 기대 매니지먼트 • 공통 인식을 가진다	• 기대 매니지먼트 • 드러커 엑서사이즈
	14	"문제는 없습니다." 라고 말하는 문제	• 피드백	• 장소를 만든다 • 기대 매니지먼트	• 파이브 핑거
	15	팀과 제품 책임자의 경계	• 경계 넘기	• 모두 함께 생각해 낸다 • 의미를 물어라	• 스프린트 리뷰 • 리파인먼트 • 카노 모델
	16	팀과 리더의 경계	• 피드백 • 리프레이밍 • 경계 넘기	• 멈춰 서서 생각한다 • 재검토를 마다하지 않는다 • 공통 인식을 가진다 • 모두 같은 자리	• 방향 바꾸기 • 합숙
	17	팀과 새로운 멤버의 경계	• 끌어들이기와 함께하기 • 피드백	• 모두가 영웅이다 • 가시화 • 공동 인식을 가진다 • 모두 같은 자리 • 모두 함께 생각해 낸다 • 단일 흐름	• 스킬 맵 • 몹 프로그래밍
	18	팀이 일하는 방법을 바꾸다	• 경계 넘기 • 피드백 • 리프레이밍	• 모두가 영웅이다 • 스스로 하는 방법과 바람직한 모습을 바꾼다 • 단일 흐름	• 코치의 철수 • 가치 흐름 매핑 • ECRS • 칸반 • 매트릭스
	19	팀 해산	• 피드백	• 배려 우선 • 장소를 만든다	• 포스트모템 • 감사 액티비티 • 타임라인 회고
3부 모두를 끌어들이다	20	새로운 리더 그리고 기대 매니지먼트	• 피드백	• 재검토를 마다하지 않는다 • 장소를 만든다 • 스스로 하는 방법과 바람직한 모습을 바꾼다	• 기대 매니지먼트 업데이트 • 드러커 엑서사이즈 업데이트 • 인셉션 덱 업데이트 • 리더스 인테그레이션 • 심리적으로 안전한 장소

부	장	타이틀	가치	원칙	프랙티스
	21	외부에서 온 멤버와 계획을 세우다	• 피드백 • 리프레이밍 • 끌어들이기와 함께하기	• 재검토를 마다하지 않는다 • 모두 함께 생각해 낸다 • 너무 늦은 것은 없다	• 애자일한 추정과 계획 만들기 • 릴리스 플래닝 • 플래닝 포커 • CCPM • 파킨슨 법칙
	22	외부 팀과 일하는 방식의 방향을 바꾸다	• 경계 넘기 • 피드백 • 끌어들이기와 함께하기	• 모두의 목표를 결정한다 • 분할 정복 • 장소를 만든다	• 경계를 넘는 방향 바꾸기 • YWT • 스크럼 오브 스크럼 • SoE/SoR
	23	디자이너와 공통의 목표를 향하다	• 리프레이밍 • 끌어들이기와 함께하기 • 경계 넘기	• 공통 인식을 가진다 • 모두의 목표를 결정한다 • 스스로 하는 방법과 바람직한 모습을 바꾼다	• 디자인 프로세스와 개발 프로세스 • 사용자 스토리 • INVEST • 가렛의 5계층
	24	관점을 바꿔, 돌파하기 위한 견해를 얻다	• 경계 넘기 • 끌어들이기와 함께하기	• 밖으로 나간다 • 제약에서 포착하라 • 시선을 바꿔라	• 가설 캔버스 • Job 이론
	25	넓이와 깊이로 제품을 파악하다	• 경계 넘기 • 리프레이밍	• 배경을 파악하라 • 모두의 목표를 결정하라 • 모두 같은 자리 • 장소를 만든다 • 작게 시험한다 • 전체를 조감한다	• 사용자 스토리 매핑 • MVP
	26	팀으로 함께 뛰어넘다	• 경계 넘기 • 끌어들이기와 함께하기	• 밖으로 나간다 • 의미를 묻는다 • 너무 늦은 것은 없다	• 사용자 인터뷰
	27	경계를 넘는 개발	• 경계 넘기 • 자신부터 시작하기 • 피드백	• 장소를 만든다 • 모두가 영웅이다 • 서로에게 배운다	• 행거 플라이트
—	에필로그	스스로의 세계를 넓혀라	• 경계 넘기 • 끌어들이기와 함께하기	• 나는 누구인가 • 너무 늦은 것은 없다	

참/고/문/헌

※ 한국어 번역서가 있는 경우에는 번역서 정보를 기준으로 변경했으며, 번역서가 없는 일본책은 제목을 한글과 병기했고,
   번역서가 없는 영어책은 영어로만 표기했습니다. 혹시 저희가 찾지 못한 번역서가 있다면 출판사(jeipub@gmail.com)에
   알려 주시면 고맙겠습니다. 또한 원서가 영어책인 일본책은 영어책을 기준으로 작성했음을 알려드립니다. — 출판사 주

제 1 부

- 《これだけ! KPT(KPT! 이것만은 확실히)》(天野勝 저/すばる舎/2013)
- 《애자일 회고: 최고의 팀을 만드는 애자일 기법(Agile Retrospectives: Making Good Teams Great)》(에스
  더 더비, 다이애나 라센 공저/김경수 역/인사이트/2008)
- 《プロジェクトファシリテーション実践編 ふりかえりガイド(프로젝트 퍼실리테이션 실천편, 회고 가이드)》
  (天野勝 저/http://objectclub.jp/download/files/pf/RetrospectiveMeetingGuide.pdf)
- 《プロジェクトファシリテーション実践編 朝会ガイド(프로젝트 퍼실리테이션 실천편, 아침 회의 가이드)》
  (平鍋健児, 天野勝 공저/http://objectclub.jp/download/files/pf/MorningMeetingGuide.pdf)
- 《The Scrum Guide》(Ken Schwaber, Jeff Sutherland 공저/https://www.scrumguides.org/docs/scrumguide/
  v2017/2017-Scrum-Guide-US.pdf)
- 《ヤフーの1on1 ~部下を成長させるコミュニケーションの技法(야후의 1 on 1 ~부하를 성장시키는 커뮤니케
  이션 기술)》(本間浩輔 저/ダイヤモンド社/2017)
- 《Kanban in Action》(Marcus Hammarberg, Joakim Sundén 공저/Manning Publications/2014)
- 《칸반과 스크럼(Kanban and Scrum)》(헨릭 크니버그, 마티아스 스카린 공저/심우곤, 인범진 공역/인사이트
  /2013)
- 《教育心理学概論(新訂版)(교육 심리학 개론(신개정판))》(三宅芳雄, 三宅なほみ 공저/放送大学教育振興会
  /2014)
- 《학습하는 조직: 오래도록 살아남는 기업에는 어떤 특징이 있는가(개정판)(The Fifth Discipline: The Art
  & Practice of The Learning Organization》(피터 센게 저/강혜정 역/에이지21/2014》

- 《Business Dynamics: Systems Thinking and Modeling for a Complex World》(John Sterman, John D. Sterman 공저/McGraw-Hill Education/2000)
- 《성공하는 사람들의 7가지 습관(출간 25주년 뉴에디션)(The Seven Habits of Highly Effective People)》(스티븐 코비 저/김경섭 역/김영사/2017)

제 **2** 부

- 《The Scrum Guide》(Ken Schwaber, Jeff Sutherland 공저/https://www.scrumguides.org/docs/scrumguide/v2017/2017-Scrum-Guide-US.pdf)
- 《성공적인 애자일 도입을 위한 에센셜 스크럼(Essential Scrum: A Practical Guide to the Most Popular Agile Process)》(케네스 S. 루빈 저/박준표, 박찬양 공역/제이펍/2016)
- 《애자일 마스터(The Agile Samurai)》(조너선 라스무슨 저/최보나 역/인사이트/2012)
- 《나는 왜 이 일을 하는가? 꿈꾸고 사랑하고 열렬히 행하고 성공하기 위하여(Start With Why: How Great Leaders Inspire Everyone to Take Action)》(사이먼 사이넥 저/이영민 역/타임비즈/2013)
- 《Organizing for Learning: Strategies for Knowledge Creation and Enduring Change》(Daniel H. Kim 저/Pegasus Communications/2001)
- 〈戦略を実行する第2ステップ –組織の成功循環モデルを知り, リーダーシップを強化する(전략을 실행하는 2단계 ~조직의 성공 순환 모델을 알고 리더십을 강화한다)〉(IT media エグゼクティブ, 細川馨 공저/https://mag.executive.itmedia.co.jp/executive/articles/1112/05/news007.html)
- 《自分で動ける部下の育て方期待マネジメント入門(기대 매니지먼트 입문:스스로 움직일 수 있는 부하를 기르는 방법)》(中竹竜二 지음/ディスカヴァー・トゥエンティワン/2014)
- 〈Cynefin Framework〉(Wikipedia/https://en.wikipedia.org/wiki/Cynefin_framework)
- 〈スキルマップ作成のすすめ(스킬맵 작성 방법)〉(吉羽龍太郎 지음/Ryuzee.com/ http://www.ryuzee.com/contents/blog/7065)
- 《Mob Programming ~A Whole Team Approach by Woody Zuill》(WoodyZuill 지음/Agile Alliance/https://www.agilealliance.org/resources/experience-reports/mob-programming-agile2014/)
- 《モブプログラミングという働き方(Mob Programming의 작동법)》(TAKAKING22 저/SpeakerDeck/https://speakerdeck.com/takaking22/mobupuroguramingutoiudong-kifang-number-devlove)
- 《バリューストリームマッピング(가치 흐름 매핑)》(牛尾剛 저/https://onedrive.live.com/view.aspx?resid=AFEA52B867B4A879!7608&ithint=file,pptx&app=PowerPoint&authkey=!AGhTjJJeDHXRMpM)
- 《Lean from the Trenches》(Henrik Kniberg 저/Pragmatic Bookshelf/2011)
- 《Kanban in Action》(Marcus Hammarberg, Joakim Sundén 공저/Manning Publications/2014)

* 《現場からオフィスまで, 全社で展開するトヨタの自工程完結: リーダーになる人の仕事の進め方(현장에서 오피스까지, 회사에서 전개하는 토요타 자공정완결: 리더가 될 사람들의 일하는 방법)》(佐々木眞一 지음/ダイヤモンド社/2015)

* 《애자일 회고: 최고의 팀을 만드는 애자일 기법(Agile Retrospectives: Making Good Teams Great)》(에스더 더비, 다이애나 라센 공저/김경수 역/인사이트/2008)

* 《チーム・ビルディング―人と人を「つなぐ」技法(팀 빌딩: 사람과 사람을 '이어 주는' 기술)》(堀公俊, 加藤彰, 加留部貴行 저/日本経済新聞出版社/2007)

* 〈Attractive Quality and Must-Be Quality〉(狩野紀昭, 瀬楽信彦, 高橋文夫, 辻新一 저, 品質 Vol.14, No.2, 1984/https://ci.nii.ac.jp/naid/110003158895)

* 《The Solutions Focus: Making Coaching and Change Simple(2nd Edition)》(Paul Z. Jackson, Mark McKergow 저/Nicholas Brealey/2006)

제3부

* 〈Modern agile〉(http://modernagile.org/)

* 〈Agile Manifesto〉(Kent Beck, Mike Beedle, Arievan Bennekum, Alistair Cockburn, Ward Cunningham, Martin Fowler, James Grenning, Jim Highsmith, Andrew Hunt, Ron Jeffries, Jon Kern, Brian Marick, Robert C. Martin, Steve Mellor, Ken Schwaber, Jeff Sutherland, Dave Thomas/http://agilemanifesto.org/)

* 《불확실성과 화해하는 프로젝트 추정과 계획(Agile Estimating and Planning)》(마이크 콘 저/이병준 역/인사이트/2008)

* 《성공적인 애자일 도입을 위한 에센셜 스크럼(Essential Scrum: A Practical Guide to the Most Popular Agile Process)》(케네스 S. 루빈 저/박준표, 박찬양 공역/제이펍/2016)

* 〈Using Scrum of Scrums with Agile Teams to Coordinate and Collaborate〉(Ben Linders 저/InfoQ/https://www.infoq.com/news/2014/03/scrum-of-scrums/)

* 《Lean from the Trenches》(Henrik Kniberg 저/Pragmatic Bookshelf/2011)

* 〈人材戦略MBO機軸の人事評価からYWT機軸の人事評価へ(인재 전략, MBO 중심의 인사 평가에서 YWT 중심의 인사 평가로)〉(高原暢恭 저/株式会社 日本能率協会コンサルティング/https://www.jmac.co.jp/mail/hrm/161mboywt.html/2008)

* 《경험디자인의 요소: 성공하는 웹 사이트를 위한 사용자 중심 디자인》(제시 제임스 게러트 저/방수원 역/한솜미디어/2003)

* 《Web制作者のためのUXデザインをはじめる本ユーザビリティ評価からカスタマージャーニーマップまで(웹 제작자를 위한 UX 디자인을 시작하는 책: 사용성 평가에서 커스터머 저니 맵까지)》(玉飼真一, 村上竜介, 佐藤哲, 太田文明, 常盤晋作, 株式会社 アイ・エム・ジェイ 저/翔泳社/2016)

- 《ユーザーストーリー駆動開発で行こう(사용자 스토리 주도 개발로 가자)》(市谷聡啓/SlideShare/https://www.slideshare.net/papanda/ss-41638116)

- 《ユーザーストーリーとは?(사용자 스토리란?)》(吉羽龍太郎/SlideShare/https://www.slideshare.net/Ryuzee/ss-8332120)

- 《일의 언어: 새로운 미래를 발견하는 문제 인식의 틀》(클레이튼 크리스텐슨, 캐런 딜론 저/이종인 역/알에이치코리아(RHK)/2017)

- 《シン・ゴジラの仮説を仮説キャンバスで立てる(신 고질라의 가설을 가설 캔버스로 수립하다)》(市谷聡啓 저/DevTab/https://devtab.jp/entry/internal/23)

- 《正しいものを正しくつくる(올바른 것을 올바르게 만들다)》(市谷聡啓 저/SlideShare/https://www.slideshare.net/papanda/ss-66082690)

- 《비즈니스 모델의 탄생: 상상과 혁신, 가능성이 폭발하는 신개념 비즈니스 발상법(Business Model Generation: A Handbook for Visionaries, Game Changers, and Challengers)》(알렉산더 오스터왈더, 예스 피그누어 저/팀 클락 편저/유효상 역/타임비즈/2011)

- 《린 스타트업: 실리콘밸리를 뒤흔든 IT 창업 가이드(Running Lean: Iterate from Plan A to a Plan That Works)》(애리 모리아 저/위선주 역/한빛미디어/2012)

- 《사용자 스토리 맵 만들기 아이디어를 올바른 제품으로 만드는 여정(User Story Mapping: Discover The Whole Story, Build The Right Product)》(제프 패튼 저/백미진, 허진영 역/인사이트/2018)

- 《린 스타트업: 지속적 혁신을 실현하는 창업의 과학(The Lean Startup: How Today's Entrepreneurs Use Continuous Innovation to Create Radically Successful Businesses)》(에릭 리스 저/이창수, 송우일 공역/인사이트/2012)

- 《マーケティング/商品企画のためのユーザーインタビューの教科書(마케팅/상품 기획을 위한 사용자 인터뷰 교과서)》(奥泉直子, 山崎真湖人, 三澤直加, 古田一義, 伊藤英明 공저/マイナビ 出版/2016)

- 《図解入門ビジネス最新リーダーシップの基本と実践がよ~くわかる本(다이어그램으로 보는 인문 비즈니스 신간, 리더십의 기본과 실전을 확실히 알 수 있는 책)》(杉山浩一 저/秀和システム/2009)

- 《Management of Organizational Behavior(10th Edition)》(Paul Hersey, Kenneth H. Blanchard, Dewey E. Johnson 공저/Pearson/2012)

- 《機長のマネジメント―コックピットの安全哲学(파일럿의 매니지먼트: 콕핏의 안전 철학)》(村上耕一, 斎藤貞雄 공저/産能大出版部/1997)

- 〈コミュニティや職場で, ハンガーフライトしよう(커뮤니티나 직장에서 행거 플라이트를 하자)》(市谷聡啓 저/papandaDiary – Be just and fear not./ http://papanda.hatenablog.com/entry/20090429/1241016409)

- 《人が集まらない勉強会の果てに辿り着いた新しい勉強会 For Meta Con2009(사람이 모이지 않는 스터디 너머에 도달한 새로운 스터디 For Meta Cおn2009)》(市谷聡啓 저/SlideShare/https://www.slideshare.net/papanda/for-meta-con2009)

• 《티밍: 조직이 학습하고 혁신하는 스마트한 방법(Teaming: How Organizations Learn, Innovate, and Compete in the Knowledge Economy)》(에이미 에드먼드슨 저?오지연, 임제니퍼 공역/정혜/2015)

• 《ファシリテーターの道具箱―組織の問題解決に使えるパワーツール49(퍼실리테이터의 도구함: 조직의 문제 해결에 사용하는 49가지 강력한 도구)》(森時彦, ファシリテーターの道具研究会 공저/ダイヤモンド社/2008)

찾/아/보/기